工程物资管理
系/列/丛/书

中铁四局集团物资工贸有限公司　组编

工程经济管理

Engineering Economic Management

经宏启　陈赛红　李小明 ◎ 主编

图书在版编目(CIP)数据

工程经济管理/经宏启,陈赛红,李小明主编.—合肥:安徽大学出版社,2019.11
(工程物资管理系列丛书)
ISBN 978-7-5664-1910-1

Ⅰ.①工… Ⅱ.①经… ②陈… ③李… Ⅲ.①建筑经济－经济管理－教材
Ⅳ.①F407.9

中国版本图书馆 CIP 数据核字(2019)第 166299 号

工程经济管理

经宏启 陈赛红 李小明 主编

出版发行:	北京师范大学出版集团 安 徽 大 学 出 版 社 (安徽省合肥市肥西路 3 号 邮编 230039) www.bnupg.com.cn www.ahupress.com.cn
印　　刷:	合肥远东印务有限责任公司
经　　销:	全国新华书店
开　　本:	184mm×260mm
印　　张:	17
字　　数:	352 千字
版　　次:	2019 年 11 月第 1 版
印　　次:	2019 年 11 月第 1 次印刷
定　　价:	48.00 元

ISBN 978-7-5664-1910-1

策划编辑:陈　来　刘中飞　　　　　装帧设计:李伯骥
责任编辑:方　青　邱　昱　姚　宁　　美术编辑:李　军
责任印制:陈　如　孟献辉

版权所有　侵权必究
反盗版、侵权举报电话:0551－65106311
外埠邮购电话:0551－65107716
本书如有印装质量问题,请与印制管理部联系调换。
印制管理部电话:0551－65106311

工程物资管理系列丛书

编委会

主　　任　　刘　勃　　汪海旺

执行主任　　余守存　　王　琨　　晏荣龙　　杨高传

副 主 任　　吴建新　　张世军　　刘克保　　季文斌
　　　　　　金礼俊

委　　员（以姓氏拼音为序）

蔡长善　　陈春林　　陈根宝　　陈　武
陈　勇　　杜宗晟　　冯松林　　侯培赢
姜维亚　　经宏启　　黎小刚　　李继荣
刘英顺　　牟艳杰　　单学良　　沈　韫
田军刚　　王衡英　　吴　峰　　吴　剑
徐晓林　　杨维灵　　郁道华　　袁　毅
詹家敏　　赵　瑜　　周　黔　　周　勇
朱玉蜂

本书编委会

主　编　经宏启　陈赛红　李小明

副主编　何凤华　陈　勇　沈　韫

编　者（以姓氏拼音为序）

陈赛红　陈义龙　陈　勇　高秀利
何凤华　胡兴东　经宏启　李小明
刘西锋　聂俊平　祁荣富　沈　韫
王仁来　文海英　姚廷厚　余尚洋
张　永

总　序

　　工程物资管理是一个历史悠久、专业性强、实用性突出的重要专业，它和工程类其他专业一起，为高速列车疾驶在祖国大地上、为高楼大厦耸立在城市天际线、为水电天然气走进千家万户作了理论支撑和技术支持。但是，2008年以来，为了迎接来势凶猛、发展迅速的电商物流产业，原开设工程物资管理的院校纷纷将原有的工程物资管理专业调整为物流管理专业，一字之差，专业方向南辕北辙、专业内容天壤之别，工程物资管理的课程和教学课程已经被边缘化到了近似于无的不堪境地。2008年以后，分配到建筑施工企业的物流管理专业毕业生基本上专业不对口，全国近百万工程物资从业人员处于专业知识匮乏、技能培训不足、工作缺乏指导的蒙昧状态；与此同时，工程建设领域新理念日新月异、新技术层出不穷、新材料竞相登场；工程物资管理也出现了很多新挑战、新问题和新机遇，专业方向的偏差使得广大物资人很难在自己的事业中掌握实用的专业知识和积淀深厚的理论素养，活跃在天涯海角、大江南北的物资人亟须得到系统性的专业教育和实用性的知识更新。加强工程物资管理的专业培训，不仅是一个企业的刚性需求，更是一个企业对整个建筑行业的历史担当。

　　为了助推建筑施工企业持续健康发展，提高工程物资管理人员的综合素质，培养工程物资管理复合型人才，由中铁四局集团物资工贸有限公司牵头，在集团公司领导和相关部门大力支持下，在全局100多位资深物资人和其他专业人员精心编纂与苦心锤炼下，在安徽职业技术学院鼎力支持下，经过无数次会议的策划和切磋，无数个日夜的筚路蓝缕，无数个信函的时空穿梭，我们历时两年多的时间，终于将这套鲜活、精湛、全面的"工程物资管理系列丛书"呈现在读者面前。系列丛书共六册，即《建设工程概论》《建设工程物资》《工程物资管理实务》《工程经济管理》《国际贸易与海外项目物资管理》和《电子商务与现代物流》，共计260万字；丛书详细诠释了与工程物资管理相关的专业理论知识，并结合当前行业标准、技术规范、质量要求和前沿工程实践，为不同方向、不同层次、不同岗位的物资人员提供既有全面性又有差异性的知识供给，力求满足每位物资人个性化学习和发展的需要；概括地说，丛书内容涵盖了一位复合型物资人才需要掌握的全部知识。

《建设工程概论》主要针对建设施工涉及的专业领域，从专业分类、技术流程、施工组织、项目管理、法律法规等方面进行阐述，以便物资管理人员及时且准确地明晰建筑工程的特点、流程和规律，围绕工程施工的主线，确立自身工作职能和定位，找到具体工作的切入点和着力点。

《建设工程物资》对主要物资的性能、参数、检验与保管等进行全面系统的描述，是工程物资管理中最基础的具有工具书性质的专业书籍，方便物资管理人员随时学习和查阅。

《工程物资管理实务》主要梳理建筑施工企业物资采购管理、供应管理、现场管理等内容，并介绍了现代采购管理新理念以及信息化建设的发展前沿。在网络技术和信息化高度发达的今天，供应链管理成为重点研究方向，本书对上游（产品制造商或服务提供商）、中游（供应商或租赁商）、下游（终端用户）分别进行了详细阐述，并系统阐述相互关联与合作的路径，引导物资管理人员树立全新的采购和供应商管理理念。

《工程经济管理》主要介绍建设工程的投资估价、调概索赔、成本管控、财税管理等内容，使物资管理人员深入了解工程施工中相关费用的构成与管控，明晰物资管理在工程管理中的作用与价值，拓展了理论视野与知识边界，便于广大物资人跳出专业之外看问题与做事情。

《国际贸易与海外项目物资管理》重点介绍了国际贸易的理论、法规、术语、合同等内容，针对海外工程项目物资管理的特殊性，详细阐述了海外物资采购、商检报关、集港运输、出口退税等一系列业务流程，方便物资管理人员学习掌握与灵活应用。

《电子商务与现代物流》主要介绍电子商务和现代物流的发展趋势、主要特征和运作模式，让物资管理人员了解电商背景下的企业物流管理。高校物流管理专业也开设了这门课程，毕业生对电子商务和物流方面的知识相对熟悉，但本书难能可贵之处就是将其思想和理念有效地运用到建筑施工企业的物资管理中，深度聚焦工程实际，对物资人的工作实践大有裨益。

我们怀揣着"春风化雨"的美好夙愿，向广大物资人推广和普及本套系列丛书，让基础理论和相关知识滋养有志于工程物资管理工作的同仁们，并在具体的工作实践中开花结果。然而，由于本套系列丛书专业性强、内容庞杂、理论跨度较大，加上编写时间仓促，难免存在不足之处；因此，当这套系列丛书与大家见面时，希望广大专家和同仁们多提宝贵意见和建议，我们将进一步修订和完善。

己欲立而立人，己欲达而达人。时代的浪潮川流不息、滚滚向前，唯有不断地鞭策和学习才能使我们在这个日新月异的世界里保持从容和淡定。愿这套系列丛书成为我们丰富知识的法宝、增进友谊的桥梁、共同进步的见证。

余守存
2019 年 8 月

前 言

企业的战略转型和发展，需要相应的人才梯队来匹配，从而保持并实现企业"高质量可持续"发展。通过学习培训，实现人力资本增值，构建适合企业发展特点的知识管理体系。

物资、设备成本在工程项目成本中所占的比例高，实现物资、设备成本控制可以降低工程项目成本。为进一步提高工程项目物资人员对工程项目成本方面的认识和管理水平，中铁四局集团物资工贸有限公司组织局内多年从事工程经济、财会税务和物资管理方面的人员以及大专院校的专业教师，结合国家相关法律法规以及部分施工企业工程经济管理方面文件、规定及业务流程，精心编写了《工程经济管理》一书。

本书编写过程中，编者以"简单实用、贴近现场"为原则，在注重理论与实际相结合，兼顾知识体系性的同时，尤其重视工程经济、工程物资管理和工程财务三个业务模块之间的有机衔接，重点分析了物资管理过程中遇到的与工程经济和工程财务相关的知识点，有很强的实操性。

本书内容共分为两篇，具体是，第一篇工程经济：第一章工程经济，第二章建设工程估价，第三章变更索赔，第四章成本管理；第二篇财税管理：第五章工程财务，第六章税务常识，第七章营改增。

本书在编写过程中，参阅了有关专家、学者的研究成果，在此致以诚挚的谢意。由于编者水平有限，难免存在不当乃至错误，敬请读者批评指正，以便后续完善。

编 者
2019 年 8 月

目 录

第一篇 工程经济

第一章 工程经济 ………………………………………………… 3

第一节 概述 ………………………………………………… 3
第二节 资金时间价值的计算与应用 ………………………… 5
第三节 工程经济分析的基本要素 …………………………… 10
第四节 设备更新的经济分析 ………………………………… 20
第五节 价值工程 ……………………………………………… 32

第二章 建设工程估价 ……………………………………………… 35

第一节 建设工程项目总投资 ………………………………… 35
第二节 建筑安装工程费用项目的组成与计算 ……………… 45
第三节 建设工程定额 ………………………………………… 51
第四节 建设工程项目设计概算 ……………………………… 63
第五节 建设工程项目施工图预算 …………………………… 69
第六节 工程量清单编制 ……………………………………… 72
第七节 工程量清单计价 ……………………………………… 78
第八节 计量与支付 …………………………………………… 81
第九节 国际工程投标报价 …………………………………… 84

第三章 变更索赔 …………………………………………………… 87

第一节 项目变更索赔管理 …………………………………… 87
第二节 变更索赔工作实施 …………………………………… 90
第三节 FIDIC 条款下变更索赔管理工作 …………………… 101

第四章 成本管理 …………………………………………………… 114

第一节 成本管理的概念 ……………………………………… 114
第二节 施工项目成本管理的内容 …………………………… 118

第三节　责任成本预算管理 ·· 126
　　第四节　项目成本过程控制 ·· 130
　　第五节　成本核算与经济活动分析 ·· 137
　　第六节　工程项目成本管理信息化 ·· 148

第二篇　财税管理

第五章　工程财务 ·· 165
　　第一节　会计基本概念 ·· 165
　　第二节　会计要素 ·· 167
　　第三节　会计科目 ·· 171
　　第四节　企业财务报表 ·· 180
　　第五节　财务报表分析 ·· 188

第六章　税务常识 ·· 200
　　第一节　税收概述 ·· 200
　　第二节　建设施工企业主要涉税税种 ·· 202
　　第三节　税收征收管理制度 ·· 217
　　第四节　违反税法的法律责任 ·· 222

第七章　营改增 ·· 222
　　第一节　营改增概述 ·· 222
　　第二节　"营改增"对施工企业的主要影响 ···································· 227

参考文献 ··· 257

第一篇

工程经济

工程经济管理
GONGCHENG JINGJI GUANLI

第一章 工程经济

【学习目标】

通过学习,了解现金流量的组成及相关概念,不确定分析的原因和意义,设备更新的经济分析以及价值工程的方案评价,了解资金时间价值的概念,概率的分析方法,价值工程的基本原理与应用,了解现金流量图的绘制,资金的等值计算,名义利率与有效利率的计算,盈亏平衡分析法、敏感性分析法和概率分析法的运用以及价值工程的功能分析和功能评价的方法。

第一节 概 述

一、工程经济的概念、对象和分析方法

(一)工程经济学的概念

工程经济学是工程与经济的交叉学科,是研究工程技术实践活动经济效果的学科,即以工程项目为主体,以技术—经济系统为核心,研究如何有效利用资源,提高经济效益的学科。工程经济学研究各种工程技术方案的经济效益,研究各种技术在使用过程中如何以最小的投入获得预期产出或者说如何以等量的投入获得最大产出,如何用最低的寿命周期成本实现产品、作业以及服务的必要功能。

(二)工程经济学的研究对象

工程经济学的研究对象是工程项目技术经济分析的最一般方法,即研究采用何种方法、建立何种方法体系,才能正确估价工程项目的有效性,才能寻求到技术与经济的最佳结合点。

工程经济学从技术的可行性和科学的合理性出发,运用经济理论和定量分析方法,研究工程技术投资和经济效益的关系。例如,各种技术在使用过程中,如何以最小的投入取得最大的产出;如何用最低的寿命周期成本实现产品、作业和服务的必要功能。工程经济学不研究工程技术原理与应用本身,也不研究影响经济效果的各种因素自身,而研究这些因素对工程项目产生的影响,研究工程项目的

经济效果，其具体包括了对工程项目的资金筹集、经济评价、优化决策以及风险和不确定性分析等。

(三) 工程经济学的分析方法

1. 费用效益分析法

费用效益分析法是工程经济分析的基本方法。通过项目的投入（即费用）和产出（即效益）的对比分析，定量考察工程项目的经济效益状况，研究建设项目的经济性。其具体包括静态分析、动态分析和确定性分析与不确定性分析等。

2. 方案比较法

建筑工程经济分析的一个突出特征是进行方案优选，优选的前提就是方案比较。通过对众多备选方案的费用、效益以及经济效益水平的比较，确定相对较优方案作为建筑实施方案。

3. 预测法

建筑工程经济分析主要是针对拟建项目进行的，要科学地把握未来项目的运行情况，准确地对方案作出评价，以科学的预测为基础。用科学预测来揭示事物的发展规律、发展水平，为其他具体评价方法的使用提供未来项目信息支持。

4. 价值工程方法

价值工程是工程经济分析的专门方法，通过对价值工程对象的功能定义、功能分析、功能评价，全面系统地认识研究对象的功能结构及内在关系，是完善工程设计、降低费用和提高研究对象价值的途径。

5. 系统分析法

项目的规划、设计、建设和运行是一项复杂的系统工程，其外在表现状况也反映在多个方面，既有技术的、经济的，也有环境的、社会的等，因此对建设项目的考察不能局限在一个方面或者几个方面，要作全面综合评价，进行系统分析。

二、建设项目工程经济学的应用

工程项目建设工程经济学应用是指在经济理论指导下，在保证工程安全、质量和工期的前提下，降低工程成本，促使工程项目获取更高的经济效益。即利用工程经济学理论及工具，在工程建设的生命周期内，为实现投资目标而对投入资源的节约。

针对施工招标项目和投资项目而言，工程建设项目的成本（投资）控制又有所不同。施工招标项目是对建设项目施工成本的节约和控制，投资项目是对建设项目建设期、运营期等全生命周期的投资控制。

第二节 资金时间价值的计算与应用

一、项目的现金流量

(一)现金流量的概念

在进行工程经济分析时,可把所考察的技术方案视为一个系统。投入的资金、花费的成本和获取的收益,均可看成以资金形式体现的该系统的资金流出或资金流入。这种在考察技术方案整个期间各时点 t 上实际发生的资金流出或资金流入称为现金流量,其中流出系统的资金称为现金流出,用符号 CO_t 表示;流入系统的资金称为现金流入,用符号 CI_t 表示;现金流入与现金流出之差称为净现金流量,用符号 NCF 表示,其中 $NCF=(CI-CO)_t$。

(二)现金流量图的绘制

对于一个技术方案,其每次现金流量的流向(支出或收入)、数额和发生时间都不尽相同,为了正确地进行工程经济分析计算,我们有必要借助现金流量图来进行分析。所谓现金流量图就是一种反映技术方案资金运动状态的图示,即把技术方案的现金流量绘入一时间坐标图中,表示出各现金流入、流出与相应时间的对应关系,如图 1-1 所示。运用现金流量图,就可全面、形象、直观地表达技术方案的资金运动状态。

现以图 1-1 说明现金流量图的作图方法和规则。

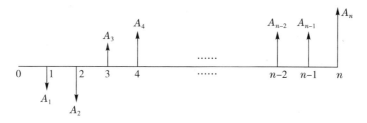

图 1-1 现金流量图

以横轴为时间轴,向右延伸表示时间的延续,轴上每一刻度表示一个时间单位,可取年、半年、季或月等;时间轴上的点称为时点,通常表示的是该时间单位末的时点;0 表示时间序列的起点。整个横轴又可看成我们所考察的"技术方案"。

相对于时间坐标的垂直箭线代表不同时点的现金流量情况,现金流量的性质(流入或流出)是对特定的人而言的。对投资人而言,在横轴上方的箭线表示现金流入,即表示收益;在横轴下方的箭线表示现金流出,即表示费用。

在现金流量图中,箭线长短与现金流量数值大小本应成比例。但由于技术方案中各时点现金流量常常差额悬殊而无法成比例绘出,故在现金流量图绘制中,箭线长短只要能适当体现各时点现金流量数值的差异,并在各箭线上方(或下方)注明其现金流量的数值即可。

箭线与时间轴的交点即为现金流量发生的时点。

总之,要正确绘制现金流量图,必须把握好现金流量的三要素,即:现金流量的大小(现金流量数额)、方向(现金流入或现金流出)和作用点(现金流量发生的时点)。

二、资金的时间价值

人们无论从事何种经济活动,都必须花费一定的时间。在一定意义上讲,时间是一种最宝贵也是最有限的"资源",有效地使用资源可以产生价值。所以,对时间因素的研究是工程经济分析的重要内容。要正确评价技术方案的经济效果,就必须研究资金的时间价值。

(一)资金时间价值的概念

在工程经济计算中,技术方案的经济效益,所消耗的人力、物力和自然资源,最后都是以价值形态,即资金的形式表现出来的。资金运动反映了物化劳动和活劳动的运动过程,而这个过程也是资金随时间运动的过程。因此,在工程经济分析时,不仅要着眼于技术方案资金量的大小(资金收入和支出的多少),而且要考虑资金发生的时间。资金是运动的价值,资金的价值是随时间变化而变化的,随时间的推移而增值的这部分资金就是原有资金的时间价值。其实质是资金作为生产经营要素,在扩大再生产及其资金流通过程中,资金随时间周转使用的结果。

影响资金时间价值的因素有很多,其中主要有以下几点:

1. 资金的使用时间

在单位时间资金增值率一定的条件下,资金使用时间越长,则资金的时间价值越大;使用时间越短,则资金的时间价值越小。

2. 资金数量的多少

在其他条件不变的情况下,资金数量越大,资金的时间价值就越大;反之,资金的时间价值则越小。

3. 资金投入和回收的特点

在总资金一定的情况下,前期投入的资金越多,资金的负效益越大;反之,后期投入的资金越多,资金的负效益越小。而在资金回收额一定的情况下,离现在越近的时间回收的资金越多,资金的时间价值就越多;反之,离现在越远的时间回收的资金越多,资金的时间价值就越小。

4. 资金周转的速度

资金周转越快,在一定的时间内等量资金的周转次数越多,资金的时间价值越大;反之,资金的时间价值越小。

总之,资金的时间价值是客观存在的,生产经营的一项基本原则就是充分利用资金的时间价值并最大限度地获得其时间价值,这就要加速资金周转,早期回收资金,并不断从事利润较高的投资活动。任何资金的闲置,都是损失资金的时间价值。

(二)利息与利率

对于资金时间价值的换算方法与采用复利计算利息的方法完全相同。因为利息就是资金时间价值的一种重要表现形式。通常用利息额的多少作为衡量资金时间价值的绝对尺度,用利率作为衡量资金时间价值的相对尺度。

1. 利息

在借贷过程中,债务人支付给债权人超过原借贷金额的部分就是利息。即:

$$I = F - P \tag{1-1}$$

式中,I——利息;

F——目前债务人应付(或债权人应收)总金额,即还本付息总额;

P——原借贷金额,常称为本金。

从本质上看,利息是由贷款发生利润的一种再分配。在工程经济分析中,利息常常被看成资金的一种机会成本。这是因为如果放弃资金的使用权利,相当于失去收益的机会,也就相当于付出了一定的代价。事实上,投资就是为了在未来获得更大的收益而对目前的资金进行某种安排。很显然,未来的收益应当超过现在的投资,正是这种预期的价值增长才能刺激人们从事投资。因此,在工程经济分析中,利息常常指占用资金所付的代价或者是放弃使用资金所得的补偿。

2. 利率

在经济学中,利率的定义是从利息的定义中衍生出来的。也就是说,在理论上先承认了利息,再以利息来解释利率。在实际计算中,正好相反,常根据利率计算利息。

利率就是在单位时间内所得利息额与原借贷金额之比,通常用百分数表示。即:

$$i = \frac{I_t}{P} \times 100\% \tag{1-2}$$

式中,i——利率;

I_t——单位时间内所得的利息额。

用于表示计算利息的时间单位称为计息周期,计息周期 t 通常为年、半年、季、月、周或天。

【例 1-1】 某公司现借得本金 1000 万元,一年后付息 80 万元,则年利率为:

$$\frac{80}{1000} \times 100\% = 8\%$$

利率是各国发展国民经济的重要杠杆之一,利率的高低由以下因素决定:

(1)利率的高低首先取决于社会平均利润率的高低,并随之变动。在通常情况下,社会平均利润率是利率的最高界限。因为如果利率高于利润率,则无利可图。

(2)在社会平均利润率不变的情况下,利率取决于金融市场上借贷资本的供求情况,借贷资本供过于求,利率便下降;反之,求过于供,利率便上升。

(3)借出资本要承担一定的风险,风险越大,利率也就越高。

(4)通货膨胀对利息的波动有直接影响,资金贬值往往会使利息无形中成为负值。

(5)借出资本的期限。贷款期限长,不可预见因素多,风险大,利率就高;反之利率就低。

3. 利息和利率在工程经济活动中的作用

(1)利息和利率是以信用方式动员和筹集资金的动力。以信用方式筹集资金的一个特点就是自愿性,而自愿性的动力在于利息和利率。比如一个投资者,他首先要考虑的是投资某一项目所得到的利息是否比把这笔资金投入其他项目所得的利息多。如果多,他就可以在这个项目投资;如果所得的利息达不到在其他项目上投资的利息水平,他就可能不在这个项目上投资。

(2)利息促进投资者加强经济核算,节约使用资金。投资者借款需付利息,增加支出负担,这就促使投资者必须精打细算,把借入资金用到刀刃上,减少借入资金的占用,以少付利息。同时投资者可以自觉减少多环节占压资金。

(3)利息和利率是宏观经济管理的重要杠杆。国家在不同的时期制定不同的利息政策,对不同地区、不同行业执行不同的利率标准,从而会对整个国民经济产生影响。例如,对于限制发展的行业,利率规定得高一些;对于提倡发展的行业,利率规定得低一些,从而引导行业和企业的生产经营服从国民经济发展的总方向。同样,占用资金时间短,收取低息;占用时间长,收取高息。对产品适销对路、质量好、信誉高的企业,在资金供应上给予低息支持;反之,收取较高利息。

(4)利息与利率是金融企业经营发展的重要条件。金融机构作为企业,必须获取利润。由于金融机构的存放款利率不同,其差额成为金融机构业务收入。此款扣除业务费后就是金融机构的利润,所以利息和利率能刺激金融企业的经营发展。

4. 利息的计算

利息计算有单利和复利之分。当计息周期在一个以上时,就需要考虑"单利"与"复利"。

(1)单利。所谓单利是指在计算利息时,仅用最初本金来计算,而不计入先前计息周期中所累积增加的利息,即通常所说的"利不生利"的计息方法。其计算式如下:

$$It = P \times i_{单} \tag{1-3}$$

式中,It——代表第 t 计息周期的利息额;

P——代表本金;

$i_{单}$——计息周期单利利率。

而 n 期末单利本利和 F 等于本金加上总利息,即:

$$F = P + In = P(1 + n \times i_{单}) \tag{1-4}$$

式中,In——代表 n 个计息周期所付或所收的单利总利息,即:

$$In = \sum_{t=1}^{n} It = \sum_{t=1}^{n} P \times i_{单} = P \times i_{单} \times n \tag{1-5}$$

在以单利计息的情况下,总利息与本金、利率以及计息周期数成正比关系。

此外,在利用式(1-4)计算本利和 F 时,要注意式中 n 和 $i_{单}$ 反映的时期要一致。如 $i_{单}$ 为年利率,则(n)应为计息的年数;若 $i_{单}$ 为月利率,n 即应为计息的月数。

【例 1-2】 假如某公司以单利方式借入 1000 万元,年利率 8%,第四年末偿还,则各年利息和本利和如表 1-1 所示。

表 1-1 单利计算分析表　　　　　　　　　　　单位:万元

使用期	年初款额	年末利息	年末本利和	年末偿还
1	1000	1000×8%=80	1080	0
2	1080	80	1160	0
3	1160	80	1240	0
4	1240	80	1320	1320

由表 1-1 可见,单利的年利息额都仅由本金所产生,其新生利息不再加入本金产生利息,此即"利不生利"。这不符合客观的经济发展规律,没有反映资金随时都在增值的概念,也即没有完全反映资金的时间价值。因此,在工程经济分析中单利使用较少,通常只适用于短期投资或短期贷款。

(2)复利。所谓复利是指在计算某一计息周期的利息时,其先前周期上所累积的利息要计算利息,即"利生利""利滚利"的计息方式。其表达式如下:

$$It = i \times Ft - 1 \tag{1-6}$$

式中，i——计息周期复利利率；

F_{t-1}——表示第$(t-1)$期末复利本利和。

而第 t 期末复利本利和的表达式如下：

$$F_t = F_{t-1} \times (1+i) \tag{1-7}$$

【例1-3】 数据同例1-2，按复利计算，则各年利息和本利和如表1-2所示。

表1-2 复利计算分析表　　　　　　单位：万元

使用期	年初款额	年末利息	年末本利和	年末偿还
1	1000	1000×8%=80	1080	0
2	1080	1080×8%=86.4	1166.4	0
3	1166.4	1166.4×8%=93.312	1259.712	0
4	1259.712	1259.712×8%=100.777	1360.489	1360.489

从表1-2和表1-1可以看出，同一笔借款，在利率和计息周期均相同的情况下，用复利计算出的利息金额比用单利计算出的利息金额多。如例1-2与例1-3两者相差40.49万元（40.49＝1360.49－1320）。本金越大，利率越高，计息周期越多时，两者差距就越大。复利计息比较符合资金在社会再生产过程中运动的实际状况。因此，在实际中得到了广泛的应用，在工程经济分析中，一般采用复利计算。

复利计算有间断复利和连续复利之分。按期（年、半年、季、月、周、日）计算复利的方法称为间断复利（普通复利按瞬时计算复利的方法称为连续复利）。在实际使用中都采用间断复利，这一方面是出于习惯，另一方面是因为会计通常在年底结算一年的进出款，按年支付税金、保险金和抵押费用，因而采用间断复利考虑问题更适宜。

第三节　工程经济分析的基本要素

一、工程项目建设的投资

（一）投资的概念

在经济生活中，人们往往希望通过各种合法的手段，不断增加他们的财富或赚取利润，以满足未来的消费。这样就会经常碰到或使用"投资"这一名词。那么什么是投资呢？在商品经济社会中，投资是普遍存在的经济现象，很多情况下，人们往往把能够带来报酬的支出行为称为投资。

投资是技术经济分析中重要的经济概念。广义的投资是指一切为了获得收益或避免风险而进行的资金经营活动;狭义的投资是指投资主体为了实现赢利或避免风险,通过各种途径投放资金的活动,也就是指以一定的资源(如资金、人力、技术、信息等)投入某项计划或工程,以获取所期望的报酬。

(二)投资的构成

工程建设项目全过程主要包括两个阶段,即建设阶段及经营阶段。那么项目的总投资就由建设投资和流动资金投资两大部分构成。其中建设投资是形成企业固定资产、无形资产和递延资产的投资以及预备费用之和的投资,亦称固定资产投资;而流动资金形成了流动资产投资。

(三)投资的作用与分类

1. 投资的作用

投资的作用在于可以直接促进国民经济的增长,促使企业发展,提高生活水平,增强综合国力。

(1)投资是一个国家经济增长的基本推动力。只有增加一定量的投资,才可以为经济发展提供必要的要素和动力。同时由于投资的乘数效应,一定量的投资可以引起数倍于它的收入和总值的增长。

(2)投资是国民经济持续快速健康发展的关键因素。从生产力角度来考察,投资是企业发展的第一原动力。

① 企业的建立离不开投资。创建企业最基本的两个要素就是发起人和资本金,如果没有一笔投资的注入,那么企业将不可能注册并成立。由此可见,企业从诞生之时起就完全依赖于投资。

②企业的发展离不开投资。即使企业已经建立,但是现有企业的发展也需要不断投资和再投资,从而来满足其扩大再生产、技术改造、更新设备等活动对追加资本的需求。

③企业作为一个经济实体也离不开投资活动。各个企业通过优胜劣汰,优秀的企业不断发展壮大,劣质的企业破产倒闭,企业间的兼并、合并也层出不穷,而所有这些过程都是通过投资活动来实现的。可以说,投资对企业的发展起着非常重要的作用。

(3)投资为改善人民物质文化生活水平创造了物质条件。由于投资具有促进企业发展和经济增长的作用,因此投资可以创造更多的就业机会,增加劳动者收入,从而使人民生活水平得到改善和提高。投资与老百姓富裕的小康梦想紧紧相连。总之，投资可以促进经济增长、企业发展和人民生活水平的提高，而这一切必将创造良好的经济形势。

2. 投资的分类

对投资进行适当的分类，是确定投资会计核算方法和如何在会计报表中列示的前提，其主要有按投资性质、按投资对象的变现能力、按投资目的和按用途等几类分类方式。具体如图1-2所示。

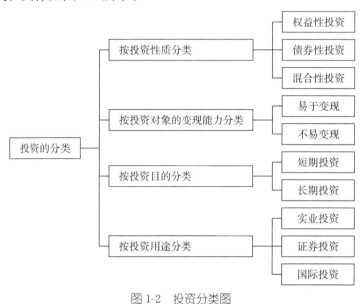

图1-2 投资分类图

二、项目运营期的成本费用

(一) 成本与费用

工程经济分析不严格区分费用与成本，而将它们均视为现金流出。工业产品的总成本是生产经营活动中活劳动与物化劳动消耗的货币表现。活劳动也称劳动消耗，是劳动力作用于生产资料，借以创造使用价值的劳动，是劳动者在物质资料生产过程中脑力和体力的消耗。物化劳动也称劳动占用，是活劳动作用于生产资料后，凝结在劳动对象中，体现为新的使用价值的物质形态的劳动。

1. 成本的概念与构成

产品总成本费用由生产成本和期间费用两部分构成。生产成本主要由生产过程中实际消耗的直接材料、直接工资和制造费用组成；期间费用是指在一定会计期间发生的管理费用、财务费用和销售费用。以上几种成本费用构成了产品总成本费用的六要素。表1-3给出了总成本费用的构成。

2. 费用估算

(1)成本和费用估算的方法。

表1-3 总成本费用构成表

总成本费用	生产成本	直接材料	直接材料包括原材料、辅助材料、备品备件、外购半成品、燃料、动力、包装物等。
		直接工资	直接工资指直接从事产品生产人员的工资、奖金、津贴和各类补贴、福利费等。
		制造费用	制造费用指发生在生产单位(车间)的间接费用。生产单位管理人员工资、奖金、津贴、福利费;生产单位房屋和建筑物等固定资产折旧费;维修费;低值易耗品,以及取暖费、水电费、差旅费、保险费、劳动保护费等。
	期间费用	管理费用	管理费用是指企业行政管理部门管理和组织经营活动而发生的各项费用,包括企业管理人员的工资、福利及补贴;固定资产折旧费;无形资产及递延资产摊销费;办公费、差旅费、技术转让费;土地使用税、车船使用税、房产税、印花税等。
		财务费用	财务费用指企业为筹集资金而发生的各项费用,包括利息支出、手续费等。
		销售费用	销售费用指企业为销售产品而发生的各项费用,包括运输费、折旧费、销售人员的工资、佣金及福利费和广告费等。

成本和费用的估算方法总体上分为两类:定量估算法和定性估算法。定量估算法主要有两种,其一是概略估算法。此法在成本资料和定额缺乏的情况下所采用,一般用于项目的初步可行性研究。其二是详细估算法。此法按照成本和费用的项目,根据有关规定和详细的资料逐项进行估算。其中,材料、燃料、辅助材料及动力等费用项目,可根据单位产品的耗用量、单价及项目的产量规模等资料计算。如建筑工程产品可以以工程量乘以相应的定额来计算。定性估算法是依靠管理人员的专业知识、实践经验及判断能力,利用企业成本和费用的历史资料,对现有资料不多、难以进行定量估算的项目进行估算,如座谈会法、德尔菲法等。

(2)折旧费的估算。在项目现金流量的估算中,经营成本是个重要的概念,其中折旧费和摊销费的估算是经营成本现金流量估算的一个难点。

折旧费是指固定资产在使用过程中由于磨损而逐步转移到产品价值中的那部分固定资产的价值,计算折旧的基本公式为

$$应提折旧 = 折旧率 \times 折旧基数 \qquad (1-8)$$

由于折旧率和折旧基数的确定方法不同,折旧方法也不同,目前我国会计上常用的有直线折旧法、工作量法、双倍余额递减法、年数总和法等。下面作简要介绍。

①平均年限法。平均年限法是指按固定资产预计使用年限平均计算折旧的一种方法。按此方法计算提取的折旧额,在各个使用年份或月份都是相等的,因此又叫直线折旧法。平均年限法是最常用的固定资产折旧方法。

其计算公式为：

$$年折旧率\ l_平 = \frac{1-预计净残值率\ \rho}{折旧年限\ N} \times 100\% \tag{1-9}$$

$$年折旧率\ D_平 = 固定资产原值\ V_K \times l_平 = \frac{固定资产原值\ V_K - 预计残值\ V_L}{N} \tag{1-10}$$

该方法适用于生产较为均衡的固定资产。

【例 1-4】 某设备原值 25000 元，预计能够使用 10 年，预计残值 1500 元，清理费 500 元，计算该设备各年折旧额、年折旧率。

【案例点评】

固定资产年折旧额＝[25000－(1500－500)]/10＝2400(元)

固定资产年折旧率＝2400/25000×100%＝9.6%

所以该设备的年折旧额为 2400 元，年折旧率为 9.6%。

② 工作量法。工作量法是根据实际工作量计提折旧额的一种方法，工作量可以是产量、行驶里程或工时数。这种方法是对直线折旧法的一种改进，在各期使用固定资产的时间或产量不均衡时，采用此方法更加符合配比原则。

其计算公式为：

$$单位里程折旧额\ d = \frac{V_K - V_L}{规定的总行驶里程\ M} \tag{1-11}$$

$$年折旧额\ D_l = d \times 年行驶里程\ m \tag{1-12}$$

$$每工程小时的折旧额\ d = \frac{V_K - V_L}{规定的总工作小时\ H} \tag{1-13}$$

$$年折旧额\ D_l = d \times 年工作小时\ m \tag{1-14}$$

该方法适用于各期完成工作量不均衡的固定资产。

【例 1-5】 某大型机器购买价格 150000 元，运输费 5000 元，净残值为 3000 元，按规定可以使用 200 个台班。2012 年 1 月实际使用了 30 个台班，求 1 月份的折旧额。

【案例点评】

每台班的折旧额＝(150000＋5000－3000)/200＝76(元/台班)

1 月份折旧额＝76×30＝2280(元)

③ 双倍余额递减法。双倍余额递减法是在不考虑固定资产残值的情况下，按双倍直线折旧率和固定资产净值来计算折旧的方法。

其计算公式为：

$$年折旧率\ l_双 = \frac{2}{N} \times 100\% \tag{1-15}$$

$$年折旧额 D_{双i} = (固定资产净值)_i \times l_双 \quad (1-16)$$

$$(固定资产净值)_i = V_K - \sum D_{双i-1} \quad (1-17)$$

采用此方法,应当在其固定资产折旧年限到期前两年内,将固定资产净值扣除预计净残值后的净额平均摊销。

$$最后两年折旧额 = (固定资产期初账面净值 - 预计净残值)/2 \quad (1-18)$$

【例 1-6】 某设备原值 64000 元,使用 5 年,预计净残值 2000 元,采用双倍余额递减法计算各年折旧额。

【案例点评】

年折旧率 = 2/5×100% = 40%

第一年折旧额 = 64000×40% = 25600(元)

第二年折旧额 = (64000-25600)×40% = 15360(元)

第三年折旧额 = (64000-25600-15360)×40% = 9216(元)

第四、五年折旧额 = (64000-25600-15360-9216-2000)/2 = 5912(元)

④ 年数总和法。年数总和法是将固定资产的原值减去残值后的净额乘以一个逐年递减的分数来计算每年的折旧额。

其计算公式为:

$$年折旧率 l_年 = \frac{折旧年限 - 已使用年数}{折旧年限 \times (折旧年限+1) \div 2} \times 100\% \quad (1-19)$$

$$年折旧额 D_{年14} = (V_K - V_L) \times l_年 \quad (1-20)$$

【例 1-7】 针对例 1-6 的数据,采用年数总和法计算各年折旧额。

【案例点评】

第一年折旧率 = (5-0)/5×(5+1)÷2×100% = 5/15

第二年折旧率 = (5-1)/5×(5+1)÷2×100% = 4/15

第三年折旧率 = (5-2)/5×(5+1)÷2×100% = 3/15

第四年折旧率 = (5-3)/5×(5+1)÷2×100% = 2/15

第五年折旧率 = (5-4)/5×(5+1)÷2×100% = 1/15

第一年折旧额 = (64000-2000)×5/15 = 20666.67(元)

第二年折旧额 = (64000-2000)×4/15 = 16533.33(元)

第三年折旧额 = (64000-2000)×3/15 = 12400(元)

第四年折旧额 = (64000-2000)×2/15 = 8266.67(元)

第五年折旧额 = (64000-2000)×1/15 = 4133.33(元)

(3) 摊销费估算。摊销费是指无形资产和递延资产在一定期限内分期摊销的费用,也指投资不能形成固定资产的部分。无形资产是指企业拥有或者控制的没有实物形态的可辨认非货币性资产。无形资产具有广义和狭义之分,广义的无形资产包括货币资金、应收账款、金融资产、长期股权投资、专利权、商标权等,因为它们没有物质实体,而表现为某种法定权利或技术。但是,会计上通常将无形资产作狭义的理解,即将专利权、商标权等称为无形资产。递延资产本身没有交换价值,不可转让,一经发生就已消耗,但能为企业创造未来收益,并能从未来收益的会计期间抵补的各项支出。递延资产又指不能全部计入当年损益,应在以后年度内较长时期摊销的除固定资产和无形资产以外的其他费用支出,包括开办费、租入固定资产改良支出以及摊销期在一年以上的长期待摊费用等。无形资产的摊销关键是确定摊销期限。无形资产应按规定期限分期摊销,即法律和企业申请书分别规定有法定有效期和受益年限的,按照孰短的原则确定;企业合同或者企业申请书分别规定有受益年的,按照规定的受益年限确定;没有规定期限的,按不少于 10 年的期限分期摊销。递延资产的开办费按照不少于 5 年的期限分期摊销。

三、项目运营期的收入与税金

(一) 收入

1. 收入的概述

(1) 收入的定义。收入是企业在销售商品、提供劳务及让渡资产使用权等日常活动中形成的经济利益的总流入,包括销售商品收入、劳务收入、利息收入、使用费收入、租金收入和股利收入等,但不包括为第三方或客户代收的款项。日常活动是指企业为完成其经营目标从事的所有活动以及与之相关的其他活动,如制造业的销售商品。经济利益是指现金或最终能转化为现金的非现金资产。

(2) 收入的特点。

①收入是从企业日常活动中产生,而不是从突发的交易或事项中产生,如制造业的收入来自于商品的销售等。

②收入可能表现为企业资产的增加,如银行存款、应收账款、企业负债的减少等。

③收入能导致所有者权益的增加,但所有者权益的增加与否取决于收入扣除相关成本费用后的净额多少。

④收入只包括本企业经济利益的流入。

(3) 收入的分类。按收入的性质可分为销售商品收入、提供劳务收入和让渡资产使用权等取得的收入。按经营业务的主次可分为主营业务收入和其他业务收入。

2. 销售收入

销售收入是指企业向社会出售商品或提供劳务的货币收入。企业的销售收入包括产品销售收入和其他销售收入。产品销售收入包括销售产成品、自制半成品、工业性劳务取得的收入；其他销售收入包括材料销售、技术转让、包装物出租、外购商品销售、承担运输等非工业性劳务所取得的收入。

$$销售收入 = 商品销售量 \times 单价 \qquad (1-21)$$

（二）税金

税金是国家依据法律对有纳税义务的单位和个人征收的财政资金。税收是国家凭借政治权利参与国民收入分配和再分配的一种方式，具有强制性、无偿性和固定性的特点。税收是国家取得财政收入的主渠道，也是国家对各项经济活动进行宏观调控的重要杠杆。我国现行税制体系中有 24 个税种，按其性质和作用可大致分为 7 大类。

1. 流转税

流转税是指以商品生产、商品流通和劳动服务的流转额为征收对象的各种税，包括增值税、消费税和营业税。

增值税以商品生产、流通和劳动服务各个环节的增值额为征税对象。在我国境内销售货物或者提供加工、修理修配劳务以及进口货物的单位或个人都应缴纳增值税。

消费税的纳税义务人是在我国境内生产、委托加工和进口某些消费品的单位和个人。征收消费税的消费品大体分为五类：第一类是一些过度消费会对人类健康、社会秩序、生态环境等造成危害的特殊消费品，如烟、酒、鞭炮等；第二类是奢侈品、非生活必需品；第三类是高能耗及高档消费品；第四类是不可再生稀缺资源消费品；第五类是消费普遍、税基宽广、征税不会明显影响人民生活水平但有一定财政意义的产品。对于应税消费品既要征收消费税，又要征收增值税。

营业税是在我国境内从事交通运输、建筑业、金融保险、邮政电信、文化体育、娱乐业、服务业、转让无形资产、销售不动产等业务的单位和个人，就其营业收入或转让收入征收的一种税。根据《关于全面推开营业税改征增值税试点的通知》（财税〔2016〕36 号），自 2016 年 5 月 1 日起，在全国范围内全面推开营业税改征增值税（以下称营改增）试点，建筑业、房地产业、金融业、生活服务业等全部营业税纳税人，纳入试点范围，由缴纳营业税改为缴纳增值税。

2. 资源税

资源税包括资源税以及城乡土地使用税，主要是对因开发或利用自然资源差异而形成的级差收入发挥调节作用。

资源税是对在我国境内开采原油、天然气、煤炭等非金属矿原矿、黑色金属矿原矿、有色金属矿原矿及生产盐的单位和个人征收的一种税。征收此税的目的在于调节因资源条件差异而形成的资源级差收入,促使国有资源的合理开采与利用,同时为国家取得一定的财政收入。

城乡土地使用税是国家在城市、农村、城镇和工矿区,对使用土地的单位和个人征收的一种税。国家规定,对农、林、牧、渔业的生产用地和国家机关、人民团体、军队及事业单位的自用土地免征土地使用税。

3. 所得税

所得税包括企业所得税、外商投资企业和外国人企业所得税、个人所得税,主要是在国民收入形成后,对生产经营者的利润和个人的纯收入发挥调节作用。

4. 财产和行为税

财产和行为税包括房产税、城市房地产税、车船使用税、车船使用牌照税、印花税、屠宰税、契税,主要是对某些财产和行为进行调节。

车船使用税是对行驶于公共道路的车辆和航行于国内河流、湖泊、领海口岸船舶按其种类、吨位征收的一种税。纳税义务人为拥有车船的单位和个人。

房产税是以房屋为征收对象的一种税。纳税义务人为拥有房屋产权的单位和个人。

5. 特定目的税

特定目的税包括(固定资产)投资方向调节税、筵席税、城乡维护建设税、土地增值税、车辆购置税、耕地占用税等,主要是为了达到特定的目的,对特定的对象和特定的行为进行调节。

投资方向调节税是以投资行为为征收对象的一种税。国家征收投资方向调节税的目的在于利用经济手段对经济活动进行宏观调控,贯彻产业政策,控制投资规模,引导投资方向,保证重点建设。在中国境内进行固定资产投资的单位和个人都是投资方向调节税的纳税义务人。

城乡维护建设税是为保证城乡维护和建设有稳定的资金来源而征收的一种税。凡有经营收入的单位和个人,除特殊规定外都是城乡维护建设税的纳税义务人,以实际交纳增值税、消费税、营业税为计税依据而征收。其税率按纳税人所在地区不同而不同,市区为7%;城镇为5%;其他为1%。

土地增值税征收对象为有偿转让国有土地使用权及地上建筑物和其他附着物产权取得收入的单位和个人。土地增值税的计价依据是转让房地产所取得的增值收益。

6. 农业税

广义的农业税包括农业税、牧业税，主要是对取得农业或者牧业收入的企业、单位和个人征收。

7. 关税

关税主要对进出我国国境的货物、物品进行征收。

四、利润、所得税和利润分配

(一)利润

1. 概念

利润是企业在一定时期内全部生产经营活动的最终成果。利润的实现表明企业生产耗费得到了补偿，并取得了赢利。对利润进行核算可以及时反映企业在一定时期的经营业绩和获利能力，反映企业的投入产出效率和经济效益。

2. 构成

利润包括营业利润、利润总额和净利润等。

营业利润是指主营业务收入减去主营业务成本和主营业务税金及附加，加上其他业务利润，再减去营业费用、管理费用和财务费用后的金额。

利润总额是指营业利润加上投资收益、补贴收入、营业外收入，减去营业外支出后的金额。

投资收益是指企业对外投资所取得的收益，减去发生的投资损失和计提的投资减值准备后的净额。

补贴收入是指企业按规定实际收到退还的增值税，或按销量或工作量等依据国家规定的补助定额计算并按期给予的定额补贴以及属于国家财政扶持的领域而给予的其他形式的补贴。

营业外收入和营业外支出是指企业发生的与其生产经营活动无直接关系的各项收入和各项支出。营业外收入包括固定资产盘盈、处置固定资产净收益、处置无形资产净收益、罚款净收入等。营业外支出包括固定资产盘亏、处置固定资产净损失、处置无形资产净损失、债务重组损失、计提的固定资产减值准备、计提的在建工程减值准备、罚款支出、捐赠支出、非常损失等。营业外收入和营业外支出应当分别核算，并在利润表中分列项目反映。营业外收入和营业外支出还应当按照具体收入和支出设置明细项目，进行明细核算。

所得税是指企业应当计入当期损益的所得税费用。

税后利润是指销售利润总额减去所得税后的金额。

(二)所得税

企业所得税是指对企业生产/经营所得和其他所得征收一种工商税。企业的生产/经营所得和其他所得,包括来源于中国境内和境外的所得。企业所得税的纳税人包括国有企业、集体企业、私营企业、联营企业、股份制企业和有生产、经营所得和其他所得的其他实行独立经济核算的企业或组织。

企业所得税的计税依据是应纳税所得额,即纳税人每一纳税年度的收入总额减去国家规定准予扣除项目后的余额。

企业所得税的税率一般为33%的比例税率,此外,税法规定对年纳税所得额3万~10万元的,按20%的税率征缴,对年纳税所得额3万元以下的,按18%的税率征缴。企业所得税的计算公式为:

$$应纳税额 = 应纳税所得额 \times 适用税率 \tag{1-22}$$

(三)利润的分配

对企业来说,税后利润一般按下列优先顺序进行分配。

第一,被没收的财物损失、支付各项税收的滞纳金和罚款。

第二,弥补企业以前年度的亏损。

第三,提取法定盈余公积金。法定盈余公积金按照税后利润扣除前两项后的10%提取。盈余公积金已达注册资金50%时不可再提取。

第四,提取法定公益金。公益金主要用于职工集体福利设施支出,提取率为5%。

第五,向投资者分配利润。企业以前年度未分配的利润,可以并入本年度向投资者分配。

第四节 设备更新的经济分析

一、设备更新概述

(一)设备更新的概念

设备更新是对旧设备的整体更换,就其本质可分为原型设备更新和新型设备更新。原型设备更新是简单更新,就是用结构相同的新设备去更换有形磨损严重而不能继续使用的旧设备。这种更新主要是解决设备的损坏问题,不具有更新技术的性质。新型设备更新是指以结构更先进、技术更完善、效率更高、性能更好、能源和原材料消耗更少的新型设备来替换那些技术上陈旧、在经济上不宜继续使用的旧设备。通常所说的设备更新主要是指后一种,它是技术发展的基础。因此,就实物形态而言,设备更新是用新的设备替换陈旧落后的设备;就价值形态而言,设备更新是设备在运动中消耗掉的价值的重新补偿。设备更新是消除设备有形磨损和无形磨损的重要手段,目的是提高企业生产的现代化水平,尽快地形成新的生产能力。

(二)设备更新策略

设备更新分析是企业生产发展和技术进步的客观需要,对企业的经济效益有着重要的影响。过早的设备更新,无论是由于设备暂时出故障就报废的草率决定,还是片面追求现代化购买最新式设备的决定,都将造成资金的浪费,失去其他的收益机会。而一个资金十分紧张的企业可能走向另一个极端,拖延设备的更新,这将造成生产成本的迅速上升,失去竞争的优势。因此,设备是否需要更新?何时更新?选用何种设备更新?这既要考虑技术发展的需要,又要考虑经济效益。项目决策者要不失时机地做好设备更新分析工作,采取适宜的设备更新策略。

设备更新策略应在系统全面了解企业现有设备的性能、磨损程度、服务年限、技术进步等情况后,分轻重缓急,有重点、有区别地对待。凡修复是比较合理的,不应过早更新;可以修中有改进,通过改进工装就能使设备满足生产技术要求的不要急于更新;更新个别关键零部件就可达到要求的,不必更换整台设备;更换单机能满足要求的,不必更换整条生产线。通常优先考虑更新的是:

其一,设备损耗严重,大修后性能、精度仍不能满足规定工艺要求的;

其二,设备耗损虽在允许范围之内,但技术已经陈旧落后,能耗高、使用操作条件不好、对环境污染严重,技术经济效果很不好的;

其三,设备役龄长,大修虽然能恢复精度,但经济效果上不如更新的。

(三)设备更新方案的比选原则

确定设备更新必须进行技术经济分析。设备更新方案比选的基本原理和评价方法与互斥性投资方案比选原理相同。但在实际设备更新方案比选时,应遵循如下原则:

1. 应站在客观的立场分析问题

设备更新问题的要点是站在客观的立场上,而不是站在旧设备的立场上考虑问题。若要保留旧设备,首先要付出相当于旧设备当前市场价值的投资,才能取得旧设备的使用权。

2. 不考虑沉没成本

沉没成本是既有企业过去投资决策发生的、非现在决策能改变(或不受现在决策影响)、已经计入过去投资费用回收计划的费用。由于沉没成本是已经发生的费用,不管企业生产什么和生产多少,这项费用都不可避免地要发生,因此现在的决策对它不起作用。在进行设备更新方案比选时,原设备的价值应按目前实际价值计算,而不考虑其沉没成本。

例如,某设备 4 年前的原始成本是 80000 元,目前的账面价值是 30000 元,现在的市场价值仅为 18000 元。在进行设备更新分析时,旧设备往往会产生一笔沉没成本,即:

$$沉没成本 = 设备账面价值 - 当前市场价值 \qquad (1-23)$$

或

$$沉没成本 = (设备原值 - 历年折旧费) - 当前市场价值 \qquad (1-24)$$

则本例旧设备的沉没成本为 12000 元(12000 = 30000 - 18000),是过去投资决策发生的而与现在更新决策无关,目前该设备的价值等于市场价值 18000 元。

3. 逐年滚动比较

该原则是指在确定最佳更新时机时,应首先计算比较现有设备的剩余经济寿命和新设备的经济寿命,然后利用逐年滚动计算方法进行比较。

如果不遵循这些原则,方案比选结果或更新时机的确定可能发生错误。

二、设备经济寿命的确定

随着新工艺、新技术、新机具、新材料的不断涌现,工程施工在更大深度和广度上实现了机械化,施工机械设备已成为施工企业生产力不可缺少的重要组成部分。因此,建筑施工企业都存在着如何使企业的技术结构合理化,如何使企业设备利用率、机械效率和设备运营成本等指标保持在良好状态的问题,这就必须对设备磨损的类型及补偿方式、设备更新方案的比选进行科学的技术经济分析。

(一)设备的经济寿命

经济寿命是指设备从投入使用开始,到继续使用在经济上不合理而被更新所经历的时间。它是由设备维护费用的提高和使用价值的降低决定的。设备使用年限越长,所分摊的设备年资产消耗成本越少。但是随着设备使用年限的增加,一方面需要更多的维修费维持原有功能;另一方面设备的操作成本及原材料、能源耗费也会增加,年运行时间、生产效率、质量将下降。因此,年资产消耗成本的降低,会被年度运行成本的增加或收益的下降所抵消。在整个变化过程中存在着某一年份,设备年平均使用成本最低,经济效益最好,如图 1-3 所示,在 N_0 年时,设备年平均使用成本达到最低值。我们称设备从开始使用到其年平均使用成本最小(或年盈利最高)的使用年限 N_0 为设备的经济寿命。所以,设备的经济寿命就是从经济观点(即成本观点或收益观点)确定的设备更新的最佳时刻。

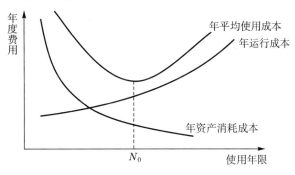

图 1-3　设备年度费用曲线

(二)设备经济寿命的估算

1. 设备年度费用的计算

设备的年度费用,一般来说包括两部分:资金恢复费用和年度使用费用。资金恢复费用是指设备的原始费用扣除设备更新时的预计净残值后分摊到设备使用各年上的费用,即每年所分摊的设备购置费和净残值。

(1)资金恢复费用的计算。

设 P 代表原始费用, F 代表预计净残值, n 代表使用年限, i 代表利率(折现率),则设备的资金恢复费用可用下列两式表示。

①静态模式下(不考虑资金的时间价值)的资金恢复费用。

$$资金的恢复费用 = (P-F)/n \tag{1-25}$$

②动态模式下(考虑资金的时间价值)的资金恢复费用。

$$资金恢复费用 = P(A/P, i, n) - F(A/F, i, n) \tag{1-26}$$

从资金恢复费用的表达式可以看出设备的资金恢复费用随着服务年限的增长而变小。

(2) 年度使用费用的计算。设备的年度使用费用由年运行费(人工、材料、动力、机油等消耗)和维修费组成。如果以 C 代表年度费用, O 代表年运行费, M 代表年维修费,当不考虑货币的时间价值时有:

$$C = (P-F)/n + O + M \tag{1-27}$$

从上面知道,设备更新的最佳时间取决于设备的经济寿命,而设备经济寿命的长短主要取决于年度费用的变化,当设备的 P、F、n 一定时,资金恢复费用基本上也一定,年度费用的变化主要取决于年度使用费的变化。年度使用费的变化通常分为3种情况:固定不变的、不规则的以及不断增加的。

通常,设备在使用过程中逐渐磨损,其性能和工作效率逐年变化。为了恢复其正常功能,必须进行维护和修理,由于维护和修理的费用随着设备使用年限的增加是逐年增加的,所以年度使用费是逐年增加的。由于年度使用费的逐年上升,在设备的使用年限中存在一个年度费用最小的年份,由此能计算出设备的经济寿命。

在这里,我们主要讨论年度使用费是不断增加的情况。

2. 设备经济寿命的计算

确定设备经济寿命的方法仍然从静态模式和动态模式两方面进行。

(1) 静态模式下设备经济寿命的确定方法。静态模式下,设备经济寿命的确定方法是指在不考虑资金时间价值的基础上计算设备的经济寿命。

假设残值为零,如果设备的使用费呈线性增长,即每年增加一个固定额,则其经济寿命的计算式为:

$$n = \sqrt{2P/q} \tag{1-28}$$

式中,q——使用费的逐年增加额;

P——设备的原始费用。

【例1-8】 已知一设备,其原始费用为1000元,使用费用第一年为300元,以后每年增加100元。假设不论使用多久,其残值都是零,不计算利息,求其经济寿命。

【案例点评】 从已知可以看出,残值为零,设备的使用费每年增加一个固定额,所以可以用公式直接求出。

解:将上述已知条件代入公式,可求得设备的经济寿命为:

$$n = \sqrt{2P/q} = \sqrt{2 \times 1000/100} = 4.47(年)$$

(2) 在动态模式下设备经济寿命的确定方法。在动态模式下,设备经济寿命的确定方法就是在考虑资金的时间价值情况下,设备的年度使用费依然是不断增长的,但逐年的增长额是不规则的,且年末估计残值也是变化的,则其年度费用不能用公式来表示。一般根据企业的记录或者对实际情况进行预测,然后用列表法来求解经济寿命。

【例1-9】 某设备目前实际价值为30000元,有关统计资料见表1-4,假设利率为6%。试求该设备在动态模式下的经济寿命。

表1-4 某设备各年使用费及残值表   单位:元

使用年数	1	2	3	4	5	6	7
使用费用	5000	6000	7000	9000	11500	14000	17000
年末残值	15000	7500	3750	1875	1000	1000	1000

【案例点评】 在表1-4中,设备的使用费用逐年增加,残值逐年减少,这是大多数企业设备使用一般规律,计算过程及结果见表1-5。从表1-5中最后一列可以看出,年度费用最小为14405.2元,即设备使用6年最为经济。

表1-5 考虑时间因素设备经济寿命的计算表   单位:元

使用年限 (1)	年度使用费 (2)	现值系数 (3)	年度使用费现值 (4)=(2)×(3)	累计使用费现值 (5)=∑(4)	资金恢复系数 (6)	等值的年度使用费 (7)=(6)×(5)	年末残值 (8)	资金恢复费用 (9)=[10000−(8)]×(6)+(8)×i	年度费用 (10)
1	5000	0.9434	4717	4717	1.0600	5000	15000	16800	218000
2	6000	0.8900	5340	10057	0.5454	5485.1	7500	12721.5	18206.6
3	7000	0.8396	5877.2	5877.2	0.3741	5961.0	3750	10045.1	16006.1
4	9000	0.7921	7128.9	23063.1	0.2886	6656.0	1875	8229.4	14885.4
5	11500	0.7473	8594	31657.1	0.2374	7515.4	1000	6944.6	14460.0
6	14000	0.7050	9870	41527.1	0.2034	8446.6	1000	5958.6	14405.2
7	17000	0.6651	11306.7	52833.8	0.1791	9462.5	1000	5253.9	14716.4

三、设备更新方案的选择

对于新、旧设备而言,其在费用方面具有不同的特点。新设备的特点是原始费用高,但运行和维修费用低,而旧设备恰恰相反。某台设备是否更新,何时更新,选用何种设备更新,既要考虑技术发展的需要,又要考虑经济效益。这就需要对设备更新进行方案的比选。设备更新方案比选的基本原理和评价方法与互斥性投资方案比选相同。但在实际比选时,它还具有以下两个特点。

其一,通常我们假定设备产生的收益相同,因而在进行方案比较时只对其费用进行比较。

其二,由于不同设备的使用寿命不同,因此,通常都采用年度费用进行比较,即采用年度费用比较法。

设备更新有以下两种情况:

一是,有形磨损造成的设备更新,即原型更新。

二是,由于技术进步造成的设备更新,即技术更新。

下面我们分别进行详细分析。

(一)设备原型更新的经济分析

某些设备在其整个使用期内并不会过时,即在一定时期内还没有更先进的设备出现。在这种情况下,设备在使用过程中避免不了有形磨损,结果引起设备的维修,特别是大修理以及其他运行维护的不断增加,这时立即进行原型设备替换,从而保证在经济上合算,这就是原型更新问题。原型设备的更新通常由设备的经济寿命决定,即当设备运行到设备的经济寿命时,立即进行更新。

设备原型更新的经济分析首先要计算设备的经济寿命,以经济寿命来决定设备是否需要更新,它适用于长期生产同一类型产品的企业进行周期性更换的设备。在比较方案时应注意经济寿命计算中的两种特殊情况。

第一种情况是:如果一台设备在整个使用期间,其年度使用费和残值固定不变,那么,其使用的年限越长,年度费用越低,即它的经济寿命等于它的服务寿命。

第二种情况是:如果一台设备目前的估计残值和未来的估计残值相等,而年度使用费逐年增加,最短的寿命(一般为 1 年)就是它的经济寿命。

【例 1-10】 某企业的一台旧设备,目前可以转让,价格为 25000 元,下一年将贬值 10000 元。以后每年贬值 5000 元。由于性能退化,它今年的使用费为 80000 元,预计今后每年将增加 10000 元。它将在 4 年后报废,残值为零。现有一台新型的同类设备,它可以完成与现有设备的工作,购置费为 160000 元,年平均使用费为 60000 元,经济寿命为 7 年,期末残值为 15000 元,并预计该设备在 7 年内不会有大的改进。

设 ic=12%,问是否需要更新现有设备?如果需要,应该在什么时间更新?

【案例点评】

确定新设备的年平均费用:

$AC_{新}=(160000-15000)(A/P,12\%,7)+15000\times 12\%+60000=93572(元)$

确定旧设备的年平均费用:

$AC_{旧}=25000(A/P,12\%,4)+80000+10000(A/G,12\%,4)=101819(元)$

显然,旧设备的年度费用高于新设备的年度费用,那么旧设备需要更新。但如果作出马上就应更新的决策,可能是错误的。这需要对此作进一步的分析。

如果旧设备再保留使用一年,则第一年的年度费用为

$AC_{旧}^1=(25000-15000)(A/P,12\%,1)+15000\times 12\%+80000=93000(元)$

93000 元<93572 元,所以旧设备在第一年应该继续保留使用。

如果旧设备再保留使用到第二年,则第二年的年度费用为

$AC_{旧}^2=(15000-10000)(A/P,12\%,1)+10000\times 12\%+90000=96800(元)$

显然,如果保留使用到第二年,第二年的年度费用高于新设备的年平均费用,

则旧设备在第二年使用之前就应该更新。

因此,现有设备应该再保留使用一年,一年之后更新为新设备。

(二)设备技术更新的经济分析

在技术不断进步的条件下,由于无形磨损的作用,设备很可能在尚未使用到其经济寿命期,就已经出现价格很低的同型设备或工作效率更高和经济效益更好的新型同类设备,这时就要分析继续使用原设备和购置新设备的两种方案,确定设备是否更新。

【例 1-11】 某企业 5 年前购置一设备,价值 75 万元,购置时预期使用寿命为 15 年,残值为零。该设备进行直线折旧,目前已提折旧 25 万元,账面净值为 50 万元。利用这一设备,企业每年消耗的生产成本为 70 万元,产生的销售额为 100 万元。现在市场上推出一种新设备,价值 120 万元(含运输、安装、调试等所有费用),使用寿命 10 年,预计 10 年后残值为 20 万元。该设备由于技术先进,效率较高,预期可使产品销售量由原来每年 100 万元增加到每年 110 万元(假设产品产量增加,同时增加的产量又均可在市场上售出),同时可使生产成本由每年 70 万元下降到每年 50 万元。如果现在将旧设备出售,估计售价为 10 万元。问折现率为 10% 时,该企业是否应用新设备替换旧设备?

【案例点评】 问题的解决是两个方案的比选。

方案 1:不作更新,继续使用原设备

方案 2:更新原设备,购置新设备

根据方案比较的特点和原则,原设备的投资及第 5 年末的账面余额均为沉没成本,评价时不应计入,原设备若在第 5 年末出售所得 10 万元,即为原设备继续使用的投资。因此方案 1 又可叙述为:以 10 万元的价格购入设备,使用 10 年,年度运行成本 70 万元,期末无残值。两方案的净现金流量情况如图 1-4 和图 1-5 所示。

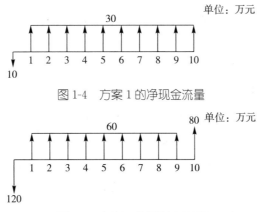

图 1-4 方案 1 的净现金流量

图 1-5 方案 2 的净现金流量

方案的净现值为：
$NPV_1 = -10 + 30(P/A, 10\%, 10) = 174.35(万元)$
$NPV_2 = -120 + 60(P/A, 10\%, 10) + 20(P/F, 10\%, 10) = 256.41(万元)$
结论：$NPV_2 > NPV_1$，因此应该选择方案 2，即更新原设备，购置新设备。

对现有设备来说，任何一项与该设备有关的构造和运行的新发展及改进都会导致提前更新。人们可能会因为新设备的购置费用较大而趋向保留现有设备，然而新设备的使用会提高产品质量，从而带来收入的增加以及运营费用、维修费用的减少。设备更新的关键是，新设备与现有设备相比的节约费用可能比新设备购置费用的价值要大。

四、设备租赁的经济分析

(一)设备租赁的概念

1. 设备租赁的定义

设备租赁是随着企业资产所有权和使用权的分离应运而生的设备使用形式，它是指设备使用者(承租人)按照合同规定向设备所有者(出租人)租借设备，并按期支付一定的租金而取得设备使用权的经济活动。它是设备投资的一种方式。

(1)对于承租人来说，设备租赁与设备购买相比较其优越性在于：
①可以节省设备投资，在资金不足和借款受到限制的情况下，也能使用设备；
②可加快设备更新速度，避免技术落后的风险；
③可避免通货膨胀的冲击，减少投资风险；
④可获得良好的技术服务，提高设备的利用率，从而获得更多的收益。

(2)其不足之处则在于：
①在租赁期间承租人对租用设备无所有权，只有使用权，故承租人无权随意对设备进行改造，不能处置设备，也不能用于担保或抵押贷款；
②设备租赁的总费用比购置设备费用高；
③租赁合同规定严格毁约要赔偿损失，罚款较多等。

2. 设备租赁的形式

设备租赁一般有融资租赁和经营租赁两种方式。

(1)融资租赁。融资租赁又称财务租赁，融资租赁是一种融资和融物相结合的方式，它是指出租方和承租方共同承担确定时期的租让和付费义务，不得任意终止和取消租赁合同。这种租赁方式是以融资和对设备的长期使用为前提的。设备由承租方选定，设备的性能、维修保养和老化都由承租方承担。对于承租人来说，融资租入的设备属于固定资产，可以计提折旧计入企业成本，而租赁费一般不能直接计入成本,应由企业税后支付。但租赁费中的利息和手续费(按租赁合同规定,手续费可包括在租赁费中,或者一次性支付)可在支付时计入企业成本。这种租赁方式主要解决企业大型的贵重的设备和长期资产的需要。

(2)经营租赁。经营租赁是一种传统的设备租赁方式。出租者除向承租者提供租赁物外,还承担租赁设备的保养、维修、老化、贬值以及不再续租的风险。这种租赁方式带有临时性,因而租金较高。承租者一般用这种方式租赁技术更新较快、租期较短的设备,承租设备的使用期也短于设备的寿命期,并且经营性租赁设备的租赁费计入企业成本,可减少企业所得税。临时使用的设备(如车辆、计算机、仪器等设备)通常采用这种方式。

由于租赁具有把融资和融物结合起来的特点,这使得租赁能够提供及时而灵活的资金融通方式,是企业家取得设备进行生产经营的一种重要手段。

(二)设备租赁经济分析

企业在决定进行设备投资之前,必须充分考虑影响设备购置与租赁方案的主要因素,只有这样才能获得最佳的经济效益。

1. 影响设备购置和租赁的主要因素

影响设备购置和租赁的主要因素包括以下几点:

(1)项目的寿命期;

(2)设备的价格;

(3)企业是需要长期占有设备,还是短期需要这种设备;

(4)设备的经济寿命;

(5)设备技术过时的风险;

(6)租赁期;

(7)设备租金额;

(8)租金的支付方式;

(9)租赁机构的信用度、经济实力以及与承租人的配合情况。

2. 设备租赁经济分析

设备租赁经济分析的步骤如下:

(1)根据企业生产经营目标和技术状况,提出设备更新的投资建议。

(2)拟定若干设备投资、更新方案,包括购买方案、租赁方案。

(3)定性分析筛选方案,包括分析企业财务能力,分析设备技术风险、使用、维修等特点。

(4)定量分析并优选方案,结合其他因素,作出租赁或是购买的投资决策。

设备租赁的经济性分析是对设备租赁和设备购置进行经济比选,也是互斥方案选优问题,其方法与设备更新方案选择无实质上的差别。故可运用费用现值法、费用年值法、NPV法等进行选优。

①经营性租入设备的净现金流量为:

$$\text{净现金流量}=\text{销售收入}-\text{经营成本}-\text{租赁费}-\text{销售税及附加}-(\text{销售收入}-\text{经营成本}-\text{租赁费}-\text{销售税金及附加})\times\text{所得税税率} \quad (1-28)$$

②融资性租入设备的净现金流量为:

$$\text{净现金流量}=\text{销售收入}-\text{经营成本}-\text{租赁费}-\text{销售税及附加}-(\text{销售收入}-\text{经营成本}-\text{折旧费}-\text{租赁费中的手续费和利息}-\text{销售税金及附加})\times\text{所得税税率} \quad (1-29)$$

③在相同条件下,购置设备方案的净现金流量为:

$$\text{净现金流量}=\text{销售收入}-\text{经营成本}-\text{设备购置费}-\text{销售税及附加}-(\text{销售收入}-\text{经营成本}-\text{折旧费}-\text{利息}-\text{销售税金及附加})\times\text{所得税税率} \quad (1-30)$$

设备寿命相同时可以采用净现值法,设备寿命不同时可以采用年值法。无论采用净现值法还是年值法,均应以收益较多或成本较少的方案为宜。

在假设所得到设备的收入相同的条件下,最简单的方法是将租赁成本和购买成本进行比较。根据互斥方案比选的差量原则,只需比较它们之间的差异部分。从上面两式可以看出,只需比较两者净现金流量的差异部分,亦即比较:

经营性设备租赁:

$$\text{所得税率}\times\text{租赁费}-\text{租赁费} \quad (1-31)$$

融资性设备租赁:

$$\text{所得税率}\times(\text{折旧费}-\text{租赁费中的手续费和利息})-\text{租赁费} \quad (1-32)$$

设备购置:

$$\text{所得税率}\times(\text{折旧}+\text{利息})-\text{设备购置费}-\text{贷款利息} \quad (1-33)$$

【例1-12】 企业需要某种设备,其购置费为100000元。如果借款购买,则每年需按10%的借款利率等额支付本利和,借款期和设备使用期均为5年,期末设备残值为3000元。这种设备也可以采用经营租赁方式租入,每年租赁费为30000元。企业所得税税率为33%,采用直线法提取折旧,基准贴现率为10%。试分析企业应采用购置方案,还是租赁方案?

【案例点评】

(1)企业若采用购置方案:

①计算年折旧费。

年折旧费=(100000-3000)/5=19400(元)

②计算年借款利息。

各年支付的本利和按下式计算,则各年的还本付息如表1-6所示。

$A = 100\,000(A/P, 10\%, 5) = 100\,000 \times 0.2638 = 26380(元)$

表1-6 各年剩余本金和还本付息金额 单位:元

年份	剩余本金	还款金额	其中支付利息
1	100000	26380	10000
2	83620	26380	8362
3	65602	26380	6560
4	45782	26380	4578
5	23980	26380	2398

③计算设备购置方案的现值。当借款购买时,企业可以将所支付的利息及折旧从成本中扣除而免税,并且可以回收残值。因此,借款购买设备的成本现值需扣除折旧和支付利息的免税金额。

$P = 100000 - 19400 \times 0.33(P/A, 10\%, 5) - 10000 \times 0.33(P/F, 10\%, 1)$
$\quad - 8362 \times 0.33(P/F, 10\%, 2) - 6560 \times 0.33(P/F, 10\%, 3)$
$\quad - 4578 \times 0.33(P/F, 10\%, 4) - 2398 \times 0.33(P/F, 10\%, 5)$
$\quad - 3000(P/F, 10\%, 5) = 65438.7(元)$

(2)计算设备租赁方案的现值。当租赁设备时,承租人可以将租金计入成本而免税,故计算设备租赁方案的成本现值时需扣除租金免税金额。

$P = 30000(P/A, 10\%, 5) - 30000 \times 0.33(P/A, 10\%, 5)$
$\quad = 30000 \times 3.791 - 9900 \times 3.791$
$\quad = 76199.1(元)$

因为所以从企业角度出发,应该选择购买设备的方案。

【例1-13】 某企业需要某种设备,可以考虑用自有资金购买,购置费为10000元,也可以融资租赁,年租赁费1600元(其中利息部分200元),此设备的寿命为10年,期末无残值。当设备投入使用后,可带来年销售收入6000元,销售税金及附加为600元,年经营成本为1200元,采用直线法提取折旧,所得税税率为33%,基准收益率为10%。要求比较购置方案和租赁方案。

【案例点评】

(1)企业如果购置该设备。

年折旧额=10000/10=1000(元)

年净利润=(6000−1200−600−1000)×(1−33%)=2144(元)

年净现金流量=2144+1000=3144(元)

净现值=−10000+3144(P/A,10%,10)=9329.88(元)

(2)企业如果租赁该设备。

年折旧额＝10000/10＝1000(元)

年净利润＝(6000－1200－600－1000－200)×(1－33％)＝2010(元)

年净现金流量＝2010＋1000－(1600－200)＝1610(元)

净现值＝1610(P/A,10％,10)＝9893.45(元)

从计算结果可知,租赁方案的净现值高于购置方案的净现值,故租赁方案优于购置方案。

第五节 价值工程

一、价值工程的含义

价值工程是以提高产品(或作业)价值和有效利用资源为目的,通过有组织的创造性工作,寻求用最低的寿命周期成本,可靠地实现使用者所需功能,以获得最佳的综合效益的一种管理技术。价值工程中的"工程"是指为实现提高价值的目标而进行的一系列分析研究的活动。价值工程中所述的"价值"也是一个相对的概念,是指作为某种产品(或作业)所具有的功能与获得该功能的全部费用的比值。它不是对象的使用价值,也不是对象的交换价值,而是对象的比较价值,是作为评价事物有效程度的一种尺度。这种尺度可以表示为一个数学公式:

$$V = \frac{F}{C} \tag{1-34}$$

式中,V——价值;

　　F——研究对象的功能,广义讲是指产品或作业的功用和用途;

　　C——成本,即寿命周期成本。

为实现物品功能所耗费的成本,包括劳动占用和劳动消耗,它是指产品寿命周期的全部费用,是产品的科研、设计、试验、试制、生产、销售、使用、维修直到报废所花费用的总和。

定义中的"产品"泛指以实物形态存在的各种产品,如材料、制成品、设备、建设工程等;"作业"是指提供一定功能的工艺、工序、作业、活动等。

二、提高价值的途径

由于价值工程以提高产品价值为目的,这既是用户的需要,又是生产经营者追求的目标,两者的根本利益是一致的。因此,企业应当研究产品功能与成本的最佳匹配。价值工程的基本原理公式 $V=F/C$,不仅深刻地反映出产品价值与产品功能和实现此功能所耗成本之间的关系,而且为如何提高价值提供了以下五种途径。

(一)双向型

在提高产品功能的同时,又降低产品成本,这是提高价值最为理想的途径,也是对资源最有效的利用。但对生产者要求较高,往往要借助技术的突破和管理的改善才能实现。例如:重庆轻轨较新线一期工程,根据自身的城市特点,引进跨座式单轨技术。其梁轨一体化的构造,决定了施工的高精度,否则易造成工程返工甚至 PC 轨道梁报废。国外长期以来均采用"先墩后梁"的模式组织建设,但缺点是建设周期太长。为实现建设目标,重庆轻轨项目打破常规,成功运用了"墩梁并举"的技术与管理模式,大幅缩短了工期(仅有 4 年工期,远少于常规 7~10 年的工期);各项精度水平均有大幅提高,确保了建设质量;减少了资金积压时间,降低了工程融资成本,降低了工程总造价;同时,减少了占用城市道路施工的时间,方便了市民出行,减少了堵车,既节省了宝贵的资源,又降低了环境污染。

(二)改进型

在产品成本不变的条件下,通过改进设计,提高产品的功能,提高利用资源的成果或效用(如提高产品的可靠性、维修性),增加某些用户希望的功能等,达到提高产品价值的目的。例如:人防工程,若仅仅考虑战时的隐蔽功能,平时闲置不用,将需要投入大量的人力、财力予以维护。在设计时,除考虑战时的隐蔽功能,还应考虑平时能发挥的多种功能,将人防工程平时利用为地下商场、地下停车场等。这些都大大提高了人防工程的功能,并增加了经济效益。

(三)节约型

在保持产品功能不变的前提下,通过降低成本达到提高价值的目的。从发展趋势上说,科学技术水平以及劳动生产率是在不断提高的,因此消耗在某种功能水平上的产品或系统的费用应不断降低。新设计、新材料、新结构、新技术、新的施工方法和新型高效管理方法,无疑会提高劳动生产率,在功能不发生变化的条件下,降低产品或系统的费用。例如:某市一电影院,由于夏季气温高,需设计空调系统降温,以满足人们舒适度的要求。经过相关人员价值分析,决定采用人防地道风降温系统替代机械制冷系统。该系统实施后,在满足电影院空调要求的前提下,不仅降低了造价,而且节约了运行费和维修费。

(四)投资型

产品功能有较大幅度提高,产品成本有较少提高。即成本虽然增加了一些,但功能的提高超过了成本的提高,因此价值还是提高了。例如:电视塔的主要功能是发射电视和广播节目,若只考虑塔的单一功能,塔建成后只能发射电视和广播节目,每年国家还要拿出数百万元对塔及内部设备进行维护和更新,经济效益差。但从价值工程应用来看,若利用塔的高度,在塔上部增加综合利用机房,可为气象、环保、交通、消防、通信等部门服务;还可在塔的上部增加观景厅和旋转餐厅等。工程造价虽增加了一些,但功能大增,每年的综合服务和游览收入显著增加,既可加快投资回收速度,又可实现"以塔养塔"。

(五)牺牲型

在产品功能略有下降、产品成本大幅度降低的情况下,也可达到提高产品价值的目的。这是一种灵活的企业经营策略,去除一些用户不需要的功能,从而较大幅度地降低费用,更好地满足用户的要求。例如:老人手机应在保证接听拨打电话这一基本功能的基础上,根据老年人的实际需求,采用保留或增加有别于普通手机的大字体、大按键、大音量、一键亲情拨号、收音机、一键求救、手电筒、监护定位、助听等功能,减少普通手机的办公、游戏、拍照、多媒体娱乐、数据应用等功能,从总体来看老人手机功能比普通手机降低了些,但仍能满足老年顾客对手机特定功能的要求,整体生产成本却大大地降低了。在实际中,对这种牺牲型途径要持慎重态度。

总之,在产品形成的各个阶段都可以应用价值工程提高产品的价值。但在不同的阶段进行价值工程活动,其经济效果的提高幅度却是大不相同的。对于建设工程,应用价值工程的重点是在规划和设计阶段,因为这两个阶段是提高技术方案经济效果的关键环节。一旦设计完成并施工,建设工程的价值就基本决定了,这时再进行价值工程分析就变得更加复杂,不仅原来的许多工作成果要付诸东流,而且更改可能会造成很大的浪费,使价值工程活动的技术经济效果大大下降。当然,在施工阶段也可开展大量价值工程活动,以寻求技术、经济、管理的突破,获得最佳的综合效果。如对施工项目展开价值工程活动,可以更加明确业主的要求,更加熟悉设计要求、结构特点和项目所在地的自然地理条件,从而更利于施工方案的制订,更能有效地组织和控制项目施工;可以在保证质量的前提下,为用户节约投资,提高功能,降低寿命周期成本,从而赢得业主的信任,有利于甲乙双方关系的和谐与协作,同时提高自身的社会知名度,增强市场竞争能力;对提高项目组织的素质,改善内部组织管理,降低不合理消耗等,也有积极的直接影响。

第二章　建设工程估价

【学习目标】

通过学习建设工程估价，了解建设工程定额的组成，了解建设工程概算、预算的原则与依据，了解国际工程投标报价程序与策略；了解建设工程项目工程造价的费用组成及其计算，了解建设工程设计概算与施工图预算的方法；了解建设工程建筑安装工程费的组成与计算，了解工程量清单的编制与计价方式，了解建设工程的计量与支付的方法与程序。

工程估价在建设工程项目实施的不同阶段有不同的称呼：按照我国基本建设程序，在项目建议书及可行性研究阶段，对建设工程项目投资所做的测算称为"投资估算"；在初步设计、技术设计阶段对其投资所做的测算称之为"初步设计概算"；在施工图设计阶段，称之为"施工图预算"；在投标阶段称之为"投标报价"；承发包人双方签订合同时形成的价格称之为"合同价"；在合同实施阶段，承发包人双方结算工程价款时形成的价格称之为"结算价"；工程竣工验收后，实际的工程造价称之为"竣工决算"。

第一节　建设工程项目总投资

一、建设工程项目总投资的概念

建设工程项目总投资是指在工程项目建设阶段所需要的全部费用的总和。生产性建设工程项目总投资包括建设投资、建设期利息、流动资金三部分；非生产性建设工程项目总投资则只包括建设投资和建设期利息两部分。

工程造价基本构成包括用于购买工程项目所含各种设备费用、用于建筑施工和安装施工所需要的费用、用于委托工程勘察设计应支付的费用、用于购置土地所需的费用和用于建设单位自身进行项目筹建及项目管理所花费的费用等。总之，工程造价是按照确定的建设内容、建设规模、建设标准、功能要求和使用要求等将工程项目全部建成并验收合格交付使用所需的全部费用。

工程造价的主要构成是建设投资，国家发展和改革委员会、建设部已发布的《建设项目经济评价方法与参数》规定：建设投资由工程费用、工程建设其他费用和预备费三部分组成;工程费用包括设备及工器具购置费和建筑安装工程费。其中,建设投资和建设期利息构成了固定资产投资,固定资产投资和流动资产投资构成了建设项目总投资。建设工程项目总投资具体构成如图2-1所示:

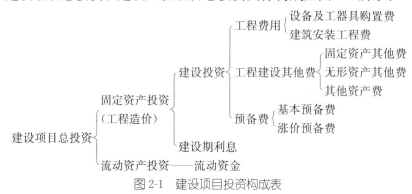

图2-1 建设项目投资构成表

(一)建筑安装工程费

建筑安装工程费由直接工程费、间接费、利润和税金四部分组成,其可分为建筑工程费和安装工程费。建筑工程指各种建筑物、构筑物的建造工程,如各种房屋、设备基础、为施工而进行的建筑场地的布置、原有建筑物和障碍物的拆除、平整土地以及建筑场地的清理和绿化等。建筑工程费指直接构成固定资产实体的各种工程费,它是建设项目投资的主要部分,占投资的很大比例。安装工程是指永久性的需要安装设备的装配、装置的工程,包括给排水、电气照明、空调通风、弱电设备及电梯和实验等各种需要安装的机械设备的装配与装置工程;与设备相连的工作台、梯子等装设工程;附属于被安装设备的管线铺设工程;被安装设备的绝缘、保温与油漆等工程以及为测定安装工程质量而对单个设备进行的试车工作。在上述工程上耗费的投入,就是安装工程费。

直接工程费是指直接用于建筑安装工程施工中的各种费用的总和。它是由人工费、材料费、施工机械使用费、其他直接费和现场经费等组成的。

间接费是指建筑安装企业为组织施工和进行经营管理,以及间接为建筑安装生产服务的各项费用,含企业管理费、财务费用、其他费用。

利润和税金是建筑安装企业职工为社会劳动所创造的那部分价值在建筑安装工程造价中的体现,计划利润等于一定的基数乘以计划利润率;土建工程和安装工程基数不一,土建工程的基数为直接工程费和间接费之和,安装工程的基数为人工费;税金即建筑安装企业根据国家税法规定所应交纳的税金,自2016年5月1日起全面实行"营改增"后,主要是增值税、城市维护建设税及教育费附加。

(二)设备及工器具购置费

设备及工器具购置费由设备购置费和工具、器具及生产家具购置费组成。设备购置费是指为建设项目购置或自制的达到固定资产标准的各种国产或进口设备、工具、器具的购置费用,它由设备原价和设备的运杂费构成。工具、器具及生产家具购置费是指新建或扩建项目初步设计规定的,保证初期正常生产必须购置的没有达到固定资产标准的设备、仪器、模具、器具、生产家具和备品备件等的购置费用,一般以设备购置费为计算基数,按照部门或行业规定的工具、器具或生产家具费率计算。

(三)工程建设其他费用

工程建设其他费用是指除建筑安装工程费用之外的其他费用,主要包括工程的前期费用,如可行性研究费、勘察设计费、土地受让金、临时设施费、工程保险费、建设单位的管理费、专利费、科学研究试验费、职工培训费、办公和生活用具购置费、筹建人员的工资、联合试车费等。

(四)预备费

预备费又称不可预见费,是为保证工程顺利进行,避免不可预见因素(比如在可行性研究及投资估算、初步设计概算内难以预料的工程和费用,一般自然灾害造成的损失和预防自然灾害所采取的措施费用,工程建设阶段由于人工费、材料费、机械费和设备及工器具购置费价格调整等)造成投资不足而预先安排的一笔费用,包括基本预备费和涨价预备费。

(五)建设期间的贷款利息

建设期间的贷款利息,也称为资本化利息。按我国的财务管理规定,在筹建期间的应计利息支出,计入开办费;与购建固定资产或者无形资产、递延资产有关的,在资产尚未交付使用或已投入使用但尚未办理竣工决算之前,计入购建固定资产、无形资产或递延资产的价值;在生产期间的,计入财务费用;在清算期间的,计入清算损益。

(六)流动资金

流动资金通常是在工业项目投产前预先垫付,在投产后的生产经营过程中,用于购买原材料、燃料动力、备品备件、支付工资和其他费用以及被在产品、半成品、产成品和其他存货占用的周转资金。在生产经营活动中,流动资金以现金及各种存款、存货、应收及预付款项等流动资产的形态出现。流动资产指可以在一年内或超过一年的一个营业周期内变现或耗用的资产。只有在整个项目寿命期结束时,全部流动资金才能退出生产与流通,以货币资金的形式被回收。

二、设备及工器具购置费的构成及计算

设备购置费是指为建设工程项目购置或自制的达到固定资产标准的设备、工具、器具的费用。它包括设备原价和设备运杂费,即:

$$设备购置费 = 设备原价或进口设备抵岸价 + 设备运杂费 \quad (2\text{-}1)$$

(一)国产设备原价的构成及计算

1. 国产标准设备原价

国产标准设备是指按照主管部门颁布的标准图纸和技术要求,由设备生产厂批量生产的,符合国家质量检验标准的设备。国产标准设备原价一般指的是设备制造厂的交货价,即出厂价。如果设备由设备成套公司供应,则以订货合同价为设备原价。有的设备有两种出厂价,即带有备件的出厂价和不带有备件的出厂价。在计算设备原价时,一般按带有备件的出厂价计算。

2. 国产非标准设备原价

非标准设备是指国家尚无定型标准,各设备生产厂不可能在工艺过程中采用批量生产,只能按一次订货,并根据具体的设备图纸制造的设备。非标准设备原价有多种不同的计算方法,如成本计算估价法、系列设备插入估价法、分部组合估价法、定额估价法等。但无论哪种方法都应该使非标准设备计价的准确度接近实际出厂价,并且计算方法要简便。按成本计算估价法,国产非标准设备原价包括以下各项:材料费、加工费、辅助材料费、专用工具费、废品损失费、外购配套件费、包装费、利润、税金及国产非标准设备设计费组成。其计算公式表达为:

$$单台国产非标准设备原价 = \{[(材料费+加工费+辅助材料费) \times (1+专用工具费率) \times (1+废品损失费率)+外购配套件费] \times (1+包装费率) - 外购配套件费\} \times (1+利润率) + 销项税额 + 国产非标准设备设计费 + 外购配套件费$$

$$(2\text{-}2)$$

(二)进口设备原价的构成及其计算

进口设备原价是指进口设备抵岸价,由进口设备到岸价(CIF)和进口从属费构成。进口从属费是指进口设备在办理进口手续过程中发生的应计入设备原价的银行财务费、外贸手续费、关税、消费税、进口环节增值税及进口车辆的车辆购置税等。

1. 进口设备的交货方式

进口设备的交货方式可分为装运港交货类、目的地交货类和内陆交货类。

装运港交货类即卖方在出口国装运港完成交货任务。主要有装运港船上交

货价(FOB),习惯称为离岸价;运费在内价(CFR);运费、保险费在内价(CIF),习惯称为到岸价。它们的特点主要是:卖方按照约定的时间在装运港交货,只要卖方把合同规定的货物装船后提供货运单据便完成交货任务,并可凭单据收回货款。

采用装运港船上交货价(FOB)时卖方的责任是:负责在合同规定的装运港口和规定的期限内,将货物装上买方指定的船只并及时通知买方;负责货物装船前的一切费用和风险;负责办理出口手续;提供出口国政府或有关方面签发的证件;负责提供有关装运单据。买方的责任是:负责租船或订舱,支付运费,并将船期、船名通知卖方;承担货物装船后的一切费用和风险;负责办理保险及支付保险费,办理在目的港的进口和收货手续;接受卖方提供的有关装运单据,并按合同规定支付货款。

目的地交货类即卖方要在进口国的港口或内地交货,包括目的港船上交货价,目的港船边交货价(FOS)和目的港码头交货价(关税已付)及完税后交货价(进口国目的地的指定地点)。它的特点是:买卖双方承担的责任、费用和风险是以目的地约定交货点为分界线,只有当卖方在交货点将货物置于买方控制下方算交货,方能向买方收取货款。这类交货价对卖方来说承担的风险较大,在国际贸易中卖方一般不愿意采用这类交货方式。

内陆交货类即卖方在出口国内陆的某个地点完成交货任务。在交货地点,卖方及时提交合同规定的货物和有关凭证,并承担交货前的一切费用和风险;买方按时接受货物,交付货款,承担接货后的一切费用和风险,并自行办理出口手续和装运出口。货物的所有权也在交货后由卖方转移给买方。

2. 进口设备到岸价的构成

进口设备如果采用装运港船上交货价(FOB),其到岸价构成为:

$$进口设备到岸价(CIF) = 货价 + 国外运费 + 国外运输保险费 \quad (2-3)$$

3. 进口设备从属费的构成及计算

$$进口设备从属费 = 银行财务费 + 外贸手续费 + 进口关税 + 消费税 + 进口环节增值税 + 车辆购置税 \quad (2-4)$$

(三)设备运杂费的构成及计算

1. 设备运杂费的构成

(1)运输和装卸费。国产设备由设备制造厂交货地点起至工地仓库(或施工组织设计指定的需要安装设备的堆放地点)止所发生的运费和装卸费。进口设备由我国到岸港口、边境车站起至工地仓库(或施工组织设计指定的需要安装设备的堆放地点)止所发生的运费和装卸费。

(2)包装费。一般是指在设备原价中没有包含的为设备的运输而进行的包装的各种费用。

(3)供销部门的手续费。按有关部门规定的统一费率计算。

(4)采购与仓库保管费。该项费用指采购、验收、保管和收发设备所发生的各种费用,包括设备采购、保管和管理人员工资、工资附加费、办公费、差旅交通费、设备供应部门办公和仓库所占固定资产使用费、工具用具使用费、劳动保护费、检验试验费等。这些费用可按主管部门规定的采购保管费率计算。

2. 设备运杂费的计算

设备运杂费按设备原价乘以设备运杂费费率计算。其计算公式为:

$$设备运杂费 = 设备原价 \times 设备运杂费率 \qquad (2-5)$$

其中,设备运杂费率按各部门及省、市等的规定计取。

(四)工器具及生产家具购置费的构成及计算

工器具及生产家具购置费是指新建项目或扩建项目初步设计规定所必须购置的不够固定资产标准的设备、仪器、工卡模具、器具、生产家具和备品备件的费用。其一般计算公式为:

$$工器具及生产家具购置费 = 设备购置费 \times 定额费率 \qquad (2-6)$$

三、工程建设其他费的构成与计算

工程建设其他费用是指建设项目建设投资中为保证工程建设顺利完成和交付使用后能够正常发挥效用而开支的一些费用。包括:

(一)土地使用费

土地使用费是指按照《中华人民共和国土地管理法》等规定,建设工程项目征用土地或租用土地应支付的费用。主要包括农用土地征用费和取得国有土地使用费,按照国家、省、自治区、直辖市规定执行。

(二)建设管理费

建设管理费是指建设单位从项目筹建开始直至工程竣工验收合格或交付使用为止发生的项目建设管理费用。费用内容包括建设单位管理费和工程监理费。

1. 建设单位管理费

是指建设单位发生的管理性质的开支。

2. 工程监理费

工程监理费是指建设单位委托工程监理单位实施工程监理的费用。监理费应根据委托的监理工作范围和监理深度在监理合同中商定或按当地或所属行业部门有关规定计算。

3. 工程质量监督费

工程质量监督费是指工程质量监督检验部门检验工程质量而收取的费用。

(三) 可行性研究费

可行性研究费是指在建设工程项目前期工作中,编制和评估项目建议书(或预可行性研究报告)、可行性研究报告所需的费用。

可行性研究费依据前期研究委托合同计列,或参照《国家计委关于印发〈建设工程项目前期工作咨询收费暂行规定〉的通知》规定计算。编制预可行性研究报告参照编制项目建议书收费标准并可适当调增。

(四) 研究试验费

研究试验费是指为本建设工程项目提供或验证设计数据、资料等进行必要的研究试验及按照设计规定在建设过程中必须进行试验、验证所需的费用。

(五) 勘察设计费

勘察设计费是指委托勘察设计单位进行工程水文地质勘察、工程设计所发生的各项费用。包括工程勘察费、初步设计费(基础设计费)、施工图设计费(详细设计费)、设计模型制作费。勘察设计费依据勘察设计委托合同计列,或参照国家计委、建设部《关于发布〈工程勘察设计收费管理规定〉的通知》规定计算。

(六) 环境影响评价费

环境影响评价费是指按照《中华人民共和国环境保护法》《中华人民共和国环境影响评价法》等规定,为全面、详细评价建设工程项目对环境可能产生的污染或造成的重大影响所需的费用。环境影响评价费依据环境影响评价委托合同计列,或按照国家计委、国家环境保护总局《关于规范环境影响咨询收费有关问题的通知》规定计算。

(七) 劳动安全卫生评价费

劳动安全卫生评价费是指按照劳动部《建设工程项目(工程)劳动安全卫生监察规定》和《建设工程项目(工程)劳动安全卫生预评价管理办法》的规定,为预测和分析建设工程项目存在的职业危险、危害因素的种类和危险危害程度,并提出先进、科学、合理可行的劳动安全卫生技术和管理对策所需的费用。劳动安全卫生评价费依据劳动安全卫生预评价委托合同计列,或按照建设工程项目所在省(市、自治区)劳动行政部门规定的标准计算。

(八)场地准备及临时设施费

场地准备及临时设施费是指建设场地准备费和建设单位临时设施费。

(九)引进技术和进口设备其他费

引进技术及进口设备其他费用,包括出国人员费用、国外工程技术人员来华费用、技术引进费、分期或延期付款利息、担保费以及进口设备检验鉴定费。

1. 出国人员费用

这项费用指为引进技术和进口设备派出人员到国外培训和进行设计联络、设备检验等的差旅费、制装费、生活费等。这项费用根据设计规定的出国培训和工作的人数、时间及派往国家,按财政部、外交部规定的临时出国人员费用开支标准及中国民用航空公司现行国际航线票价等进行计算,其中使用外汇部分应计算银行财务费用。

2. 国外工程技术人员来华费用

这项费用指为安装进口设备、引进国外技术等聘用外国工程技术人员进行技术指导工作所发生的费用。这项费用包括技术服务费、外国技术人员的在华工资、生活补贴、差旅费、医药费、住宿费、交通费、宴请费、参观游览等招待费用。这项费用按每人每月费用指标计算。

3. 技术引进费

这项费用指为引进国外先进技术而支付的费用。这项费用包括专利费、专有技术费(技术保密费)、国外设计及技术资料费、计算机软费等。这项费用根据合同或协议的价格计算。

4. 分期或延期付款利息

这项费用指利用出口信贷引进技术或进口设备采取分期或延期付款的办法所支付的利息。

5. 担保费

这项费用指国内金融机构为买方出具保函的担保费。这项费用按有关金融机构规定的担保率计算(一般可按承保金的 5‰ 计算)。

6. 进口设备检验鉴定费用

这项费用指进口设备按规定付给商品检验部门的进口设备检验鉴定费。这项费用按进口设备货价的 3‰~5‰ 计算。

(十)工程保险费

工程保险费是指建设工程项目在建设期间根据需要对建筑工程、安装工程、机器设备和人身安全进行投保而发生的保险费用。它包括建筑安装工程一切险、进口设备财产保险和人身意外伤害险等。不包括已列入施工企业管理费中的施工管理用财产、车辆保险费。不投保的工程不计取此项费用。

不同的建设工程项目可根据工程特点选择投保险种,根据投保合同计列保险费用。编制投资估算和概算时可按工程费用的比例估算。

(十一)特殊设备安全监督检验费

特殊设备安全监督检验费是指在施工现场组装的锅炉及压力容器、压力管道、消防设备、燃气设备、电梯等特殊设备和设施,由安全监察部门按照有关安全监察条例和实施细则以及设计技术要求进行安全检验,应由建设工程项目支付的,向安全监察部门缴纳的费用。

特殊设备安全监督检验费按照建设工程项目所在省(市、自治区)安全监察部门的规定标准计算。无具体规定的,在编制投资估算和概算时可按受检设备现场安装费的比例估算。

(十二)市政公用设施建设及绿化补偿费

市政公用设施建设及绿化补偿费是指使用市政公用设施的建设工程项目,按照项目所在地省级人民政府有关规定建设或缴纳的市政公用设施建设配套费用以及绿化工程补偿费用。这项费用按工程所在地人民政府规定标准计列。

(十三)联合试运转费

联合试运转费是指新建项目或新增加生产能力的项目,在交付生产前按照批准的设计文件所规定的工程质量标准和技术要求,进行整个生产线或装置的负荷联合试运转或局部联动试车所发生的费用净支出(试运转支出大于收入的差额部分费用)。试运转支出包括试运转所需原材料、燃料及动力消耗、低值易耗品、其他物料消耗、工具用具使用费、机械使用费、保险金、施工单位参加试运转人员工资以及专家指导费等;试运转收入包括试运转期间的产品销售收入和其他收入。

(十四)指专利及专有技术使用费

这项费用指专利及专有技术使用费主要包括国外设计及技术资料费、引进有效专利、专有技术使用费和技术保密费;国内有效专利、专有技术使用费;商标权、商誉和特许经营权。

(十五)生产准备费

这项费用是指新建项目或新增生产能力的项目为保证竣工交付使用而进行必要生产准备所发生的费用。费用内容包括:生产职工培训费、生产单位提前进厂参加施工、设备安装、调试等以及熟悉工艺流程及设备性能等人员的工资、工资性补贴、职工福利费、差旅交通费、劳动保护费等。

(十六)办公和生活家具购置费

办公和生活家具购置费是指为保证新建、改建、扩建项目初期正常生产、使用和管理所必须购置的办公和生活家具、用具的费用。改建、扩建项目所需的办公和生活用具购置费,应低于新建项目。其范围包括办公室、会议室、资料档案室、阅览室、文娱室、食堂、浴室、理发室和单身宿舍等。这项费用按照设计定员人数乘以综合指标计算。

三、预备费的构成及计算

按我国现行规定,预备费包括基本预备费和涨价预备费。

(一)基本预备费

基本预备费是指在项目实施中可能发生难以预料的支出,需要预先预留的费用,又称不可预见费。主要指设计变更及施工过程中可能增加工程量的费用。计算公式为:

$$基本预备费=(设备及工器具购置费+建筑安装工程费+工程建设其他费)\times 基本预备费率 \tag{2-7}$$

(二)涨价预备费

涨价预备费是指建设工程项目在建设期内由于价格等变化引起投资增加,需要事先预留的费用。涨价预备费以建筑安装工程费、设备及工器具购置费之和为计算基数。

四、建设期利息的计算

建设期利息是指项目借款在建设期内发生并计入固定资产的利息。在编制投资估算时通常假定借款均在每年的年中支用,借款第一年按半年计息,其余各年份按全年计息。

第二节　建筑安装工程费用项目的组成与计算

一、建筑安装工程费用项目构成

我国现行的建筑安装工程费的组成，按照工程造价的形成分为分部分项工程费、措施项目费、其他项目费、规费、税金组成。按照费用构成要素划分，建筑安装工程费由人工费、材料费、施工机具使用费、企业管理费、利润、规费和税金组成。其中人工费、材料费、施工机具使用费、企业管理费和利润包含在分部分项工程费、措施项目费、其他项目费中。

(一) 分部分项工程费

分部分项工程费是指各专业工程的分部分项工程应予列支的各项费用。

按现行国家计量规范的划分，建筑工程分为房屋建筑与装饰工程、仿古建筑工程、通用安装工程、市政工程、园林绿化工程、矿山工程、构筑物工程、城市轨道交通工程、爆破工程等各类专业工程。

分部分项工程指按现行国家计量规范对各专业工程划分的项目，按照建筑安装费用的构成要素，分部分项工程费用包括人工费、材料费、施工机具使用费、企业管理费和利润等。

1. 人工费

人工费是指按工资总额构成规定，支付给从事建筑安装工程施工的生产工人和附属生产单位工人的各项费用，包括：计时工资或计件工资、奖金、津贴补贴、加班加点工资、特殊情况下支付的工资。

2. 材料费

材料费是指施工过程中耗费的原材料、辅助材料、构配件、零件、半成品或成品、工程设备的费用，包括：材料原价、运杂费、运输损耗费、采购及保管费。

3. 施工机具使用费

施工机具使用费是指施工作业所发生的施工机械、仪器仪表使用费或其租赁费，包括：折旧费、大修理费、经常修理费、安拆费及场外运费、人工费、燃料动力费、税费、仪器仪表使用费。

4. 企业管理费

企业管理费是指建筑安装企业组织施工生产和经营管理所需的费用。包括：管理人员工资、办公费、差旅交通费、固定资产使用费、工具用具使用费、劳动保险和职工福利费、劳动保护费、检验试验费、工会经费、职工教育经费、财产保险费、财务费、税金、技术转让费、技术开发费、投标费、业务招待费、绿化费、广告费、公证费、法律顾问费、审计费、咨询费、保险费等。

5. 利润

利润是指施工企业完成所承包工程获得的盈利。

(二)措施项目费

措施项目费是指为完成建设工程施工,发生于该工程施工前和施工过程中的技术、生活、安全、环境保护等方面的费用。内容包括:

1. 安全文明施工费

(1)环境保护费:环境保护费是指施工现场为达到环保部门要求所需要的各项费用。

(2)文明施工费:文明施工费是指施工现场文明施工所需要的各项费用。

(3)安全施工费:安全施工费是指施工现场安全施工所需要的各项费用。

(4)临时设施费:临时设施费是指施工企业为进行建设工程施工所必须搭设的生活和生产用的临时建筑物、构筑物和其他临时设施费用。其包括临时设施的搭设、维修、拆除、清理费或摊销费等。

2. 夜间施工增加费

夜间施工增加费是指因夜间施工所发生的夜班补助费、夜间施工降效、夜间施工照明设备摊销及照明用电等费用。

3. 二次搬运费

二次搬运费是指因施工场地条件限制而发生的材料、构配件、半成品等一次运输不能到达堆放地点,必须进行二次或多次搬运所发生的费用。

4. 冬雨期施工增加费

冬雨期施工增加费是指在冬期或雨期施工需增加的临时设施、防滑设施、排除雨雪设施费用,人工及施工机械因效率降低而增加的费用等。

5. 已完工程及设备保护费

已完工程及设备保护费是指竣工验收前,对已完工程及设备采取的必要保护措施所发生的费用。

6. 工程定位复测费

工程定位复测费是指工程在施工过程中进行全部施工测量放线和复测工作的费用。

7. 特殊地区施工增加费

特殊地区施工增加费是指工程在沙漠或其边缘地区,高海拔、高寒、原始森林等特殊地区施工增加的费用。

8. 大型机械设备进出场及安拆费

大型机械设备进出场及安拆费是指机械整体或分体自停放场地运至施工现场或由一个施工地点运至另一个施工地点所发生的机械进出场运输及转移费用及机械在施工现场进行安装、拆卸所需的人工费、材料费、机械费、试运转费和安装所需的辅助设施的费用。

9. 脚手架工程费

脚手架工程费是指施工需要的各种脚手架的搭、拆、运输费用以及脚手架购置费的摊销(或租赁)费用。

措施项目及其包含的内容详见各类专业工程的现行国家或行业计量规则,按照建筑安装费用的构成要素,措施项目费用包括人工费、材料费、施工机具使用费、企业管理费和利润等。

(三)其他项目费

1. 暂列金额

暂列金额是指发包人在工程量清单中暂定并包括在工程合同价款中的一笔款项。其用于施工合同签订时尚未确定或者不可预见的所需材料、工程设备、服务的采购,施工中可能发生的工程变更、合同约定调整因素出现时的工程价款调整以及发生的索赔、现场签证确认等的费用。

2. 计日工

计日工是指在施工过程中,承包人完成发包人提出的施工图纸以外的零星项目或工作所需的费用。

3. 总承包服务费

总承包服务费是指总承包人为配合、协调发包人进行的专业工程发包,对发包人自行采购的材料、工程设备等进行保管以及施工现场管理、竣工资料汇总整理等服务所需的费用。

其他项目费用按照建筑安装费用的构成要素,措施项目费用包括人工费、材料费、施工机具使用费、企业管理费和利润等,具体见上述内容。

(四)规费

规费是指按国家法律、法规规定,由省级政府和省级有关权力部门规定必须缴纳或计取的费用。包括:

1. 社会保险费

(1)养老保险费:养老保险费是指企业按照规定标准为职工缴纳的基本养老保险费。

(2)失业保险费:失业保险费是指企业按照规定标准为职工缴纳的失业保险费。

(3)医疗保险费:医疗保险费是指企业按照规定标准为职工缴纳的基本医疗保险费。

(4)生育保险费:生育保险费是指企业按照规定标准为职工缴纳的生育保险费。

(5)工伤保险费:工伤保险费是指企业按照规定标准为职工缴纳的工伤保险费。

2. 住房公积金

住房公积金是指企业按规定标准为职工缴纳的住房公积金。

3. 工程排污费

工程排污费是指按规定缴纳的施工现场工程排污费。

4. 其他应列而未列入的规费,按实际发生计取

(五)税金

根据财政部、国家税务总局《关于全面推开营业税改征增值税试点的通知》(财税〔2016〕36号)要求,建筑业自2016年5月1日起纳入营业税改征增值税试点范围(简称营改增)。增值税是以商品(含应税劳务)在流转过程中产生的增值额作为计税依据而征收的一种流转税。从计税原理上说,增值税是对商品生产、流通、劳务服务中多个环节的新增价值或商品的附加值征收的一种流转税。建筑业营改增后,工程造价按"价税分离"计价规则计算,具体要素价格适用增值税税率执行财税部门的相关规定。税前工程造价为人工费、材料费、施工机具使用费、企业管理费、利润和规费之和,各费用项目均以不包含增值税(可抵扣进项税额)的价格计算。

二、建筑安装工程费的计算

(一)分部分项工程费

$$分部分项工程费 = \sum(分部分项工程量 \times 综合单价) \quad (2-8)$$

式中:综合单价包括人工费、材料费、施工机械使用费、企业管理费、利润以及一定范围内的风险费用。

1. 人工费

$$人工费 = \sum(工日消耗量 \times 日工资单价) \quad (2-9)$$

2. 材料费

$$材料费 = \sum(材料消耗量 \times 材料单价) \quad (2-10)$$

$$材料单价 = (原价 + 运杂费) \times (1 + 运输损耗率) \times (1 + 采购及保管费率) \quad (2-11)$$

3. 施工机械使用费

$$施工机械使用费 = \sum(施工机械台班消耗量 \times 机械台班单价) \quad (2-12)$$

4. 企业管理费

分别以分部分项工程费、人工费和机械费合计、人工费为计算基础,乘以企业管理费费率。

5. 利润

(1)施工企业根据企业自身需求并结合建筑市场实际自主确定,列入报价中。

(2)工程造价管理机构在确定计价定额中利润时,应以定额人工费或定额人工费与定额机械费之和作为计算基数,其费率根据历年工程造价积累的资料,并结合建筑市场实际确定,利润应列入分部分项工程和措施项目中。

(二)措施项目费

1. 计量规范规定应予计量的措施项目,其计算公式

$$措施项目费 = \sum(措施项目工程量 \times 综合单价) \quad (2-13)$$

2. 国家计量规范规定不宜计量的措施项目计算方法

(1)安全文明施工费。

$$安全文明施工费 = 计算基数 \times 安全文明施工费费率(\%) \quad (2-14)$$

计算基数为定额分部分项工程费与定额中可以计量的措施项目费之和,或者定额人工费与定额机械费之和,或者定额人工费其费率由工程造价管理机构根据各专业工程的特点综合确定。

(2)夜间施工增加费。

$$夜间施工增加费 = 计算基数 \times 夜间施工增加费费率(\%) \quad (2-15)$$

(3)二次搬运费。

$$二次搬运费 = 计算基数 \times 二次搬运费费率(\%) \quad (2-16)$$

(4)冬雨期施工增加费。

$$冬雨期施工增加费 = 计算基数 \times 冬雨期施工增加费费率(\%) \quad (2-17)$$

(5)已完工程及设备保护费。

$$已完工程及设备保护费 = 计算基数 \times 已完工程及设备保护费费率(\%) \quad (2-18)$$

其中(2)至(5)项措施项目的计费基数为定额人工费或者定额人工费与定额机械费之和,其费率由工程造价管理机构根据各专业工程特点和调查资料综合分析后确定。

(三)其他项目费

1. 暂列金额

暂列金额由发包人根据工程特点,按有关计价规定估算,施工过程中由发包人掌握使用、扣除合同价款调整后如有余额,归发包人。

2. 计日工

计日工由发包人和承包人按施工过程中的签证计价。

3. 总承包服务费

总承包服务费由发包人在招标控制价中根据总包服务范围和有关计价规定编制,

承包人投标时自主报价,施工过程中按签约合同价执行。

(四)规费

发包人和承包人均应按照省、自治区、直辖市或行业建设主管部门发布的标准计算规费,不得作为竞争性费用,规费的计价方法见表2-1。

表2-1 规费计价表

序号	项目名称	计算基础	金额(元)
1	规费	定额人工费	
1.1	社会保障费	定额人工费	
(1)	养老保险费	定额人工费	
(2)	失业保险费	定额人工费	
(3)	医疗保险费	定额人工费	
(4)	工伤保险费	定额人工费	
(5)	生育保险费	定额人工费	
1.2	工程排污费	按工程所在地环境保护部门的收取标准,按实计入	
1.3	住房公积金	定额人工费	

(五)税金

建筑安装工程费用的税金是指国家税法规定应计入建筑安装工程造价的增值税销项税额。根据《关于做好建筑业营改增建设工程计价依据调整准备工作的

通知》(建办标〔2016〕4号)文件规定,工程造价可按以下公式计算:

$$工程造价 = 税前工程造价 \times (1 + 11\%) \quad (2-19)$$

式中11%为建筑业适用增值税税率。由此,税金计算公式:

$$税金 = 税前工程造价 \times 税率(或征收率) \quad (2-20)$$

或

$$税金 = \frac{工程造价}{1 + 税率(或征收率)} \times 税率(或征收率) \quad (2-21)$$

根据财政部发布《关于调整增值税税率的通知》(财税〔2018〕32号)与《关于统一增值税小规模纳税人标准的通知》(财税〔2018〕33号),国家对增值税率进行了调整。

第三节 建设工程定额

一、工程定额的概念

工程定额是指在一定的技术组织条件、正常施工条件,以及合理的劳动的组织条件、合理的使用材料和机械条件下,完成单位合格产品所必须消耗的各种资源的数量标准。

二、工程定额的分类

(一)按生产要素分类

工程定额分为人工定额、材料消耗定额、施工机械台班使用定额三种。

(二)按编制程序和用途分类

工程定额分为施工定额、预算定额、概算定额、概算指标、投资估算指标等。

(三)按编制部门和适用范围分类

工程定额分为国家定额、行业定额、地区定额、企业定额。

(四)按投资的费用性质分类

工程定额分为建筑工程定额、设备安装工程定额、建筑安装工程费用定额、工器具定额以及工程建设其他费用定额等。

三、人工定额的编制

人工定额反映生产工人在正常施工条件下的劳动效率,表明每个工人在单位时间内为生产合格产品所必需消耗的劳动时间,或者在一定的劳动时间中所生产的合格产品数量。人工定额可分为时间定额和产量定额两种形式。

(一)工人工作时间消耗分类

工人在工作班内消耗的工作时间,按其消耗的性质,基本可以分为两大类:必需消耗的时间和损失时间。

必需消耗的时间是工人在正常施工条件下,为完成一定产品(工作任务)所消耗的时间。它是制定定额的主要依据。

损失时间是与产品生产无关,而与施工组织和技术上的缺陷有关,与工人在施工过程中的个人过失或某些偶然因素有关的时间消耗。工人工作时间分类如图 2-2 所示:

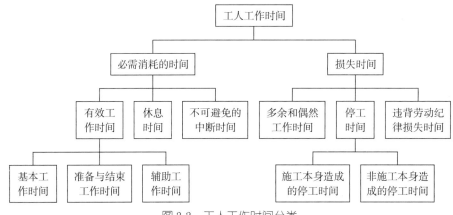

图 2-2 工人工作时间分类

1. 必需消耗的工作时间

必需消耗的工作时间包括有效工作时间、休息时间和不可避免的中断时间。

(1)有效工作时间是从生产效果来看与产品生产直接有关的时间消耗。其包括基本工作时间、辅助工作时间、准备与结束工作时间。

基本工作时间是工人完成一定产品的施工工艺过程所消耗的时间。基本工作时间所包括的内容依工作性质各不相同,基本工作时间的长短和工作量大小成正比例。

辅助工作时间是指为保证基本工作能顺利完成所消耗的时间。在辅助工作时间里,产品的形状大小、性质或位置不会发生变化。辅助工作时间的结束,往往就是基本工作时间的开始。辅助工作一般是手工操作,但如果在机手并动的情况下,辅助工作是在机械运转过程中进行的,为避免重复则不应再计辅助工作时间的消耗。

准备与结束工作时间是执行任务前或任务完成后所消耗的工作时间。如工作地点、劳动工具和劳动对象的准备工作时间,工作结束后的整理工作时间等。

准备和结束工作时间的长短与所担负的工作量大小无关,但往往和工作内容有关。准备与结束工作时间可以分为班内的准备与结束工作时间和任务的准备与结束工作时间。

(2)休息时间是工人在工作过程中为恢复体力所必需的短暂休息和生理需要的时间消耗。这种时间是为了保证工人精力充沛地进行工作,所以在定额时间中必须进行计算。休息时间的长短和劳动条件有关,劳动越繁重紧张、劳动条件越差(如高温),则休息时间越长。

(3)不可避免的中断时间是指由于施工工艺特点引起的工作中断所必需的时间。与施工过程、工艺特点有关的工作中断时间应包括在定额时间内,但应尽量缩短此项时间消耗。与工艺特点无关的工作中断时间,是由于劳动组织不合理引起的,属于损失时间,不能计入定额时间。

2. 损失时间

损失时间中包括多余和偶然工作、停工、违背劳动纪律所引起的损失时间。

(1)多余工作是指工人进行任务以外而又不能增加产品数量的工作。多余工作的工时损失,一般是由工程技术人员和工人的差错而引起的,因此,不应计入定额时间。偶然工作也是工人在任务外进行的工作,但其能够获得一定产品。如抹灰工不得不补上偶然遗留的墙洞等。由于偶然工作能获得一定产品,拟定定额时要适当考虑它的影响。

(2)停工时间是工作班内停止工作造成的工时损失。停工时间按其性质可分为施工本身造成的停工时间和非施工本身造成的停工时间两种。施工本身造成的停工时间是由于施工组织不善、材料供应不及时、工作面准备工作做得不好、工作组织不良等情况引起的停工时间。非施工本身造成的停工时间是由于水源、电源中断引起的停工时间。前一种情况在拟定定额时不应该计算,后一种情况在拟定定额时则应给予合理的考虑。

(3)违背劳动纪律造成的工作时间损失是指工人在工作班开始和午休后的迟到、午饭前和工作班结束前的早退、擅自离开工作岗位、工作时间内聊天或办私事等造成的工时损失。此项工时损失不应允许存在。因此,在定额中是不能考虑的。

(二)人工定额的表现形式

1. 时间定额

时间定额就是某种专业、某种技术等级工人班组或个人,在合理的劳动组织和合理使用材料的条件下,完成单位合格产品所必需的工作时间,包括准备与结束时间、基本工作时间、辅助工作时间、不可避免的中断时间及工人必需的休息时间。时间定额以工日为单位,每一工日按八小时计算。其计算方法如下:

$$单位产品时间定额(工日) = \frac{1}{每工产量} \quad (2\text{-}22)$$

2. 产量定额

产量定额就是在合理的劳动组织和合理使用材料的条件下,某种专业、某种技术等级的工人班组或个人在单位工日中所应完成的合格产品的数量。其计算方法如下:

$$每工产量 = \frac{1}{单位产品时间定额(工日)} \qquad (2-23)$$

时间定额与产量定额互为倒数,即:

$$时间定额 \times 产量定额 = 1 \qquad (2-24)$$

(三)人工定额的测定方法

人工定额是根据国家的经济政策、劳动制度和有关技术文件及资料制定的。制定人工定额,常用的方法有三种。

1. 技术测定法

技术测定法是根据生产技术和施工组织条件,对施工过程中各工序采用测时法、写实记录法、工作日写实法,测出各工序的工时消耗等资料,再对所获得的资料进行科学的分析,制定出人工定额的方法。

2. 统计分析法

统计分析法是把过去施工生产中的同类工程或同类产品的工时消耗的统计资料,与当前生产技术和施工组织条件的变化因素结合起来,进行统计分析的方法。这种方法简单易行,适用于施工条件正常、产品稳定、工序重复量大和统计工作制度健全的施工过程。但是,过去的记录只反映实耗工时,不反映生产组织和技术的状况。所以,在这样条件下求出的定额水平,只是已达到的劳动生产率水平,而不是平均水平。在实际工作中,必须分析研究各种变化因素,定额要能真实地反映施工生产平均水平。

3. 比较类推法

对于同类型产品规格多、工序重复、工作量小的施工过程,常用比较类推法。采用此法制定定额是以同类型工序和同类型产品的实耗工时为标准,类推出相似项目定额水平的方法。此法必须掌握项目类似的程度和各种影响因素的类似程度。

四、材料消耗定额的编制

材料消耗定额是指在合理使用材料的条件下,生产单位质量合格的建筑产品,必须消耗一定品种、规格的建筑材料的数量。

按材料使用性质、用途和用量,材料可划分为四类:主要材料指直接构成工程实体的材料;辅助材料也直接构成工程实体,但比重较小;周转性材料(又称工具性材料)指在施工中多次使用但并不构成工程实体的材料,如模板、脚手架等;零星材料指用量小、价值不大、不便计算的次要材料,可用估算法计算。

(一)材料消耗定额的编制

编制材料消耗定额主要包括确定直接使用在工程上的材料净用量和在施工现场内运输及操作过程中的不可避免的废料和损耗。

1. 材料净用量的确定

材料净用量的确定,一般有以下几种方法。

(1)理论计算法。理论计算法是根据设计、施工验收规范和材料规格等,从理论上计算材料的净用量。

(2)测定法。根据试验情况和现场测定的资料数据确定材料的净用量。

(3)图纸计算法。根据选定的图纸,计算各种材料的体积、面积、延长米或重量。

(4)经验法。根据历史上同类项目的经验进行估算。

2. 材料的损耗一般以损耗率表示

材料损耗率可以通过观察法或统计法计算确定。

(二)周转性材料消耗定额的编制

周转性材料指在施工过程中多次使用、周转的工具性材料,如钢筋混凝土工程用的模板,搭设脚手架用的杆子、跳板,挖土方工程用的挡土板等。

在定额中,周转材料消耗量指标,应当用一次使用量和摊销量两个指标表示。一次使用量是指周转材料在不重复使用时的一次使用量,供施工企业组织施工用;摊销量是指周转材料退出使用应分摊到每一计量单位的结构构件的周转材料消耗量,供施工企业成本核算或投标报价使用。

五、施工机械台班消耗定额的编制

施工机械台班消耗定额是在正常的施工条件下,在合理施工组织和合理使用施工机械的条件下,由技术熟练的工人操作机械,完成单位合格产品所必须消耗的机械工作时间的标准。

(一)机械工作时间消耗的分类

机械工作时间的消耗也分为必需消耗的时间和损失时间两大类。如图 2-3。

1. 必需消耗的工作时间

必需消耗的工作时间包括有效工作时间、不可避免的无负荷工作时间和不可避免的中断时间三项时间消耗。而有效工作时间消耗又包括正常负荷下、有根据地降低负荷下的工时消耗。

正常负荷下的工作时间是指机械在与机械说明书规定的计算负荷相符的情况下进行工作的时间。

有根据地降低负荷下的工作时间是指在个别情况下，由于技术因素，机械在低于其计算负荷下工作的时间。例如，汽车运输重量轻而体积大的货物时，不能充分利用汽车的载重吨位因而不得不降低其计算负荷。

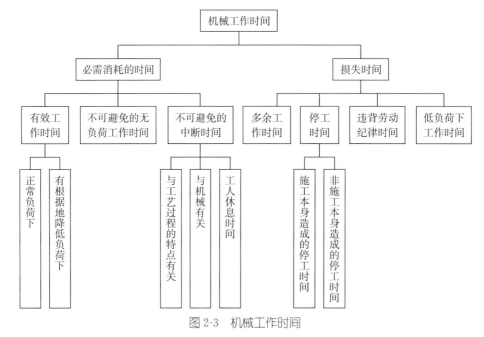

图 2-3 机械工作时间

不可避免的无负荷工作时间是指由施工过程的特点和机械结构的特点造成的机械无负荷工作时间。例如，筑路机在工作区末端调头等都属于此项工作时间的消耗。

不可避免的中断工作时间是与工艺过程的特点、机械的使用和保养、工人休息有关的中断时间。

与工艺过程的特点有关的不可避免中断工作时间，有循环的和定期的两种。循环的不可避免中断时间，是在机械工作的每一个循环中重复一次。如汽车装货和卸货时的停车。定期的不可避免中断时间是经过一定时期重复一次。比如把灰浆泵由一个工作地点转移到另一工作地点时的工作中断。

与机械有关的不可避免中断工作时间是由于工人进行准备与结束工作或辅助工作时，机械停止工作而引起的中断工作时间。它是与机械的使用与保养有关的不可避免中断时间。

工人休息时间在前面已经作了说明。要注意的是应尽量利用与工艺过程有关的和与机械有关的不可避免中断时间进行休息，以充分利用工作时间。

2. 损失的工作时间

损失的工作时间包括多余工作、停工、违背劳动纪律所消耗的工作时间和低负荷下的工作时间。

机械的多余工作时间是机械进行任务内和工艺过程内未包括的工作而延续的时间。如工人没有及时供料而使机械空运转的时间。

机械的停工时间按其性质也可分为施工本身造成和非施工本身造成的停工。前者是由于施工组织得不好而引起的停工现象,如由于未及时供给机械燃料而引起的停工。后者是由于气候条件所引起的停工现象,如暴雨时压路机的停工。上述停工中延续的时间均为机械的停工时间。

违反劳动纪律引起的机械的时间损失是指由于工人迟到早退或擅离岗位等引起的机械停工时间。

低负荷下的工作时间是由于工人或技术人员的过错所造成的施工机械在降低负荷的情况下工作的时间。例如,工人装车的砂石数量不足引起的汽车在降低负荷的情况下工作所延续的时间。此项工作时间不能作为计算时间定额的基础。

(二)施工机械台班使用定额的编制内容

1. 拟定机械工作的正常施工条件

拟定机械工作的正常施工条件包括工作地点的合理组织、施工机械作业方法的拟定、配合机械作业的施工小组的组织以及机械工作班制度等。

2. 确定机械净工作生产率

确定机械净工作生产率即机械纯工作一小时的正常生产率。

3. 确定机械的利用系数

机械的正常利用系数指机械在施工作业班内对作业时间的利用率。

$$机械利用系数 = \frac{工作班净工作时间}{机械工作班时间} \tag{2-25}$$

4. 计算机械台班定额

施工机械台班产量定额的计算如下:

$$施工机械台班产量定额 = 机械净工作生产率 \times 工作班延续时间 \times 机械利用系数$$

$$施工机械时间定额 = \frac{1}{施工机械台班产量定额} \tag{2-26}$$

六、施工定额

施工定额是建筑安装工人或工人小组在合理的劳动组织和正常的施工条件下,为完成单位合格产品所需消耗的人工、材料、机械的数量标准。

七、企业定额

企业定额是施工企业根据本企业的技术水平和管理水平,编制的完成单位合格产品所必需的人工、材料和施工机械台班消耗量以及其他生产经营要素消耗的数量标准。企业定额反映企业的施工生产与生产消费之间的数量关系，是施工企业生产力水平的体现。企业的技术和管理水平不同，企业定额的定额水平也就不同。因此，企业定额是施工企业进行施工管理和投标报价的基础和依据，也是企业核心竞争力的具体表现。

(一)企业定额的作用

1. 计算和确定工程施工成本的依据，进行成本管理、经济核算的基础

企业定额是根据本企业的人员技能、施工机械装备程度、现场管理和企业管理水平制定的，按企业定额计算得到的工程费用是企业进行施工生产所需的成本。

2. 编制工程投标价格的基础和主要依据

企业定额的定额水平反映出企业施工生产的技术水平和管理水平，在确定投标价格时，首先是依据企业定额计算出施工企业拟完成投标工程需发生的计划成本。在掌握工程成本的基础上，再根据所处的环境和条件，确定在该工程上拟获得的利润、预计的风险和其他应考虑的因素，从而确定投标价格。因此，企业定额是施工企业编制投标报价的基础。

3. 编制施工组织设计的依据

企业定额可以应用于工程的施工管理，用于签发施工任务单、签发限额领料单以及结算计件工资或计量奖励工资等。企业定额直接反映本企业的施工生产力水平。运用企业定额可以更合理地组织施工生产，有效确定和控制施工人力、物力消耗，节约成本开支。

(二)企业定额的编制原则

施工企业在编制企业定额时应依据本企业的技术能力和管理水平，以基础定额为参照和指导，测定计算完成分项工程或工序所必需的人工、材料和机械台班的消耗量，准确反映本企业的施工生产力水平。在确定人工、材料和机械台班消耗量以后，需按选定的市场价格，包括人工价格、材料价格和机械台班价格等编制分项工程单价和分项工程的综合单价。

(三)企业定额的编制法

编制企业定额最关键的工作是确定人工、材料和机械台班的消耗量以及计算分项工程单价或综合单价。具体测定和计算方法同前述施工定额及预算定额的编制。

人工消耗量的确定,首先是根据企业环境,拟定正常的施工作业条件,分别计算测定基本用工和其他用工的工日数,进而拟定施工作业的定额时间。

材料消耗量的确定,是通过企业历史数据的统计分析、理论计算、实验试验、实地考察等方法计算确定材料包括周转材料的净用量和损耗量,从而拟定材料消耗的定额指标。

机械台班消耗量的确定,同样需要按照企业的环境,拟定机械工作的正常施工条件,确定机械净工作效率和利用系数,据此拟定施工机械作业的定额台班和与机械作业相关的工人小组的定额时间。

八、预算定额

预算定额是在施工定额的基础上进行综合扩大编制而成的。预算定额中的人工、材料和施工机械台班的消耗水平根据施工定额综合取定,定额子目的综合程度大于施工定额,从而可以简化施工图预算的编制工作。预算定额是编制施工图预算的主要依据。

(一)人工消耗量指标的确定

预算定额中人工消耗量水平和技工、普工比例,以人工定额为基础,通过有关图纸规定,计算定额人工的工日数。

1. 人工消耗指标的组成

预算定额中人工消耗量指标包括完成该分项工程所必需的各种用工量。

(1)基本用工指完成分项工程的主要用工量。例如,砌筑各种墙体工程的砌砖、调制砂浆以及运输砖和砂浆的用工量。

(2)其他用工是辅助基本用工消耗的工日。按其工作内容不同又分为以下三类:超运距用工指超过人工定额规定的材料、半成品运距的用工;辅助用工指材料需在现场加工的用工,如筛砂子、淋石灰膏等增加的用工量;人工幅度差用工指人工定额中未包括的,而在一般正常施工情况下又不可避免的一些零星用工。

2. 人工消耗指标的计算

预算定额的各种用工量应根据测算后综合取定的工程数量和人工定额进行计算。

(1)综合取定工程量。预算定额是一项综合性定额,它是按组成分项工程内容的各工序综合而成的。编制分项定额时,要按工序划分的要求测算、综合取定工程量,如砌墙工程除了主体砌墙外,还需综合砌筑门窗洞口、附墙烟囱、垃圾道、预留抗震柱孔等含量。综合取定工程量是指按照一个地区历年实际设计房屋的情况,选用多份设计图纸,进行测算取定数量。

(2)计算人工消耗量。按照综合取定的工程量或单位工程量和劳动定额中的时间定额,计算出各种用工的工日数量。

$$基本用工数量 = \sum(工序工程量 \times 时间定额) \qquad (2-27)$$

$$超运距用工数量 = \sum(超运距材料数量 \times 时间定额) \qquad (2-28)$$

$$辅助用工数量 = \sum(加工材料数量 \times 时间定额) \qquad (2-29)$$

$$人工幅度差用工数量 = \sum(基本用工 + 超运距用工 + 辅助用工) \times$$
$$人工幅度差系数 \qquad (2-30)$$

(二)材料耗用量指标的确定

材料耗用量指标是在节约和合理使用材料的条件下,生产单位合格产品所必须消耗的一定品种规格的材料、燃料、半成品或配件数量标准。材料耗用量指标是以材料消耗定额为基础,按预算定额的定额项目,综合材料消耗定额的相关内容,经汇总后确定。

(三)施工机械台班消耗指标的确定

预算定额中的施工机械消耗指标是以台班为单位进行计算,每一台班为八小时工作制。预算定额的机械化水平,应以多数施工企业采用的和已推广的先进施工方法为标准。预算定额中的机械台班消耗量按合理的施工方法取定并考虑增加了机械幅度差。

1. 机械幅度差

机械幅度差是指在施工定额中未曾包括的,而机械在合理的施工组织条件下所必需的停歇时间,在编制预算定额时应予以考虑。其内容包括:

2. 机械台班消耗指标的计算

按台班产量大小来计算定额内机械消耗量大小,计算公式如下:

$$定额台班用量 = \frac{定额单位}{台班产量} \times 机械幅度差系数 \qquad (2-31)$$

九、概算定额与概算指标的编制

(一)概算定额的编制

概算定额也叫作扩大结构定额。它规定了完成一定计量单位的扩大结构构件或扩大分项工程的人工、材料、机械台班消耗量的数量标准。

1. 概算定额的作用

概算定额是在初步设计阶段编制设计概算或技术设计阶段编制修正概算的依据,是确定建设工程项目投资额的依据。概算定额可用于进行设计方案的技术经济比较。概算定额也是编制概算指标的基础。

2. 编制概算定额的一般要求

(1)概算定额的编制深度要适应设计深度的要求。由于概算定额是在初步设计阶段使用的,受初步设计的设计深度所限制,因此定额项目划分应坚持简化、准确和适用的原则。

(2)概算定额水平的确定应与基础定额、预算定额的水平基本一致。它必须反映在正常条件下,大多数企业的设计、生产、施工管理水平。

由于概算定额是在预算定额的基础上,适当地再一次扩大、综合和简化,因而在工程标准、施工方法和工程量取值等方面进行综合、测算时,概算定额与预算定额之间必将产生并允许留有一定的幅度差,以便根据概算定额编制的概算能够控制住施工图预算。

3. 概算定额的编制方法

概算定额是在预算定额的基础上综合而成的,每一项概算定额项目都包括了数项预算定额的定额项目。

(1)直接利用综合预算定额。如砖基础、钢筋混凝土基础、楼梯、阳台、雨篷等。

(2)在预算定额的基础上再合并其他次要项目。如墙身再包括伸缩缝;地面再包括平整场地、回填土、明沟、垫层、找平层、面层及踢脚。

(3)改变计量单位。如屋架、天窗架等不再按立方米体积计算,而按屋面水平投影面积计算。

(4)采用标准设计图纸的项目,可以根据预先编好的标准预算计算。如构筑物中的烟囱、水塔、水池等,以每座为单位。

(5)工程量计算规则进一步简化。如砖基础、带形基础以轴线(或中心线)长度乘断面积计算;内外墙也均以轴线(或中心线)长乘以高,再扣除门窗洞口计算;屋架按屋面投影面积计算;烟囱、水塔按座计算;细小零星占造价比重很小的项目,不计算工程量,按占主要工程的百分比计算。

(二)概算指标的编制

概算指标是以每 100 平方米建筑面积、每 1000 平方米建筑体积或每座构筑物为计量单位,规定人工、材料、机械及造价的定额指标。

概算指标是概算定额的扩大与合并,它是以整个房屋或构筑物为对象,以更为扩大的计量单位来编制的,也包括劳动力、材料和机械台班定额三个基本部分。同时,还列出了各结构分部的工程量及单位工程(以体积计或以面积计)的造价。例如每 1000 立方米房屋或构筑物、每 1000 米管道或道路、每座小型独立构筑物所需要的劳动力、材料和机械台班的消耗数量等。

1. 概算指标的编制方法

由于各种性质建设工程项目所需要的劳动力、材料和机械台班的数量不同,概算指标通常按工业建筑和民用建筑分别编制。工业建筑中又按各工业部门类别、企业大小、车间结构编制,民用建筑中又按用途性质、建筑层高、结构类别编制。

单位工程概算指标一般选择常见的工业建筑的辅助车间(如机修车间、金工车间、装配车间、锅炉房、变电站、空压机房、成品仓库、危险品仓库等)和一般民用建筑项目(如工房、单身宿舍、办公楼、教学楼、浴室、门卫室等)为编制对象,根据设计图纸和现行的概算定额等,测算出每 100 平方米建筑面积或每 1000 立方米建筑体积所需的人工、主要材料、机械台班的消耗量指标和相应的费用指标等。

2. 概算指标的内容和形式

概算指标的组成内容一般分为文字说明、指标列表和附录等几部分。

十、单位估价表的编制

在拟定的预算定额的基础上,有时还需要根据所在地区的工资、物价水平计算确定相应的人工、材料和施工机械台班的价格,即相应的人工工资价格、材料预算价格和施工机械台班价格,计算拟定预算定额中每一分项工程的单位预算价格,这一过程称为单位估价表的编制。

单位估价表是由分部分项工程单价构成的单价表,具体的表现形式可分为工料单价表和综合单价表等。

(一)工料单价单位估价表

工料单价是确定定额计量单位的分部分项工程的人工费、材料费和机械使用费的费用标准,即人、料、机费用单价,也称为定额基价。

分部分项工程的单价是用定额规定的分部分项工程的人工、材料、施工机具的消耗量,分别乘以相应的人工价格、材料价格、机械台班价格,从而得到分部分项工程的人工费、材料费和机械费,并将三者汇总而成的。因此,单位估价表是以定额为基本依据,根据相应地区和市场的资源价格,既需要人工、材料和施工机具的消耗量,又需要人工、材料和施工机具价格,经汇总得到分部分项工程的单价。

由于生产要素价格,即人工价格、材料价格和机械台班价格是随地区的不同而不同,随市场的变化而变化。所以,单位估价表应是地区单位估价表,应按当地的资源价格来编制地区单位估价表。同时,单位估价表应是动态变化的,应随着市场价格的变化,及时不断地对单位估价表中的分部分项工程单价进行调整、修改和补充,单位估价表能够正确反映市场的变化。

单位估价表的编制公式为:

分部分项工程单价＝分部分项人工费＋分部分项材料费＋分部分项机械费
$= \sum$(人工定额消耗量×人工价格)＋$\sum$(材料定额消耗量×材料价格)＋$\sum$(机械台班定额消耗量×机械台班价格) (2-32)

编制单位估价表时,在项目的划分、项目名称、项目编号、计量单位和工程量计算规则上应尽量与定额保持一致。

(二)综合单价单位估价表

编制单位估价表时,在汇集分部分项工程人工、材料、机械台班使用费用,得到人、料、机费用单价以后,再按取定的企业管理费费用比率以及取定的利润率、规费和税率,计算出各项相应费用,汇总人工、材料、施工机械费用、企业管理费、利润、规费和税金,就构成一定计量单位的分部分项工程的综合单价。综合单价分别乘以分部分项工程量,可得到分部分项工程的造价费用。

(三)企业单位估价表

施工企业应依据本企业定额中的人工、材料、机械台班消耗量,按相应人工、材料、机械台班的市场价格,计算确定一定计量单位的分部分项工程的工料单价或综合单价,形成本企业的单位估价表。

第四节　建设工程项目设计概算

一、设计概算的概念

建设项目设计概算是初步设计文件的重要组成部分,是在投资估算的控制下由设计单位根据初步设计(或技术设计)的图纸及说明,利用各项费用定额或取费标准(指标)、设备、材料预算价格等资料或参照类似工程预决算文件,编制和确定的建设工程项目从筹建至竣工交付使用所需全部费用的文件。其特点是编制工作相对简略,在精度上没有施工图预算准确。采用两阶段设计的建设项目,初步设计阶段必须编制设计概算;采用三阶段设计的建设项目,技术设计阶段必须编制修正概算。

二、设计概算的作用

设计概算是制定和控制建设投资的依据。设计概算是编制建设计划的依据。设计概算是进行贷款的依据。设计概算是签订工程总承包合同的依据。设计概算是考核设计方案的经济合理性和控制施工图预算和施工图设计的依据。设计概算是考核和评价建设工程项目成本和投资效果的依据。

三、设计概算的内容

设计概算可分为单位工程概算、单项工程综合概算和建设工程项目总概算三级。各级概算之间的相互关系如图2-4所示。

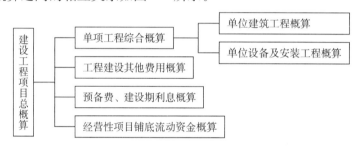

图2-4 各级概算之间的相互关系

(一)单位工程概算

单位工程概算是确定各单位工程建设费用的文件,是编制单项工程综合概算的依据,是单项工程综合概算的组成部分。

单位工程概算按其工程性质分为建筑工程概算和设备及安装工程概算两大类。建筑工程概算包括土建工程概算、给水排水、采暖工程概算,通风、空调工程概算、电气照明工程概算、弱电工程概算、特殊构筑物工程概算等;设备及安装工程概算包括机械设及安装工程概算、电气设备及安装工程概算、热力设备及安装工程概算以及工器具及生产家具购置费概算等。

单位工程概算只包括单位工程的工程费用,由人、料、机费用和企业管理费、利润、规费、税金组成。

(二)单项工程综合概算

单项工程综合概算是确定一个单项工程所需建设费用的文件。它是由单项工程中的各单位工程概算汇总编制而成的,是建设工程项目总概算的组成部分。

单项工程综合概算的组成内容如图 2-5 所示。

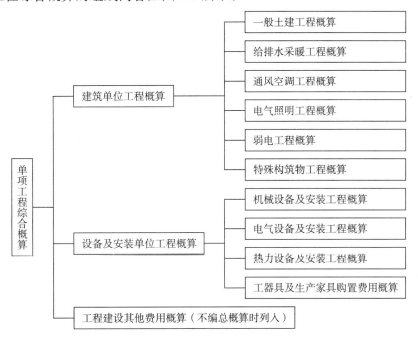

图 2-5 单项工程综合概算的组成

(三)建设工程项目总概算

建设工程项目总概算是确定整个建设工程项目从筹建开始到竣工验收、交付使用所需的全部费用的文件,它由各单项工程综合概算、工程建设其他费用概算、预备费、建设期利息概算和经营性项目铺底流动资金概算等汇总编制而成,如图 2-6 所示。

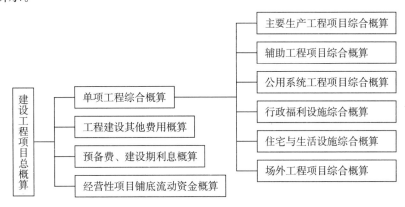

图 2-6 建设项目总概算的组成

四、设计概算编制的原则和依据

(一)设计概算编制的原则

其一,严格执行国家的建设方针和经济政策的原则。
其二,完整准确地反映设计内容的原则。
其三,要结合拟建工程的实际,反映当时所在地价格水平的原则。

(二)设计概算编制的依据

一是批准的可行性研究报告或者建设项目任务书。
二是国家、行业和地方政府有关法律法规。
三是设计文件中的工程数量。
四是概算指标或定额。
五是资金筹措方式。
六是施工组织设计。
七是项目涉及的设备材料供应及价格。
八是项目的管理与施工条件。
九是项目所在地区有关的气候、水文、地质、地貌等自然条件。
十是项目所在地区有关的经济、人文等社会条件。
十一是项目的技术复杂程度,以及新技术、专利使用情况。
十二是有关文件、合同、协议等其他资料。

五、设计概算的编制方法

设计概算包括单位工程概算、单项工程综合概算和建设工程项目总概算三级。首先编制单位工程概算,然后逐级汇总,形成单项工程综合概算和建设项目总概算。

(一)单位工程概算编制方法

单位工程概算是确定单位工程建设费用的文件,是单项工程综合概算的组成部分。它由直接费、间接费、利润和税金组成。单位工程概算分建筑工程概算和设备及安装工程概算两大类。

1. 建筑工程概算编制方法

建筑工程概算的编制方法有概算定额法、概算指标法、类似工程预算法。

(1)概算定额法。概算定额法又叫扩大单价法或扩大结构定额法。它与利用预算定额编制单位建筑工程施工图预算的方法基本相同。其不同之处在于编制概算所采用的依据是概算定额,所采用的工程量计算规则是概算工程量计算规则。该方法在初步设计达到一定深度,建筑结构比较明确时方可采用。

利用概算定额法编制设计概算的具体步骤如下:

①按照概算定额分部分项顺序,列出各分项工程的名称。

②确定各分部分项工程项目的概算定额单价(基价):

概算定额单价=概算定额人工费+概算定额材料费+概算定额机械台班使用费=∑(概算定额中人工消耗量×人工单价)+∑(概算定额中材料消耗量×材料预算单价)+∑(概算定额中机械台班消耗量×机械台班单价)   (2-33)

③计算单位工程的人、料、机费用。

④根据人工、材料、施工机械费用,结合其他各项取费标准,分别计算企业管理费、利润、规费和税金。

⑤计算单位工程概算造价,其计算公式为:

单位工程概算造价=人工、材料、施工机械费用+企业管理费+利润+规费+税金   (2-34)

(2)概算指标法。当初步设计深度不够,不能准确地计算工程量,但工程设计采用的技术比较成熟而又有类似工程概算指标可以利用时,可以采用概算指标法编制工程概算。概算指标法将拟建厂房、住宅的建筑面积或体积乘以技术条件相同或基本相同的概算指标,从而得出人、料、机费用,然后按规定计算出企业管理费、利润、规费和税金等。

①设计对象的结构特征与概算指标有局部差异时需要进行调整。计算公式为:

$$结构变化修正概算指标(元/m^2) = J + Q_1 P_1 - Q_2 P_2 \quad (2\text{-}35)$$

式中,J——原概算指标;

Q_1——概算指标中换入结构的工程量;

Q_2——概算指标中换出结构的工程量;

P_1——换入结构的人、料、机费用单价;

P_2——换出结构的人、料、机费用单价。

则拟建工程的直接工程费为:

人工、材料、施工机械费用=修正后的概算指标×拟建工程建筑面积(或体积)

(2-36)

②当拟建工程的设备、人工、材料、机械台班费用有局部差异时的调整。计算公式为:

结构变化修正概算指标的人工、材料、施工机械数量=原概算指标的人工、材料、施工机械数量+换入结构件工程量×相应定额人工、材料、施工机械消耗量-换出结构件工程量×相应定额人工、材料、施工机械消耗量 (2-37)

用以上两种方法求出人工、材料、施工机械费用后,再按照规定的取费方法计算其他费用,最终得到单位工程概算造价。

(3)类似工程预算法。类似工程预算法是利用技术条件与设计对象相类似的已完工程或在建工程的工程造价资料来编制拟建工程设计概算的方法。该方法适用于拟建工程初步设计与已完工程或在建工程的设计相类似且没有可用的概算指标的情况,但必须对建筑结构差异和价差进行调整。

(二)设备及安装工程概算编制方法

设备及安装工程概算费用由设备购置费和安装工程费组成。

1. 设备购置费概算

设备购置费是指为项目建设而购置或自制的达到固定资产标准的设备、工器具、交通运输设备、生产家具等本身及其运杂费用。计算公式为:

$$\text{设备购置费概算} = \sum(\text{设备清单中设备数量} \times \text{设备原价}) \times (1+\text{运杂费率}) \tag{2-38}$$

或

$$\text{设备购置费概算} = \sum(\text{设备清单中的设备数量} \times \text{设备预算价格}) \tag{2-39}$$

2. 设备安装工程概算的编制方法

设备安装工程费包括用于设备、工器具、交通运输设备、生产家具等的组装和安装以及配套工程安装而发生的全部费用。

(1)预算单价法。当初步设计有详细设备清单时,可直接按预算单价(预算定额单价)编制设备安装工程概算。根据计算的设备安装工程量乘以安装工程预算单价,经汇总求得。用预算单价法编制概算,计算比较具体,精确性较高。

(2)扩大单价法。当初步设计的设备清单不完备,或仅有成套设备的重量时,可采用主体设备、成套设备或工艺线的综合扩大安装单价编制概算。

(3)百分比法。当初步设计的设备清单不完备,或安装预算单价及扩大综合单价不全,无法采用预算单价法和扩大单价法时,可采用概算指标编制概算。概算指标形式较多,概括起来主要可按以下几种指标进行计算。计算公式为:

$$\text{设备安装费} = \text{设备原价} \times \text{设备安装费率} \tag{2-40}$$

(4)综合吨位指标法。当初步设计提供的设备清单有规格和设备重量时,可采用此方法。计算公式为:

$$\text{设备安装费} = \text{设备总吨数} \times \text{每吨设备安装费(元/吨)} \tag{2-41}$$

(三)单项工程综合概算的编制方法

单项工程综合概算是以其所包含的建筑工程概算表和设备及安装工程概算表为基础汇总编制的。当建设工程项目只有一个单项工程时,单项工程综合概算(实为总概算)还应包括工程建设其他费用概算(含建设期利息、预备费)。

第五节 建设工程项目施工图预算

一、施工图预算的概念

施工图预算是指在施工图设计完成以后,按照主管部门制定的预算定额、费用定额和其他取费文件等编制的单位工程或单项工程预算价格的文件。按照计算方式和管理方式的不同,施工图预算可以划分为定额计价模式和工程量清单计价模式两种。

定额计价模式是采用国家、部门或地区统一规定的定额和取费标准进行工程造价计价的模式,通常也称为传统计价模式,它是我国长期使用的一种施工图预算编制方法。由主管部门制定工程预算定额,并且规定间接费的内容和取费标准。建设单位和施工单位均先根据预算定额中规定的工程量计算规则、定额单价计算人、料、机费用,再按照规定的费率和取费程序计取企业管理费、利润、规费和税金,汇总得到工程造价。

工程量清单计价模式是指按照工程量清单规范规定的全国统一工程量计算规则,由招标人提供工程量清单和有关技术说明,投标人根据企业自身的定额水平和市场价格进行计价的模式。

二、施工图预算的作用与依据

(一)施工图预算的作用

其一,施工图预算是确定工程造价的依据。

其二,施工图预算是实行建筑工程预算包干的依据和签订施工合同的主要内容。

其三,施工图预算是施工企业和建设单位进行工程结算的依据。

其四,施工图预算是施工企业安排调配施工力量、组织材料供应的依据。

其五,施工图预算是建筑安装企业实行经济核算和进行成本管理的依据。

其六,施工图预算施工图预算是进行"两算"对比的依据。

(二)施工图预算的编制依据

其一,工程造价管理机构发布的相关预算定额。

其二,国家、行业和地方有关预算规定。

其三,项目合同、文件、协议等。

其四,施工图设计文件及相关标准图集、规范。

其五,项目的管理模式、发包模式及施工条件。

其六,工程所在地的人工、材料、设备、施工机械市场价格。

其七,施工组织设计和施工方案。

其八,其他应提供的资料。

三、施工图预算的编制方法

建设工程项目施工图预算由单位工程预算、综合预算、总预算组成。建设工程项目总预算由综合预算汇总而成,综合预算由单位工程预算汇总而成、单位工程预算包括建筑工程预算和设备及安装工程预算。

单位工程预算的编制方法有单价法和实物量法,其中单价法分为定额单价法和工程量清单单价法。

(一)定额单价法

定额单价法是根据施工图设计文件、预算定额和工程造价的费用组成,按分部分项工程顺序先计算出分项工程量,再乘以对应的定额单价,求出分项工程人工、材料、施工机械的费用;将分项工程人工、材料、施工机械费用汇总为单位工程人工、材料、施工机械费用;汇总后另加企业管理费、利润、规费和税金生成单位工程的施工图预算。

(二)工程量清单单价法

工程量清单单价法是根据国家统一的工程量计算规则计算工程量,采用综合单价的形式计算工程造价的方法。

综合单价是指分部分项工程单价综合了人工、材料、施工机械费用及以外费用的多项费用内容。按照单价综合内容的不同,综合单价可分为全费用综合单价和部分费用综合单价。

1. 全费用综合单价

全费用综合单价即单价中综合了人工、材料、施工机械费用,企业管理费,规费,利润和税金等,以各分项工程量乘以综合单价的合价汇总后,生成施工图预算。

2. 部分费用综合单价

部分费用综合单价是我国目前实行的工程量清单计价采用的综合单价,分部分项工程单价中综合了人工、材料、施工机械费用、管理费、利润以及一定范围内的风险费用,单价中未包括措施费、其他项目费、规费和税金是不完全费用综合单价。各分项工程量乘以部分费用综合单价的合价汇总,再加上项目措施费、其他项目费、规费和税金后,生成工程承发包价。

3. 实物量法

实物量法是依据施工图纸和预算定额的项目划分及工程量计算规则,先计算出分部分项工程量,然后套用预算定额(实物量定额)来编制施工图预算的方法。

用实物量法编制施工图预算,主要是先用计算出的各分项工程的实物工程量,分别套取预算定额中人工、材料、施工机械消耗指标,并按类相加,求出单位工程所需的各种人工、材料、施工机械的总消耗量,然后分别乘以当时当地各种人工、材料、机械台班的单价,求得人工费、材料费和施工机械使用费,再汇总求和。企业管理费、利润等费用则根据当时当地建筑市场供求情况予以具体确定。

四、施工图预算编制案例

【例 2-1】 某办公楼项目主体设计采用五层框架结构,现以基础部分为例说明实物量法编制施工图预算的过程。

实物量法编制同一工程的预算,采用的定额与定额单价法采用的定额相同,但人工、材料、施工机械单价为当时当地的价格。如表 2-2 所示。

表 2-2 采用实物量法编制某住宅楼基础工程预算表

序号	人工、材料、机械费用名称	计量单位	工程数量	金额	
				当时当地单价	合价
1	人工(综合工日)	工日	2050	45	92250.00
2	土石屑	m^3	290.64	66	19182.24
3	黄土	m^3	160	19	3040.00
4	C10 素混凝土	m^3	266	180	47880.00
5	C20 钢筋混凝土	m^3	418	360	150480.00
6	M5 砂浆	m^3	8.3	125	1037.50
7	红砖	块	18126	0.4	7250.40
8	脚手架材料费				0.00
9	蛙式打夯机	台班	85	29.28	2488.80
10	挖土机	台班	7.36	600.53	4419.90
11	推土机	台班	0.8	465.7	372.56
12	其他机械费	元			84546.00

续表

序号	人工、材料、机械费用名称	计量单位	工程数量	金额	
				当时当地单价	合价
13	其他材料费	元			21238.00
14	基础防潮层	元			297.00
15	挖土机运费	元			3600.00
16	推土机运费	元			3060.00
17	混凝土差价	元			57692.00
18	混凝土运费	元			42084.00
(一)	项目人、料、机费用小计	元			540918.40
(二)	项目定额人工费小计	元			111964.99
(三)	企业管理费[(一)×10%]	元			54091.84
(四)	利润[(一)+(三)]×5%	元			297505.12
(五)	规费[(二)×38%]	元			42546.70
(六)	税金[(一)+(三)+(四)+(五)]×11%	元			102856.83
(七)	造价总计[(一)+(三)+(四)+(五)+(六)]	元			1037918.89

第六节　工程量清单编制

一、工程量清单的概念

工程量清单是包括建设工程分部分项工程项目、措施项目、其他项目、规费项目和税金项目的名称和相应数量等的明细清单,由分部分项工程量清单、措施项目清单、其他项目清单、规费税金清单组成。在招投标阶段,招标工程量清单为投标人的投标竞争提供了平等和共同的基础。工程量清单将要求投标人完成的工程项目及其相应工程实体数量全部列出,为投标人提供拟建工程的基本内容、实体数量和质量要求等信息。这使所有投标人所掌握的信息相同,受到的待遇是客观、公正和公平的。

二、工程量清单的作用与编制依据

(一)工程量清单的作用

其一,工程量清单是建设工程计价的依据。

其二,工程量清单是工程付款和结算的依据。

其三,工程量清单是调整工程价款、进行工程索赔的依据。

其四,工程量清单为投标人的投标竞争提供了一个平等和共同的基础。

(二)工程量清单编制的依据

工程量清单应以单位(项)工程为单位编制,应由分部分项工程量清单、措施项目清单、其他项目清单、规费和税金项目清单组成。招标工程量清单编制的依据有:

其一,《建设工程工程量清单计价规范》(GB50500—2013)和相关工程的国家计量规范。

其二,国家或省级、行业建设主管部门颁发的计价定额和办法。

其三,建设工程设计文件及相关材料。

其四,与建设工程有关的标准、规范、技术资料。

其五,拟定的招标文件。

其六,施工现场情况、地勘水文资料、工程特点及常规施工方案。

其七,其他相关资料。

三、分部分项工程量清单编制的方法

分部分项工程项目工程量清单应按建设工程工程量计量规范的规定,确定项目编码、项目名称、项目特征、计量单位,并按不同专业工程量计量规范给出的工程量计算规则,进行工程量的计算。

(一)工程量清单计量规范

工程量的计算规则按照以下9个计量规范进行:

《房屋建筑与装饰工程工程量计算规范》(GB50854—2013)。

《仿古建筑工程工程量计算规范》(GB50855—2013)。

《通用安装工程工程量计算规范》(GB50856—2013)。

《市政工程工程量计算规范》(GB50857—2013)。

《园林绿化工程工程量计算规范》(GB50858—2013)。

《矿山工程工程量计算规范》(GB50859—2013)。

《构筑物工程工程量计算规范》(GB50860—2013)。

《城市轨道交通工程工程量计算规范》(GB50861—2013)。

《爆破工程工程量计算规范》(GB50862—2013)。

(二)工程量清单组成

1. 项目编码的设置

分部分项工程量清单应包括项目编码、项目名称、项目特征、计量单位和工程数量五个部分。清单编码以12位阿拉伯数字表示。其中1、2位是专业工程顺序码，3、4位是附录顺序码，5、6位是分部工程顺序码，7、8、9是分项工作顺序码，10、11、12位是清单项目名称顺序码。其中前9位是《计算规范》给定的全国统一编码，根据规范附录A、附录B、附录C、附录D、附录E的规定设置，后3位清单项目名称顺序码由编制人根据图纸的设计要求设置。各级编码代表的含义如下：

（1）第一级为工程分类顺序码(1.2位)：房屋建筑与装饰工程为01、仿古建筑工程为02、通用安装工程为03、市政工程为04、园林绿化工程为05、矿山工程为06、构筑物工程为07、城市轨道交通工程为08、爆破工程为09；

（2）第二级为附录分类顺序码(3、4位)；

（3）第三级为分部工程顺序码(5、6位)；

（4）第四级为分项工程项目顺序码(7、8、9位)；

（5）第五级为工程量清单项目顺序码(10、11、12位)。

以房屋建筑与装饰工程为例的项目编码结构如图2-7所示。

图2-7 项目编码结构

2. 项目名称的确定

分部分项工程量清单的项目名称应根据《计算规范》的项目名称结合拟建工程的实际确定。《计算规范》中规定的"项目名称"为分项工程项目名称，一般以工程实体命名。编制工程量清单应以附录中的项目名称为基础，考虑该项目的规格、型号、材质等特征要求，并结合拟建工程的实际情况，进行适当调整或细化，从而反映影响工程造价的主要因素。如《房屋建筑与装饰工程工程量计算规范》(GB50854—2013)中编号为"010502001"的项目名称为"矩形柱"，可根据拟建工程的实际情况写成"C35现浇混凝土矩形柱350×350"。

3. 项目特征的描述

项目特征是指构成分部分项工程量清单项目、措施项目自身价值的本质特征。分部分项工程量清单项目特征应按《计算规范》的项目特征，结合拟建工程项目的实际予以描述。分部分项工程量清单的项目特征是确定一个清单项目综合单价的重要依据，在编制的工程量清单中必须对其项目特征进行准确和全面的描述。

4. 计量单位

计量单位应采用基本单位,除各专业另有特殊规定外,均按以下基本单位计量：

(1)以体积计算的项目——立方米(m^3)；

(2)以面积计算的项目——平方米(m^2)；

(3)以重量计算的项目——吨(t)或千克(kg)；

(4)以长度计算的项目——米(m)；

(5)以自然计量单位计算的项目——个、套、块、樘、组、台……

(6)没有具体数量的项目——宗、项……

5. 工程量的计算

工程数量只要是通过工程量计算规则计算得到的,所有清单项目的工程量应以实体工程量为准,并以完成后的净值来计算。因此,在计算综合单价时应考虑施工中的各种损耗和需要增加的工程量,或在措施费清单中列入相应的措施费用。

6. 补充项目

在编制工程量清单时,如果出现《计算规范》附录中未包括的项目,编制人应做补充,并报省级或行业工程造价管理机构备案。所补充项目的编码由对应计量规范的代码X顺序码即01~09)与B和三位阿拉伯数字组成,并应从×B001起顺序编制,标号不得重复。工程量清单中需附有补充项目的名称、项目特征、计量单位、工程量计算规则、工作内容。

7. 分部分项工程项目工程量清单的标准格式

分部分项工程量清单是指表示拟建工程分项实体工程项目名称和相应数量的明细清单,应包括项目编码、项目名称、项目特征、计量单位和工程量五个部分的内容,格式如表2-3所示。在分部分项工程清单的编制过程中,招标人负责前六项内容填写,金额部分在编制招标控制价或投标报价时填写。

表2-3 分部分项工程量清单与计价表

工程名称： 标段： 第 页共 页

序号	项目编码	项目名称	项目特征描述	计量单位	工程量	金额		
						综合单价	合价	其中:暂估价

四、措施项目清单的编制方法

措施项目清单是指为完成工程项目施工,发生于该工程施工准备和施工过程中的技术、生活、安全、环境保护等方面的项目清单。

同分部分项工程量一样,编制措施项目清单应列出项目编码、项目名称、项目特征、计量单位,并按现行计量规范规定,采用对应的工程量计算规则计算工程量。对不能计量的措施项目(即总价措施项目),措施项目清单中仅列出项目编码、项目名称,未列出项目特征、计量单位的项目,编制措施项目清单应按现行计量规范附录(措施项目)的规定执行。

五、其他项目清单的编制

其他项目清单是指除分部分项工程量清单、措施项目清单所包含的内容以外,因招标人的特殊要求而发生的与拟建工程有关的其他费用项目和相应数量的清单。工程建设标准、工程的复杂程度、工程的工期、工程的组成内容、发包人对工程管理的要求等都直接影响其他项目清单的具体内容。因此,其他项目清单应根据拟建工程的具体情况,参照《建设工程工程量清单计价规范》(GB50500—2013)提供的下列4项内容列项:暂列金额;暂估价(包括材料暂估单价、工程设备暂估价、专业工程暂估价);计日工;总承包服务费。

(一)暂列金额

暂列金额是招标人暂定并包括在合同中的一笔款项,用于施工合同签订时尚未确定或者不可预见的所需材料、设备、服务的采购,施工中可能发生的工程变更、合同约定调整因素出现时的工程价款调整以及发生的索赔、现场签证确认等的费用。

表 2-4 暂列金额明细表

工程名称: 标段: 第 页 共 页

序号	项目名称	计量单位	暂定金额(元)	备注

(二)暂估价

暂估价是指招标人在工程量清单中提供的用于支付必然发生但暂时不能确定价格的材料价款、工程设备价款以及专业工程金额。暂估价是在招标阶段预见肯定要发生,但是由于标准尚不明确或者需要由专业承包人来完成,暂时无法确定具体价格时所采用的一种价格形式。

表 2-5 材料暂估价表

工程名称: 标段: 第 页 共 页

序号	材料名称、规格、型号	计量单位	单价(元)	备注

表 2-6 专业工程暂估价表

工程名称：　　　　　　　　　　标段：　　　　　　　　　　第　页共　页

序号	工程名称	工程内容	金额(元)	备注

(三)计日工

计日工是为了解决现场发生的零星工作的计价而设立的。计日工以完成零星工作所消耗的人工工时、材料数量、机械台班进行计量，并按照计日工表中填报的适用项目的单价进行计价支付。在编制工程量清单时，计日工表中的人工应按工种，材料和机械应按规格、型号详细列项。其中人工、材料、机械数量，应由招标人根据工程的复杂程度，工程设计质量的优劣及设计深度等因素，按照经验来估算一个比较贴近实际的数量，并作为暂定量写到计日工表中，纳入有效投标竞争，以期获得合理的计日工单价。

表 2-7 计日工估价表

工程名称：　　　　　　　　　　标段：　　　　　　　　　　第　页共　页

序号	项目名称	单位	暂定数量	综合单价	合价
一	人工				
1					
…					
人工小计					
二	材料				
1					
…					
材料小计					
三	施工机械				
1					
…					
施工机械小计					
总计					

(四)总承包服务费

总承包服务费是招标人在法律、法规允许的条件下进行专业工程发包以及自行采购供应材料、设备时，要求总承包人对发包的专业工程提供协调和配合服务（如分包人使用总包人的脚手架、水电接驳等），对供应的材料、设备提供收、发和保管服务以及对施工现场进行统一管理,对竣工资料进行统一汇总整理等发生的费用及向总承包人支付的费用。招标人应当预计该项费用并按投标人的投标报价向投标人支付该项费用。

表2-8 总承包服务费计价表

工程名称: 　　　　　　　标段: 　　　　　　　第 页共 页

序号	项目名称	项目价值(元)	服务内容	费率(%)	金额(元)
1	发包人发包专业工程				
2	发包人供应材料				
合计					

六、规费、税金项目清单的编制

规费是指按国家法律、法规规定,由省级政府和省级有关权力部门规定必须缴纳或计取的费用,应计入建筑安装工程造价的费用。

税金是指国家税法规定的应计入建筑安装工程造价内的增值税税金。

表2-9 规费、税金项目清单表

工程名称: 　　　　　　　标段: 　　　　　　　第 页共 页

序号	项目名称	计算基础	费率(%)	金额(元)
1	规费			
1.1	社会保障费			
(1)	养老保险费			
(2)	失业保险费			
(3)	医疗保险费			
(4)	工伤保险费			
(5)	生育保险费			
1.2	工程排污费			
1.3	住房公积金			
2	税金	分部分项工程费+措施项目费+其他项目费+规费		
合计				

第七节 工程量清单计价

一、工程量清单计价的程序

工程清单计价的程序可以描述为:按照工程量清单的计算规则,在统一的工程量清单项目设置的基础上,根据施工图纸计算出各个清单项目的工程量,再根据各种渠道获得的工程造价信息计算得到工程造价。

工程量清单计价程序主要分两个阶段:工程量清单编制和利用工程量清单在工程项目建设阶段的应用。其应用主要有以下几个方面:

一是招标人根据相关资料编制招标控制价。

二是投标人根据相关资料编制投标报价。

三是承发包人根据施工合同约定工程计量、价款调整与支付、索赔与现场签证、工程结算等。

二、工程量清单计价的方法

工程量清单计价是按照工程量清单的构成分别计算各类费用,后经过汇总而成。具体计算方法如下:

$$分部分项工程费 = \sum 分部分项工程量 \times 相应分部分项工程综合单价 \quad (2\text{-}42)$$

$$措施项目费 = \sum (单价措施项目工程量 \times 单价措施项目综合单价) \quad (2\text{-}43)$$

$$其他项目费 = 暂列金额 + 暂估价 + 计日工 + 总承包服务费 \quad (2\text{-}44)$$

$$单项工程造价 = \sum 单位工程造价 \quad (2\text{-}45)$$

$$建设项目总造价 = \sum 单项工程造价 \quad (2\text{-}46)$$

(一)分部分项工程费计算

由上述公式可知,分部分项工程费的计算需要确定各分部分项工程的工程量及其综合单价。

1. 分部分项工程量的确定

分部分项工程量是编制人按施工图图示尺寸和工程量清单计算规则计算得到的工程净量。

2. 综合单价的确定

《建设工程工程量清单计价规范》中的工程量清单综合单价是指完成一个规定计量单位的分部分项工程量清单项目或措施项目所需要的人工费、材料费、施工机械使用费、企业管理费和利润以及一定范围内的风险费用。

综合单价的计算通常采用定额组价的方法,即以计价定额为基础进行组合计算。由于"计价规范"与"定额"中的工程量计算规则、计量单位、工程内容不尽相同,综合单价的计算不是简单地将其所含的各项费用进行汇总,而是要通过具体计算后综合而成,如表2-10所示。综合单价的计算公式为:

$$综合单价 = (人、料、机总费用 + 管理费 + 利润) / 清单工程量 \quad (2\text{-}47)$$

表 2-10　分部分项工程量清单与计价表

工程名称：某多层砖混住宅工程　　　　标段：　　　　　　　　　　第　页　共　页

序号	项目编码	项目名称	项目特征描述	计量单位	工程量	金额(元)		
						综合单价	合价	其中：暂估价
1	010101003001	挖沟槽土方	1. 土壤类别：三类土 2. 挖土深度：1.8m 3. 弃土距离：4km	m³	2634.034	45.36	119471.34	
本页小计								
合计								

(二)措施项目费的费用确定

1. 综合单价法

这种方法与分部分项工程综合单价的计算方法一样，就是根据需要消耗的实物工程量与实物单价计算措施费，适用于可以计算工程量的措施项目，主要是指一些与工程实体有紧密联系的项目，如混凝土模板、脚手架、垂直运输等。与分部分项工程不同，并不要求每个措施项目的综合单价必须包含人工费、材料费、机具费、管理费和利润中的每一项。

$$措施项目费 = \sum (单价措施项目工程量 \times 单价措施项目综合单价) \quad (2-48)$$

2. 参数法计价

参数法计价是指按一定的基数乘系数的方法或自定义公式进行计算。这种方法简单明了，但最大的难点是公式的科学性、准确性难以把握。这种方法主要适用于在施工过程中必须发生，但在投标时很难具体分项预测，又无法单独列出项目内容的措施项目。

3. 分包法计价

分包法计价是指在分包价格的基础上增加投标人的管理费及风险费进行计价，这种方法适合可以分包的独立项目，如室内空气污染测试等。

有时招标人要求对措施项目费进行明细分析，这时采用参数法组价和分包法组价都是先计算该措施项目的总费用，这就需人为用系数或比例的办法分摊人工费、材料费、机械费、管理费及利润。

(三)其他项目费计算

其他项目费由暂列金额、暂估价、计日工、总承包服务费等内容构成。

(四)规费与税金的计算

规费是指政府和有关权力部门规定必须缴纳的费用。建筑安装工程费用的税金是指国家税法规定应计入建筑安装工程造价的增值税销项税额。如国家税法发生变化或地方政府及税务部门依据职权对税种进行了调整,则税金项目清单也要进行相应调整。

规费和税金应按国家或省级、行业建设主管部门的规定计算,不得作为竞争性费用。每一项规费和税金的规定文件中,对其计算方法都有明确的说明,故可以按各项法规和规定的计算方式计取。具体计算时,一般按国家及有关部门规定的计算公式和费率标准进行计算。

(五)风险费用的确定

风险是一种客观存在的、可能会带来损失的、不确定的状态,工程风险是指一项工程在设计、施工、设备调试以及移交运行等项目全寿命周期全过程可能发生的风险。这里的风险具体指工程建设施工阶段承发包双方在招投标活动和合同履约及施工中所面临的涉及工程计价方面的风险。建设工程发承包必须在招标文件、合同中明确计价中的风险内容及其范围,不得采用无限风险、所有风险或类似语句规定计价中的风险内容及范围。

第八节 计量与支付

一、工程计量

工程量必须按照相关工程现行国家计量规范规定的工程量计算规则计算。具体的工程计量周期应在合同中约定,可选择按月、季或按工程形象进度分段计量。

(一)工程计量的原则

按合同约定的方法进行计量;按实际完成的工程量计量;对于超出施工图纸范围或因承包人原因造成返工的工程量,不予计量;若发现工程量清单中出现漏项、工程量计算偏差,以及工程变更引起工程量的增减变化,应据实调整,正确计量。

(二)工程计量的依据

《计量规范》和技术规范;设计图纸;质量合格证书。

(三)工程计量的程序

以市政项目依据的《建设工程工程量清单计价规范》(GB50500—2013)为例,单价合同工程计量的一般程序如下:

首先,承包人应当按照合同约定的计量周期和时间向发包人提交当期已完工程量报告。发包人应在收到报告后7天内核实,并将核实计量结果通知承包人。发包人未在约定时间内进行核实的,则承包人提交的计量报告中所列的工程量应视为承包人实际完成的工程量。

其次,发包人认为需要进行现场计量核实时,应在计量前24小时通知承包人,承包人应为计量提供便利条件并派人参加。当双方均同意核实结果时,双方应在上述记录上签字确认。承包人收到通知后不派人参加计量,视为认可发包人的计量核实结果。发包人不按照约定时间通知承包人,致使承包人未能派人参加计量,计量核实结果无效。

再次,当承包人认为发包人核实后的计量结果有误时,应在收到计量结果通知后的7天内向发包人提出书面意见,并附上其认为正确的计量结果和详细的计算资料。发包人收到书面意见后,应在7天内对承包人的计量结果进行复核后通知承包人。承包人对复核计量结果仍有异议的,按照合同约定的争议解决办法处理。

最后,承包人完成已标价工程量清单中每个项目的工程量并经发包人核实无误后,发承包人应对每个项目的历次计量报表进行汇总,以核实最终结算工程量,并应在汇总表上签字确认。

监理工程师一般只对以下三方面的工程项目进行计量:工程量清单中的全部项目、合同文件中规定的项目、工程变更项目。一般可按照以下方法进行计量、均摊法、凭据法、估价法、断面法、图纸法、分解计量法等。

二、工程价款的支付

工程价款的支付是指对建设工程的承发包合同价款进行约定和依据合同约定进行工程预付款、工程进度款、质量保证金、工程竣工价款结算的活动。

(一)工程预付款

工程预付款是发包人为帮助承包人解决施工准备阶段的资金周转问题而提前支付的一笔款项,用于承包人为合同工程施工购置材料、工程设备、施工设备、修建临时设施以及施工队伍进场等。工程实行预付款的,发包人应按合同约定的时间和比例(或金额)向承包人支付工程预付款。

(二)工程进度款

当承包人完成了一定阶段的工程量后,发包人就应该按合同约定履行支付工程进度款的义务。发承包双方应按照合同约定的时间、程序和方法,根据工程计量结果,办理期中价款结算,支付进度款。

(三)质量保证金

建设工程质量保证金(简称保证金)是指发包人与承包人在建设工程承包合同中约定、从应付的工程款中预留、用以保证承包人在缺陷责任期内对建设工程出现的缺陷进行维修的资金。

(四)安全文明施工费

建设工程施工阶段的安全文明施工费包括的内容和使用范围,应符合财政部、国家安全生产监督管理总局印发的《企业安全生产费用提取和使用管理办法》(财企〔2012〕16号)第十九条对企业安全费用的使用范围的规定。

承包人对安全文明施工费应专款专用,在财务账目中单独列项备查,不得挪作他用,否则发包人有权要求其限期改正;逾期未改正的,造成的损失和延误的工期由承包人承担。

(五)竣工结算与支付

竣工结算是指建设工程项目完工并经验收合格后,对所完成的项目进行的全面工程结算。工程完工后,发承包双方必须在合同约定时间内办理工程竣工结算。工程竣工结算应由承包人或受其委托具有相应资质的工程造价咨询人编制,并应由发包人或受其委托具有相应资质的工程造价咨询人核对。

三、合同解除的价款结算与支付

合同解除是合同非常态的终止,为了限制合同的解除,法律规定了合同解除制度。根据解除权来源划分,合同解除可分为协议解除和法定解除。鉴于建设工程施工合同的特性,为了防止社会资源浪费,法律不赋予发承包人享有任意单方解除权,因此,除了协议解除,按照《最高人民法院关于审理建设工程施工合同纠纷案件适用法律问题的解释》第八条、第九条的规定,施工合同的解除有承包人根本违约的解除和发包人根本违约的解除两种。发承包双方协商一致解除合同的,应按照达成的协议办理结算和支付合同价款。

第九节 国际工程投标报价

国际工程是指一个工程项目的策划、咨询、融资、采购、承包、管理以及培训等各个阶段或环节，其主要参与者（单位或个人、产品或服务）来自不止一个国家或地区，并且按照国际上通用的工程项目管理理念进行管理的工程。国际工程包括我国公司去海外参与投资或实施的各项工程，也包括国际组织或国外的公司到中国来投资和实施的工程。

一、国际工程投标报价的组成

国际工程投标报价的组成应根据投标项目的内容和招标文件的要求进行划分。为了便于计算工程量清单中各个分项的价格，进而汇总整个工程报价，通常将国际工程投标报价有人工费、材料费、施工机具施工费、待摊费、开办费、分包工程费以及暂定金额（招标人备用金）七项费用组成，具体要根据招标单位要求进行调整。

待摊费由现场管理费和其他待摊费组成。其中现场管理费包括：工作人员费、工作人员费、差旅交通费、文体宣教费、固定资产使用费、国外生活设施使用费、工具用具使用费、劳动保护费、检验试验费、其他费用；其他待摊费包括临时设施工程费、保险费、税金、保函手续费、经营业务费、工程辅助费、贷款利息、总部管理费、利润及风险费。分包工程费包括分包报价和总包管理费和利润。

二、国际工程投标报价程序

投标报价作为国际工程投标过程中的关键环节，其工作内容繁多，工作量大，而时间往往十分紧迫，因而必须周密考虑，统筹安排，遵照一定的工作程序，使投标报价工作有条不紊、紧张而有序地进行。国际工程投标报价工作在投标者通过资格预审并获得招标文件后开始。

(一)研究招标文件

招标文件规定了承包商的职责和权利，承包商在标前会议、现场勘察之前和投标报价期间，均应组织投标报价人员认真细致地阅读招标文件。为进一步制定施工进度计划、施工方案和计算标价，投标人应从合同条件方面、承包商责任范围和报价要求方面、技术规范和图纸方面等主要方面研究招标文件。

(二)进行各项调查研究

开展各项调查研究是标价计算之前的一项重要准备工作，是成功投标报价的基础,主要内容包括以下方面:市场、政治、经济环境;施工现场自然条件;现场施工条件;劳务规定、税费标准和进出口限额;工程项目业主的、竞争对手的调查。

(三)标前会议与现场勘察

标前会议是招标人给所有投标人提供的一次答疑机会,有利于加深对招标文件的理解。标前会议是投标人了解业主和竞争对手的最佳时机,投标人应认真准备并积极参加标前会议。在标前会议之前,投标人应事先深入研究招标文件,并将研究过程中碰到的各类问题整理为书面文件,寄到招标单位要求给予书面答复,或在标前会议上提出并要求招标人予以解释和澄清。

(四)工程量复核

关于工程量表中细目的划分方法和工程量的计算方法,世界各国目前还没有设置统一的规定,通常由工程设计的咨询公司确定。比较常用的是参照英国制定的《建筑工程量计算原则(国际通用)》《建筑工程量标准计算方法》。

在核算完全部工程量表中的细目后,投标人可按大项分类汇总工程总量,对工程项目的施工规模有一个全面和清楚的概念,并研究采用合适的施工方法和经济适用的施工机械设备。

(五)生产要素与分包工程询价

1. 生产要素询价

国际工程项目的价格构成比例中,材料部分占 30%~50%的比重。因此材料价格确定的准确性直接影响标价中成本的准确性,是影响投标的重要因素。

2. 分包工程询价

分包工程是指总承包商委托另一承包商为其实施部分合同标的的工程。分包商不是总承包商的雇用人员,其赚取的不只有工资还有利润,分包工程报价,必然对投标报价有一定的影响。因此,总承包商在投标报价前应进行分包询价。

三、国际工程投标报价的技巧

投标报价的技巧是指在投标报价中采用适当的方法,在保证中标的前提下,尽可能多地获得更多的利润。报价技巧是各从事国际工程承包的施工单位在长期的国际工程实践中总结出来的,具有一定的局限性,不可照抄照搬,应根据不同国家、不同地区、不同项目的实际情况灵活运用,要坚持"双赢"甚至"多赢"的原则,诚信经营,从而提升公司的核心竞争力,实现可持续发展。

(一)报价可高一些的工程

施工条件差的工程;专业要求高的技术密集型工程,而公司在这方面有专长,声望也较高;总价低的小型工程以及公司不愿做、又不方便不投标的工程;特殊的工程,如港口码头、地下开挖工程等;工期要求急的工程;竞争对手少的工程;支付条件不理想的工程。

(二)报价可低一些的工程

施工条件好的工程;工作简单、工程量大而一般公司都可以做的工程;公司目前急于打入某一市场、某一地区,或在该地区面临工程结束,机械设备等无工地转移时;公司在附近有工程,而项目又可利用该工地的设备、劳务,或有条件短期内突击完成的工程;竞争对手多,竞争激烈的工程;非急需工程;支付条件好的工程。

(三)注意计日工的报价

如果是单纯对计日工报价,可以报高一些,以便在日后业主用工或使用机械时可以多盈利。但如果招标文件中有一个假定的"名义工程量"时,则需要具体分析是否报高价,以免提高总报价。总之,要根据业主在开工后可能使用的计日工数量确定报价方针。

(四)其他常用技巧

适当运用不平衡报价法、适当运用突然降价法、适当运用多方案报价法、注意暂定工程量的报价、适当运用"建议方案"报价、适当运用先亏后盈法、合理运用无利润算标法等。

第三章　变更索赔

【学习目标】

通过学习,了解变更索赔的概念,掌握变更索赔的内容与实施流程;熟悉FIDIC条款下的变更索赔管理。

第一节　项目变更索赔管理

一、变更索赔定义

工程投标市场竞争激烈,为了中标,承包商之间除了在施工技术方面竞争外,更重要的是投标报价竞争。要在中标价较低的情况下,争取较大利润,承包商在强化成本管理的同时,要加强合同变更索赔的管理,有理有据地提出变更索赔效益最大化。变更索赔是合同赋予承发包双方的权利。承包商必须对错综复杂的干扰事件、影响因素进行梳理和分析,从中识别出变更索赔机会,通过变更索赔来争取较大利润。

变更,是指合同实施过程中由发包人监理人或承包人提出的,经发包人批准的,合同工程中任何一项工作的增、减、取消或施工工艺、顺序、时间的改变,设计图的修改,施工条件的改变,招标工程量清单的错、漏从而引起合同条件的改变或工程量的增减变化。

索赔,是指在合同履行过程中,合同当事人一方因非己方的原因而遭受损失,通过合同或法律法规约定的程序向对方提出经济或时间补偿的要求。索赔是一种正当的权利要求,也是合同当事人之间一项正常而且普遍存在的合同管理业务,是一种以法律和合同为依据的行为。

二、变更索赔管理体系

(一)管理体系的建立

应建立公司、项目经理部两级变更索赔管理体系,根据管理层级、责任范围的不同,进行分级管理、归口组织、分工协作。

(二)职责分工

1. 公司职责

公司变更索赔领导小组是变更索赔工作的管控部门,负责全公司变更索赔工作的宏观管理和控制。主要职责是贯彻、落实上级主管部门制定的变更索赔工作指导意见;制定和完善变更索赔管理办法、规定;变更索赔目标计划,过程督促并考核、通报,配合项目经理部实施变更索赔关键阶段的工作,审定变更索赔收益和分配方法,配合项目部重大变更索赔事项的对外联系工作,负责标前营销的策划与实施,项目中标后的营销交底。

2. 项目经理部职责

项目经理部是变更索赔工作的责任主体和实施者;负责与建设单位、设计单位、审计单位、监理单位联系沟通,保持稳定、和谐的公共关系;负责落实上级下达的目标计划,编制本项目的变更索赔策划。主要工作包括变更索赔的策划、编制、上报、跟踪、签认和结算;变更索赔基础资料的记录、收集和整理;负责项目竣工后的收尾清理工作,保证变更索赔工作的连续性;变更索赔台账的建立、报表的填报工作等其他相关工作。

(1)项目经理。项目经理是项目变更索赔工作的第一责任人。负责对外建立良好的变更索赔工作环境,对内建立变更索赔领导小组,明确分工责任到人;负责审批项目变更索赔创效管理规划,组织召开项目变更索赔创效专题会;负责变更索赔项目的立项、方案审批工作;根据公司的规定负责对本项目的变更索赔成果实施考核和奖惩。

(2)总工程师、总经济师。总工程师、总经济师是项目变更索赔工作的主要责任人。受项目经理委托组织召开变更索赔例会和专题分析会;负责变更索赔工作的具体实施;负责制定项目变更索赔创效管理规划;负责组织项目部相关职能部门研究施工合同条款、招标文件、设计图纸、施工现场及其他有关资料,对变更索赔项目提出立项建议;负责组织编制和下达变更索赔工作计划;负责监督检查业务人员变更索赔基础资料的记录、搜集、整理工作;组织制定变更索赔方案并负责审核;组织相关职能部门编制及上报变更索赔资料,并负责变更索赔资料的审核工作;在项目经理的领导下,负责索赔工作中的具体公共关系的建立,确保变更索赔资料的及时批复。

(3)计划合同部门。计划合同部门是变更索赔工作的业务牵头部门和主要责任部门。负责合同、预算、变更索赔的费用计算;变更索赔方案的技术、经济论证和比选;变更索赔项目的策划、上报、跟踪以及最后的结算、审计工作;负责变更索赔成果的收益分析和评估;负责变更索赔过程中相关方的对口沟通工作。

(4)工程部。工程部是变更索赔工作的主要责任部门,负责变更索赔技术方案的确定,参与变更索赔方案的技术、经济论证和比选;负责工程数量的计算、变更索赔相关技术资料的填写、收集、整理;负责已批复的变更索赔项目在竣工图纸中的反映;协同计划合同部门共同做好工程变更索赔的组织工作;负责变更索赔过程中相关方的对口沟通工作。

(5)其他部门。安质、物资、设备、试验、财务、办公室等部门是变更索赔工作的服务配合部门,负责及时提供变更索赔所需的相应资料,参与变更索赔工作的相关事项。

项目部各变更索赔职能部门必须在变更索赔领导小组的领导下做好本职工作,积极配合,相互协作,共同对变更索赔资料的及时性、合法性、合理性、合规性、准确性和有效性负责。

项目部变更索赔工作小组要深入研究招、投标文件和施工合同并与施工现场紧密结合,超前筹划,尽最大力量挖掘变更索赔潜力。项目部要每月召开一次变更索赔例会,例会要对前一阶段项目的变更索赔创效工作的经验、教训进行分析、总结,同时针对本阶段的具体情况,群策群力,积极找理由、想办法,提出新的变更索赔创效思路;对新的变更索赔项目予以立项,并下达下一阶段的变更索赔工作计划,明确目标,限定时间,锁定责任人。

对于重大的变更索赔项目,项目部要组织召开专题分析会,进行技术、经济方案的比选和论证,做出科学的决策。

变更索赔例会、专题会要有会议签到和会议记录,必要时应形成会议纪要。变更索赔例会及专题会的会议记录或纪要作为企业机密资料要由计划合同部门单独存放,专人保管。

三、变更索赔工作流程

工程变更和施工索赔是施工企业降低经营风险、创造效益的重要途径,不同类型的变更索赔工作流程如下:

(一)Ⅰ类变更设计办理流程

变更设计意向提议(建设、设计、施工单位)→建设单位组织现场勘察(技术标准变化不需要现场勘察)→召开会议并下发相关四方(涉及地方的为五方)会议纪要(技术标准变化不需要会议纪要)→建设单位向设计院发出要求编制Ⅰ类变更设计的正式函件→设计院绘制变更设计图纸,编制相关费用预算,形成Ⅰ类变更设计文件→上报铁道部或管理试点单位审查→建设单位依据审查批复结果与施工单位签订补充协议,调整合同价款。

(二)Ⅱ类变更设计办理流程

由项目部提出变更理由和技术经济比较资料报监理单位→监理审批后报建设单位→由建设单位组织勘测设计、监理、施工单位及有关方面分析、研究,确定变更设计原因、责任单位、技术方案、费用及费用处理→由施工单位按规定程序上报资料,经监理、设计、建设单位审批完善变更手续后实施。

(三)价差及其他政策性调整办理流程

材料价差调整根据合同条款和《关于铁路建设项目实施阶段材料价差调整的指导意见》(铁建设〔2009〕46号)、《关于印发〈铁路建设项目甲供甲控物资设备目录〉的通知》(铁建设〔2010〕163号等)要求,计算材料价差并按Ⅰ类变更设计程序办理,签订补充合同办理验工计价,铁路项目材料差价每半年调整一次。

(四)征地拆迁费用办理流程

征地拆迁五方会议纪要(设计、监理、施工、产权、建设单位)→产权单位的确认书→施工单位迁改示意图、工程数量计算单、工程数量汇总表、单项概预算表→第三方审价单位对征地拆迁资料进行审价→上报铁道部或管理试点单位审查—建设单位依据审查批复结果与施工单位签订补充协议,调整合同价款。

(五)索赔工作的处理流程

索赔工作的办理流程如下:承包商提出索赔申请(索赔发生28天内)→监理工程师审核承包商的索赔申请(28天内给予答复)→业主审批监理工程师索赔处理意见→索赔成立签订补充合同。

第二节　变更索赔工作实施

一、投标阶段变更工作

(一)投标前审核投标数量及费用、审核设计标准和施工工艺

在投标前进行现场调查、图纸研究及工程数量计算,现场与施工图不符的差错漏项及时提出,确保费用充足;投标技术文件中施工方式、工艺、标准、设备等以满足招标文件要求为准,避免设计变更后建设标准提高或施工工艺改变而单价不提高的情况。另外在投标商务或报价文件方面,尽可能不做或少做可能影响工程造价的并超出招标文件要求的承诺。

(二)中标后交底

中标交底包括招标文件、答疑书、合同书、口头解释及说明记录等;设计资料、设计遗漏的项目及内容,对中标后的技术经济建议等书面记录;投标文件、原始数据、清单核对计算表、设计概算漏列、缺量价格不足、现场调查与设计概算采用数据的差异等,报价策略,效益伏笔以及经营关系。

二、开工前筹建阶段变更工作

(一)投标资料分析

项目中标后相关人员需尽快熟悉投标图纸和合同价款,弄清中标项目的主要工作内容、数量和价款。认真研究投标交底的以下资料:设计遗漏的项目及内容,对中标后的技术经济建议,清单核对计算表,设计概算漏列及缺量价格不足,现场调查与设计概算采用数据的差异,报价策略,效益伏笔等,研究投标图纸和中标清单数量;测算中标主要项目成本并与收入对比,理清盈余项目和亏损项目。

(二)紧盯设计院施工图设计

施工蓝图出图前要加强同设计院的沟通,协助设计单位进行现场调查,结合前期对中标清单的研究,对重点项目或构筑物在进行细目构成和技术经济分析的基础上,有目的、有针对性的做好优化设计工作,对于预计亏损的项目,采取减量或替换成别的项目;对招标时设计漏项或数量不足项目,依据合同规定确定进图或走新增工程的方案。

对总价承包的项目,减少或取消亏损项目数量,尽量减少实物工作量,增加措施项目数量;对不在总价承包范围内的暂定数量的工作项目,要提前做好成本分析,在单价合理的情况下,尽可能加大数量;对招标时设计漏项或数量不足项目,力争按照招标时的数量出图,增加部分按照Ⅰ类变更或者新增程序办理争取增加合同价款,降低竣工清算时投资检算的压力。

单价承包的项目,在对既有报价资料的各项指标进行成本分析的基础上,对单价较高、有利润的项目尽量增加数量,对单价较低、可能亏损的项目尽量减少数量或变更成其他项目。

三、施工阶段变更工作

(一)变更索赔前期策划

工程开工后相关人员对项目的变更索赔工作总体策划,前期策内容力求详实、具体,分工明确,责任到人,并在过程中不断细化完善变更索赔具体工作,力争最大限度的对现场的变更索赔工作提供技术支持。

(二)图纸会审

图纸到达后应由相关人员组织立即对图纸进行会审,校核图纸工程量的重点除了设计图纸中计算错误的工程外,还应注意以下几个问题:

(1)设计图纸中有漏项但实际施工必须发生或定额(计量与支付办法)要求或技术规范要求独立支付的部分工程数量。

(2)设计图纸中要求施工而工程数量表或工程量清单漏列的数量。

(3)根据定额或技术规范要求,需由施工组织设计提出确定的工程量。

(4)为保证工程质量,必须进行优化设计而增列的一部分工程量。

(5)现场实测与图纸不符的工程量。

(6)施工现场地质或水文条件使施工作业受到限制或设计文件标定的自然或人为条件与实际情况不符,使投标或初步设计文件确定的施工工艺、施工方法、施工程序发生改变,从而使工程数量或支付细目单价发生改变,处理原则与开工前施工蓝图设计阶段工作内容及分工部分相同。

(三)施工过程变更设计

工程变更应以业主批准或许可为基础,坚持有利于企业利益和方便施工为原则。在选择变更方案的同时,要以完善使用功能为原则,以满足业主综合需要为依据,注意多种方案的经济比较,力争投入与产出最佳结合。如尽量增加工程量清单中支付单价高的工程量,减少支付单价明显偏低的工程量;增加工程量清单中没有支付项的工程量,争取重新确定新增工程量单价的机会。

1. 设计变更工作分工

设计变更的主要技术责任人是项目总工程师,预算责任人是预算(计划合同)部长。由项目部总工牵头带领项目部技术人员做好变更设计基础资料的现场签认,包括现场监理、设计院驻现场专业工程师及业主主管工程师,由项目经理牵头负责设计、建设单位领导的签认与沟通,公司分管领导和相关部门配合一起做好审批阶段工作。

2. Ⅰ类变更主要工作内容

Ⅰ类变更主要包括五项内容:

(1)变更批准的建设规模、主要技术标准、重大方案、重大工程措施。

(2)变更初步设计批复主要专业设计原则的。

(3)调整初步设计批准总工期的。

(4)建设项目投资超出初步设计批准总概算的。

(5)国家、铁总相关规范、规定重大调整的。

Ⅰ类变更设计需准备的资料：

(1)手续齐全并经建设单位审核合格下发的施工图和变更设计图纸[图号首选：施(变)图]；技术标准变化引起的文件、图纸、变更设计通知等。

(2)经监理、建设单位签字审批的施工组织设计或施工方案，要求内容详实，工程数量、计算过程、示意图清晰明了，重难点工程、高风险项目要求有设计人员审核签字。

(3)施工、设计、监理、建设单位四方签认的会议纪要；涉及地方原因的Ⅰ类变更，还需提供地方政府行政批复或文件，会议纪要为施工、设计、监理、建设单位、地方政府或部门五方签认的会议纪要。

(4)铁路总公司、建设单位指下发和变更相关的文件、电报。

(5)根据已编制完成的变更设计文件对照检查各种施工记录表格，修正并完善施工记录、检验批、检查证、施工日志；

(5)各种检验检测记录，监理日志和监理旁站记录；现场原始记录数值、材料消耗数量与变更数值一致。

3. Ⅱ类变更设计主要工作内容

Ⅱ类变更设计主要包括：

(1)包干内Ⅱ类变更设计；

(2)包干外Ⅱ类变更设计，一般划分为七种类型：地方要求新增；标准变化；规范变化；方案变化；建设单位要求新增；地质条件变化；"三改（改路、改沟、改渠）"工程。

Ⅱ类变更设计办理需准备的资料：

(1)施工、设计、监理、建指四方签认的会议纪要；涉及地方原因的Ⅱ类变更，还需提供地方政府行政批复或文件，会议纪要为施工、设计、监理、建设单位、地方政府或部门五方签认的会议纪要；

(2)经施工单位、监理、设计、建设单位签字盖章手续齐全的工程数量计算单和工程数量增减汇总表，单项预算表；

(3)较小的Ⅱ类变更设计，项目部可自行绘制变更设计图纸，并要求设计人员签字。较大的Ⅱ类变更设计要求设计院绘制变更设计图纸。

Ⅱ类变更设计预算编制原则：

包干内Ⅱ类变更设计预算编制，按合同约定的风险包干费用计算原则计算有关费用。包干外Ⅱ类变更设计按招标概算的编制原则计算有关费用。

4. 价差及其他政策性调整主要工作内容

材料价差调整根据合同条款和相关文件要求，计算材料价差并按Ⅰ类变更设计程序办理，签订补充合同办理验工计价。

材料价差调整应注意的问题：

(1)甲供料价差据实调整；

(2)甲控料数量及差价的确定：根据季度验工计价计算出的甲控料数量作为价差调整的数量，按照合同约定的当期铁道部(或地方造价信息网)颁布的信息价计算材料价差。铁路项目合同中有风险包干费的，±5%以内的价差由施工单位承担，超出±5%的材料价差可以调整合同价；非铁路项目按合同约定额方式调整合同价。

5. 征地拆迁费用

(1)三电迁改费用调整：一般迁改实际数量较工程量清单数量会有所增加，在施工过程中，三电迁改的费用调增，一般以独立费的形式列入一章征地拆迁增加费用中。

施工单位自行迁改的项目应准备的资料：

①三电迁改五方会议纪要(设计、监理、施工单位、产权单位、建设单位主管征拆的人员参加)。

②产权单位的确认书(含需迁改线路与铁路相关的平面位置图，迁改长度、型号、种类)，施工单位迁改示意图、工程数量计算单、工程数量汇总表、单项概预算表。

(2)地下管线迁改：一般迁改实际数量较工程量清单数量会有所增加，在施工过程中，地下管线迁改的费用调增，一般以独立费的形式列入一章征地拆迁增加费用中。施工单位自行迁改的项目应准备的资料：五方会议纪要(设计、监理、施工单位、产权单位、建设单位主管征拆的人员参加)、管线迁改工程数量汇总表、管线迁改示意图，根据工程数量表编制的概预算表。

(3)三改工程(改路、改河、改沟、改渠、地方道路改移)。三改工程是在施工过程中随时可能发生变化，尤以南方或经济发达地区变化幅度较大。三改工程费用的调增，一般以独立费的形式列入一章征地拆迁增加费用中，也有的建设单位要求以Ⅱ类变更设计(包干外)形式办理，需要收集整理的资料有：较小的"三改"工程，项目部可自行绘制设计图纸，要求设计人员签字。较大的"三改"工程，要求设计院绘制提供设计图纸、工程数量计算单、工程数量汇总表、施工示意图、工程概预算表。

(4)建筑垃圾清运。增建的二线工程站场改造部分建筑垃圾与清单一般有出入，一般征地拆迁费用中建筑垃圾清运费不足。项目部首先要拿到地方政府与被拆迁人之间签订的拆迁补偿协议，铁路产权的房屋应拿到路局《固定资产拆除报废申请表》，根据拆迁房屋的面积、结构算出详细的建筑垃圾工程数量，编制工程数量计算单和工程数量汇总表，并要求四方(建指、设计、施工、监理)签认。根据现场实际情况选取较远地点弃放，提供弃放地点有偿使用协议或临时租地协议、付款凭证、收款收据。按招标文件规定的预算编制办法，计算建筑垃圾至弃运地点的挖装运卸平整费用。将地方拆迁补偿协议、路局《固定资产拆除报废申请表》、工程数量计算单和工程数量汇总表、单项预算表一并整理成册,形成建筑垃圾清运费用资料,清理概算时上报建设单位。

四、工程竣工阶段的变更工作

做好竣工阶段项目的清理概算工作,成立清算小组,上下联动、职责明确、分工合理;做好清理概算的总体策划工作,将施工中实际发生的合同内、合同外有关费用纳入清理概算,主动出击、加强沟通、坚持到底;做好清理概算的信息跟踪工作,各级项目管理机构对合同内投资和变更索赔、调概补差等款项,在最后一次结算时一并清算,做到不漏项、足额计价。

五、工程项目索赔工作

(一)索赔的依据

招标文件、施工合同文本及附件,其他各签约(如备忘录、修正案等),经业主批准的工程实施计划、各种工程图纸、技术规范等。这些索赔的依据可在可在索赔报告中直接引用。

双方的往来信函及各种会谈纪要。在合同履行过程中,业主、监理工程师和承包商定期或不定期的会谈所作出的决议或决定,是合同的补充。应作为合同的组成部分,但会谈纪要只有经过各方签署后才可作为索赔的依据。

进度计划和具体的进度安排以及项目现场的有关文件。进度计划和具体的是和现场有关文件索赔的重要证据,

气象资料、工程检查验收报告和各种技术鉴定报告,工程中送停电,送停水、道理开通和封闭的记录和证明。

国家有关法律、法令、政策文件,官方的物价指数、工资指数。各种会计核算资料,材料的采购、订货、运输、进场、使用方面的凭据。

(二)工期索赔

1. 工期索赔分析

工期索赔分析的主要依据有:
(1)合同规定的进度计划;
(2)合同双方共同认可的进度计划;
(3)合同双方共同认可的对工期有影响的文件;
(4)业主、工程师和承包人共同商定的月进度计划;
(5)受干扰后的实际工程进度。在干扰事件发生时双方都应分析和对比上述资料,以发现工期拖延及拖延的原因,提出有说服力的索赔要求。

工期索赔分析的步骤：

(1)确定干扰事件对工程活动的影响。即由于干扰事件的发生，使工程活动的持续时间或逻辑关系等产生的变化。

(2)确定由于工程活动持续时间的变化对总工期产生的影响。这可以通过网络分析得到，总工期所受到的影响即为干扰事件的工期索赔值。

工期索赔值可通过原施工网络计划与可能状态的网络计划对比得到，分析的重点是两种状态的关键线路。干扰事件发生后，使网络中的某个或某些活动受到干扰而延长持续时间，或工程活动之间的逻辑关系发生变化，或增加了新的工程活动等。考虑干扰事件的影响后重新进行网络分析，得到新的工期。新工期与原工期之差即为干扰事件对总工期的影响，即为工期的索赔值。通常，如果受干扰的活动在关键线路上，则该活动持续时间的延长即为总工期的延长值；如果该活动在非关键线路上，且受干扰后仍在非关键线路上（即没有超过其总时差），则这个干扰事件对工期无影响，故不能提出工期索赔。

将这种考虑干扰后的网络计划作为新的实施计划，如果有新的干扰事件发生，则应在此基础上进行新一轮分析，提出新的工期索赔。伴随着工程实施过程中网络计划的动态调整，干扰事件引起的工期索赔也可以随之同步进行。

2. 工期索赔的计算

网络分析法：网络分析法即为关键线路分析法。通过分析干扰事件发生前后不同的网络计划，对比两种工期计算结果来计算索赔值。网络分析法适用于各种干扰事件的索赔，但它以采用计算机网络技术进行工期计划和控制作为前提，否则分析极为困难。因为稍微复杂的工程，网络事件可能有几百个甚至几千个，人工分析和计算将十分烦琐。

比例计算法：在实际工程中，干扰事件常常仅影响某些单项工程、单位工程或分部分项工程的工期，要分析它们对总工期的影响，可以采用更为简单的比例分析方法，即以某个技术经济指标作为比较基础，计算工期索赔值。比例计算法在实际工程中用得较多，因计算简单、方便，不需作复杂的网络分析，容易被人们接受。但严格地说，比例计算法是近似计算的方法，对有些情况并不适用。例如业主变更工程施工次序，业主指令采取加速措施，业主指令删减工程量或部分工程等。如果仍用这种方法，会得到错误的结果，在实际工作中应予以注意。

(1)以合同价所占比例计算，以合同价所占比例计算的总工期索赔公式为：

$$\text{总工期索赔} = \text{受干扰部分的工程合同价} \times \text{该部分工程受干扰工期拖延量} \div \text{整个工程合同总价} \tag{3-1}$$

或

$$\text{总工期索赔} = \text{额外增加的工程量的价格} \times \text{原合同工期} \div \text{整个工程合同总价} \tag{3-2}$$

【例 3-1】 某工程施工过程中,因业主推迟办公楼工程基础设计图纸的审批,使该办公楼工程延期 10 周。整个工程合同总价为 400 万元,其中办公楼工程合同价为 80 万元,则承包人提出的工期索赔为多少周?

解:工期索赔 $=\dfrac{80}{400}\times 10=2$(周)

(2)按单项工程工期拖延的平均值计算。这是一揽子索赔的方式。当某干扰事件引起多项工程的工期拖延时,将干扰事件对各单项工程工期拖延总值按单项工程数量进行平均,得到每个单项工程工期的平均影响值,再综合考虑各单项工程之间施工工期的不均匀性,得到总延长时间,即为工期索赔值。

【例 3-2】 某工程有 A、B、C、D、E 共 5 个单项工程。在实际施工中,业主未能按合同规定的日期供应水泥,造成工程停工待料。根据现场工程资料和合同双方的通信等证据表面,提供水泥不及时对工程施工造成如下影响:A 单项工程 500 立方米混凝土基础推迟 21 天施工;B 单项工程 850 立方米混凝土基础推迟 7 天施工;C 单项工 225 米混凝土基础推迟 10 天施工;D 单项工程 480 立方米混凝土基础推迟 10 天施工;E 单项工程 120 立方米混凝土基础推迟 27 天施工。则承包人可提出的索路工期为多少天?

解:承包人在一揽子索赔中,对业主供应材料不及时造成工期延长。

总延长天数 $=21+7+10+10+27=75$(天)

平均延长天数 $=75\div 5=15$(天)

考虑单项工程之间的不均匀性对工期的影响为 5 天,则

索赔工期 $=15+5=20$(天)

(三)费用索赔

1. 费用索赔的原则

(1)赔偿实际损失原则。费用的索赔应赔偿所受实际损失。实际损失包括直接损失与间接损失,直接损失是指实际工程中因干扰事件导致的实际成本增加和费用超支,间接损失则是可能获得的利益的减少。对所有干扰事件引起的实际损失的计算中,都应有详细的证明,作为索赔报告的证据。这些证据通常有各种费用支出的账单,工资表,现场实际用工、用料、用机的证明,财务报表,工程成本核算资料等。

(2)符合合同规定的原则。费用索赔必须符合合同的相关规定,如符合合同规定的补偿条件和范围,在索赔值的计算中必须扣除合同规定应由承包人承担的风险和承包人自己失误所造成的损失;符合合同规定的计算方法,如合同价格的调整方法和调整计算公式;以合同报价作为计算基础,除合同另有特殊规定外,费

用索赔必须以合同报价中的分部分项工程单价、人工费单价、机械台班费单价及费率标准作为计算基础。

(3)符合会计核算的原则。费用索赔中常常需要进行工程实际成本的核算,通过计划成本与实际工程成本的对比得到索赔值。实际工程成本的核算必须符合通常适用的会计核算方法和原则,例如成本项目的划分及费用的分摊方法等。

(4)符合工程惯例的原则。费用索赔的计算必须采用符合人们习惯的、合理的计算方法,要能够为有关各方所接受。

(5)充分准备好全部计算资料。在索赔报告中必须出具所有的计算基础资料、计算过程资料作为证明,包括报价分析、成本计划和实际成本、费用开支资料。在计算前必须对实际的各项开支、工程收入及工地管理费和总部管理费等做详细的审核分析。

2. 索赔费用的组成

(1)人工费。索赔费用中的人工费包括:完成合同之外的额外工作所花费的人工费用;由于非承包商责任的工效降低所增加的人工费用;超过法定工作时间的加班费用;法定的人工费增长及非承包商责任造成的工程延误而导致的人员窝工费和工资上涨费用等。

(2)机械使用费。索赔费用中的机械使用费包括:由于完成额外工作增加的机械使用费;由于业主或工程师原因导致机械停工的窝工费;非承包人责任工效降低增加的机械使用费等。窝工费的计算,如租赁设备,一般按实际租金和调进调出费分摊计算;如自有设备,一般按台费折旧费计算,而不是按台班费计算,因台班费中包括了设备使用费。

(3)材料费。索赔费用中的材料费包括:由于索赔事项材料实际用量超过计划用量而增加的材料费;由于客观原因使材料价格的大幅度上涨;由于非承包人的工期延误导致的材料价格上游和超期储存费用等。材料费用中应包括运输费、仓储费及合理的消耗费用。如果由于承包人管理不善造成的材料损坏失效,则不能列入索赔。

(4)分包费用。分包费用索赔是指分包商的索赔费用,一般也包括人工费、材料费、机械使用费的索赔。因业主或工程师的责任导致的分包商的索赔费用应如数列入承包人的索赔款额内。

(5)工地(现场)管理费。索赔费用中的工地管理费是指承包人完成额外工程、索赔事项工作及工期延长期间的工地管理费,包括管理人员的工资、办公费、交通费等。但如果对部分工人窝工损失索赔时,因其他工程仍然在进行,可以不予计算工地管理费索赔。

(6)利息。在索赔费用的计算中,经常包括利息。利息的索赔通常发生于下列情况：

①拖期付款的利息；

②由于工程变更和工程延期增加的投资的利息；

③索赔款的利息，错误扣款的利息等。

利息的具体利率可采用不同标准，主要有四类情况：

①按当时银行贷款利率；

②按当时的银行透支利率；

③按合同双方协议的利率；

④按中央银行贴现率加3个百分点(供参考)。

(7)总部(公司)管理费。索赔费用中的总部(公司)管理费主要是指工程延误期间增加的管理费。

(8)利润。对于不同性质的索赔，取得利润索赔的成功率是不同的。一般地说，由于工程范围的变更、文件有缺陷或技术性错误、业主未能提供现场、施工条件变化等引起的索赔，承包商是可以列入利润的；由于业主的原因终止或放弃合同，承包商有权获得已完成的工程款以外，还应得到原定比例的利润。而对于工程延误的索赔，由于利润通常包括在每项实现工程内容的价格之内，延误工期并未影响削减某些项目的实施，而导致利润减少。所以，一般监理工程师很难同意在延误的费用索赔中加入利润损失。

索赔利润的款额计算通常是与原报价单中的利润百分率保持一致。即在索赔直接费的基础上，乘以原报价单中的利润率，作为该项索赔款中的利润额。

国际工程施工索赔实践中，承包商有时也会列入一项"机会利润损失"，要求业主予以补偿。这种机会利润损失是由于非承包商责任致使工程延误，承包商不得不继续在本项工程中保留相当数量的人员、设备和流动资金，而不能按原计划把这些资源转到另一个工程项目上去，因而使该承包商失去了一个创造利润的机会。这种利润损失索赔，往往由于缺乏有力而切实的证明，比较难以成功。

另外还需注意的是，施工索赔中以下几项费用是不允许索赔的：

①承包商对索赔事项的发生原因负有责任的有关费用；

②承包商对索赔事项未采取减轻措施，因而扩大的损失费用；

③承包商进行索赔工作的准备费用；

④索赔款在索赔处理期间的利息；

⑤工程有关的保险费用。

3. 费用索赔的计算方法

(1)总费用法。该方法以承包人的额外成本为基点，加上管理费和利息等附加费作为索赔值。较少使用，不易被对方和仲裁人认可，它的使用必须满足以下条件：

① 合同实施过程中的总费用核算是准确的，工程成本核算符合普遍认可的会计原则、成本分摊方法，分摊基础选择合理，实际总成本与报价所包括的内容一致；

②承包人的报价是合理的，反映实际报价计算不合理，则按这种方法计算的索赔值也不合理；

③费用损失的责任，或干扰事件的责任全在于业主或其他人，承包人无任何过失；

④合同争议的性质不用其他计算方法，如业主和承包人签订协议，或在合同中规定对附加工程采用这种方法计算。

计算过程中应注意：

①索赔值计算中的管理费率一般采用承包人总部的实际管理费分摊率，这符合赔偿实际损失的原则，但也可用合同报价中的管理费用率，由双方共同商讨；

②一般在索赔中不计利润，而以保本为原则；

③由于工程成本增加使承包人支出增加，而业主支付不足，会引起工程的负现金流量的增加。在索赔中可以计算利息支出（作为资金成本），它可按实际索赔数额、拖延时间和承包人向银行贷款的利率（或合同中规定的利率计算）。

【例 3-3】 某工程原合同报价如下：

总成本（直接费＋工地管理费）　　　　　3800000 元
总部管理费（总成本×10%）　　　　　　380000 元
利润＝（总成本＋公司管理费）×7%　　　292600 元
合同价共计：4472600 元

在实际工程中，由于非承包人原因造成实际总成本增加至 4200000 元，则费用索赔额为多少元？

解：现用总费用法计算索赔值为

总成本增加量（4200000－3800000）　　　400000 元
总部管理费（总成本增量×10%）　　　　 40000 元
利润（仍为 7%，440000×7%）　　　　　 30800 元
利息支付（按实际时间和利率计算）　　　 4000 元

索赔值：474800 元

(2) 分项法。分项法是按照引起损失的干扰事件，以及这些事件所引起损失的费用项目，分别分析计算索赔值的方法。分项法比总费用法复杂，处理起来困难，但能反映实际情况，比较合理、科学，为索赔报告的进一步分析、评价、审核，双方责任的划分，双方谈判和最终解决提供方便。因此在逻辑上容易被人接受，应

用面广,实际工程中绝大多数的索赔都用分项法计算。

分项法计算通常分三步:

①分析干扰事件影响的费用项目,即干扰事件引起哪些项目的费用损失;

②计算各费用项目的损失值;

③将各费用项目的计算值列表汇总,得到总索赔额。

【例 3-4】 某工程项目合同工期为 100 天,合同价为 500 万元(其中含现场管理费 60 万元),根据投标书附件规定,现场管理费率为 8%。

在施工过程中,由于不利的现场条件,引起人工费、材料费、施工机械费分别增加 1.5 万元、3.8 万元、2 万元;另因设计变更,新增工程款 98 万元,引起工期延误 25 天。问承包人可提出的现场管理费索赔应是多少万元?

解:现场管理费索赔额由两个部分组成

①由于不利的现场条件引起的现场管理费索赔额:

$(1.5+3.8+2) \times 8\% = 0.5840$(万元)。

②由于设计变更引起的现场管理费索赔额:新增工程款相当于原合同 19.6 天的工作量,即:$100 \times (98 \div 500) = 19.6$(天),而新增工程款既包括直接费,也包括了现场管理等其他取费,尽管因此引起工期延误 25 天,但仅应考虑 5.4 天($25-19.6=5.4$)工期延误引起的现场管理费,即:$60 \div 100 \times 5.4 = 3.24$(万元)。

因此,现场管理费索赔总额:$0.584+3.24=3.8240$(万元)。

第三节　FIDIC 条款下变更索赔管理工作

一、承包商常见的索赔问题

(一)施工现场条件变化索赔

施工现场条件变化的含义是:在施工过程中,承包商"遇到了一个有经验的承包商不能预见到的不利的自然条件或人为障碍",导致承包商为完成合同要花费计划外的额外开支。按照惯例和合同约定,这些额外开支应该得到业主方面的补偿。FIDIC 合同条件的第 12.2 款,就是对这一问题的说明和规定。

施工现场条件变化主要是指施工现场的地下条件(如地质、地下水位及土壤条件)与招标文件中的描述差异很大,或在招标文件中根本没有提到,给项目实施带来严重困难。至于水文气象方面原因造成的施工困难,如暴雨、洪水对施工带来的破坏或经济损失,应属于投标施工的风险问题,不从属于施工现场条件变化的范畴。

在施工索赔处理水文气象变化的原则是：一般的水利水文气象条件，是承包商风险，特殊反常的水文气象条件，即通常所说的"不可抗力"，则属于业主的风险。

1. 不利的现场条件的类型

一般情况下，我们把不利的现场条件分成两类，作为处理施工索赔的重要依据。

(1) 第一类不利的现场条件。这一类不利现场条件，是指招标文件描述现场条件失误。即在招标文件中对施工现场存在的不利条件虽然已有提到，但严重失实，或其位置差异极大，或严重程度差异极大，从而使承包商误入歧途。这一类不利的现场条件是指：

①在开挖现场挖出的岩石或砾石，其位置高程与招标文件中所述的高程差别甚大；

②招标文件提供的地质钻孔资料注明系坚硬岩石的某一位置或高程上，出现的却是松软材料，或反之；

③实际的破碎岩石或其他地下障碍物，其实际数量大大超过招标文件中给出的数量；

④设计指定的取土场或采石场开采出来的土石料，不能满足强度或其他技术指标要求，而要更换料场；

⑤实际遇到的地下水在位置、水量、水质等方面与招标文件中的数据相差悬殊；

⑥地表高程与设计图纸不符，导致大量的挖填方量；

⑦需要压实的土壤的含水量数据与招标文件给出的数值差别过大，增加了碾压工作的难度或工作量等。

(2) 第二类不利的现场条件。第二类不利的施工现场条件，是指在招标文件中根本没有提到，而且按该项工程的一般施工实践完全是出乎意料地出现的不利现场条件。这种意外的不利条件，是有经验的承包商难以预见的情况，如：

①在开挖基础时发现了古代建筑遗址、古物或化石；

②遇到了高度腐蚀性的地下水或有毒气体，给承包商的施工人员和设备造成意外的损失；

③在隧道开挖过程中遇到强大的地下水流，这是类似地质条件下隧道施工中罕见的情况等。

2. 处理原则

上述两种不同类型的现场不利条件，不论是招标文件中描述失实的，还是在招标文件中根本未曾提到的，都是一般施工实践中承包商难以预料的，给承包商的施工带来重重困难,从而引起施工费用大量增加或工期延长。从合同责任来讲,不是承包商的责任,应该给予承包商相应的经济补偿或工期延长。

但是,在国际工程施工索赔实践中,经常见到有的工程师不能公正地对待这一问题,往往使由于不利的自然条件引起的索赔问题成为最容易解决的合同争端。他们认为,只要承认了存在不利的施工现场条件,就说明该工程项目的勘探和设计工作存在严重缺陷,就会影响设计咨询公司的业务信誉。在这一指导思想下,工程师一遇到承包商提出的不利自然条件索赔,就不高兴,或拖延不理,甚至干脆拒绝。

(二)工程范围变更索赔

工程范围变更索赔,是指业主和工程师指令承包商完成某项工作,而承包商认为该项工作已超出原合同的工作范围,或超出他投标时估计的施工条件,因而要求补偿其附加开支。

超出原合同规定范围的新增工程,在合同语言上被称为"额外工程"(Extra Work)。这部分工程是承包商在撰写标报价时没有考虑的工作。它在招标文件中的"工程量清单"中及其"施工技术规程"中都没有列入,因而承包商在采购施工设备和制定施工进度计划时都没有考虑。因此,对这种额外工程,承包商虽然应遵照业主和工程师的指令必须完成,但他理应得到报酬(包括费用补偿及工期延长)。

1. 新增工程的类型

在工程范围变更的各种形式中,新增工程(Additional Work)的现象最为普遍。工程师在其工程变更指令中,经常要求承包商完成某项新增工程。这些"新增工程",可能包括各种不同的范围和规模,其工程量也可能很大。因此,要在索赔管理中严格确定"新增工程"的确切范围。如果它是属于工程项目合同范围以内的"新增工程",应称为"附加工程";如果它是属于工程项目合同范围以外(超出合同范围)的"新增工程",则应称为"额外工程"。

(1)附加工程。所谓附加工程,是指那些合同项目所必不可少的工程,如果缺少了这些工程,该项目便不能发挥合同预期的作用或影响工程使用安全。因此可以说,附加工程其实就是合同项目所必需的工程。

这种附加工程,才是合同语言中真正的新增工程,也是承包商在接到工程师的工程变更指令后必须完成的工作,不管它是否列入合同清单中。

(2)额外工程。所谓额外工程(Extra Work),是指工程项目合同文件中"工作范围"中未包括的工作。缺少这些工作,原合同工程项目仍然可以运行,并发挥效益。所以,额外工程才是一个"新增的工程项目",而不是原合同项目工程量清单中的一个新的"工作子目"。如果属于额外工程,便不应列入工程量表中去。

如何确定一项新增工程是属于"附加工程"还是"额外工程",这是施工索赔中经常遇到的问题。在实践中,业主往往想使已签订合同的工程项目扩大规模,发挥更大的经济效益。他常常以下达"新增工程"的变更指令方式,要求承包商完成某些"额外工程",而在支付这些工程的进度款时,仍按工程量表中的投标单价计算。例如,要求将原合同规定的 50 公里公路再延长 30 公里,或在已建成的 3 幢厂房以外,再增加 2 幢厂房等。

在工程项目的合同管理和索赔工作中,应该严格区分"附加工程"和"额外工程"这两种工作范围不同的工作,不要因为有些人把它们笼统地称为"新增工程"而把它们混为一谈。因为在合同管理工作中,在处理这两种工作范围不同的工程时,是要重新发出工程变更指令,还是重新议定单价,以及采取什么结算支付方式等,都有不同的合同手续和做法。

表 3-1 新增工程分类表

新增工程类别	BOQ 中的工作项目	工程变更指令	单价确定	结算支付方式
附加工程	BOQ 清单中已有的项目	不必发变更指令	执行清单单价	按合同约定方式执行
	未列入 BOQ 中的工作	要发变更指令	按投标报价原则重新商定单价	按合同约定方式执行
额外工程	不属于 BOQ 中的工作项目	要发变更指令	重新商定单价	提出索赔,按月支付
		或另订合同	新定单价或合同价	提出索赔,或按新合同约定执行

2. 处理原则

在确定合同工程的工作范围时,通常遵循以下原则:

(1)包括在招标文件中的"工程范围"所列的工作内,并在工程量清单、技术规程及图纸中所标明的工程,均属于"附加工程"。

(2)工程师指示进行的工程变更,如属于"根本性的变更",则属于"额外工程"。

(3)发生的工程变更的工程数量或款额,超过了一定的界限时,即超出了"附加工程"的范围,应属于"额外工程"。在 FIDIC 合同条件第 52.3 款中(第四版)中约定:当最终结算时的合同价超过(或小于)其有效合同价的 15%时,应进行合同价调整。

(4)如果属于"附加工程",则计算工程款时,应按照合同 BOQ 表中所列的单价进行计算,或参照类似工作的单价计算。如果确定属于"额外工程",则应重新议定单价,按议定的单价支付工程款。

(三)工程拖期索赔

工程拖期索赔的原因,是承包商为了完成合同规定的工程花费了较原计划更长的时间和更大的费用支出,而拖期责任不在承包商这方面。

工期拖期索赔的前提是拖期的原因或由于业主的责任,或由于客观影响,而不是承包商的责任。主要分为以下几种:

业主的原因:如未按规定时间向承包商提供施工现场或施工道路,干涉施工进展,大量提出工程变更或额外工程,提前占用已完工的部分建筑物等;

工程师的原因:如修改设计;不能在规定时间向承包商提供施工图纸,图纸错误等引起的返工问题等;

外界客观原因,而且是业主和承包商都无力扭转的,如政局动乱、战争或内乱,特殊恶劣的气候,不可预见的现场不利自然条件等。

1. 工程拖期的分类

在施工索赔工作中,通常把工期延误分成两类:

可原谅的拖期。对承包商来说,这类工期延误不是承包商责任,承包商是可以得到原谅的。这类拖期主要是指由于业主原因或客观影响引起的工程拖期。

不可原谅的拖期。这一类工期延误是由于承包商的原因而引起的,如施工组织不力、工效不高、材料供应不及时以及由承包商承担风险的工期延误(如一般性的天气不好,影响施工进度)。这类拖期,承包商无权进行索赔。

2. 处理原则

(1)按照不同类型的延误处理。对于上述两类不同的拖期,索赔处理的原则是截然不同的。在可原谅的拖期情况下,如果拖期的责任是业主方面原因,则承包商不仅可以得到工期延长,还可以得到费用补偿。

虽然是可原谅的拖期,但当拖期责任不是业主原因,而是由客观原因引起的时,承包商可以得到工期延长,但一般很难得到费用补偿。这种拖期通常称为"可原谅并不给予补偿的拖延"。

在不可原谅的拖期情况下,由于是承包商的原因引起的,不可以进行索赔。

关于工期延误索赔的分类及其处理原则,可以归纳如下表示:

表 3-2 工期延误的分类及索赔处理

索赔原因	是否可原谅	拖期原因	处理原则	索赔结果
工程拖期	可原谅的拖期	业主原因	可给予工期延长,并补偿经济损失	工期索赔及费用索赔能成功
		客观原因	可给予工期延长,但不进行费用补偿	工期索赔能成功,费用索赔行不通
	不可原谅的拖期	承包商原因	承包商自行承担工期拖期或费用损失	无权索赔

(2)拖期延误的有效期处理。在实际施工过程中,工程的拖期很少是由一种原因引起的,往往是由两种及以上原因同时发生而形成的,这就是形成了"共同性的延误"。

在共同性延误的情况下,要具体分析哪一种情况的延误是有效的,即承包商可以得到补偿。因此,就必须确定工期延误的"有效期"。而在确定对拖期索赔的有效期时,必须遵照以下原则:

在共同的延误情况下,应该先判断哪一种原因是最先发生的,即找出"初始延误"者,它首先要对延误负责。在初始延误发生作用的期间,其他并发的延误者不承担延误的责任。

(1)如果业主是初始延误者,则在他的有效延误期内,而且这个延误是处于施工组织的关键路线上时,则承包商不仅可以得到相应的工期延长,还可以得到相应的经济补偿。

(2)如果工期拖期的原因是因客观原因引起的,则承包商可以得到工期延长,但不能得到费用补偿。

(四)加速施工索赔

当工程项目的施工遇到可原谅的拖期时,采用什么措施则属于业主的决策。一般有两种选择:一是批准承包商延长工期索赔要求,容许竣工日期延后;二是要求承包商采取加速施工措施,增加投入,仍按原计划工期建成。

业主在决定采取加速施工时,应向承包商发出书面的加速施工指令,并对承包商拟采取的加速施工措施进行审核,并明确加速施工费用的支付问题。承包商为加速施工所增加的成本支出,提出索赔要求,这就是加速施工索赔。

1. 加速施工索赔的额外支出费用

采取加速措施时,承包商要增加资源投入量,使原定的工程成本增加,形成了附加成本支出,主要包括以下几个方面:

(1)采购或租赁原施工组织设计中没有考虑的新的施工机械设备或周转材料;

(2)增加施工人工人数量,或采取加班施工增加的加班工资及因加班引起的工效降低损失;

(3)增加建筑材料供应量,生活物资供应量;

(4)采用奖励制度,提高劳动生产率;

(5)增加的施工措施费用;

(6)工地管理费增加等。

由于加速施工必须导致工程成本支出增加,因此承包商在采取加速施工措施前一定要取得业主和工程师的正式认可,否则不适急于开始加速施工。因为有时工程师虽然口头要求承包商加快施工,但他认为这是承包商的责任,要使工程项目按合同规定的日期建成,但如果不谈已经形成施工拖期的责任界定,这可能成为将来加速施工索赔合同纠纷的隐患。

2. 处理原则

(1)明确工期延误的责任归属。在发生工期拖期后,合同双方要及时分析拖期的原因和责任归属,确定该延误是"可原谅的"还是"不可原谅的"。有时,合同双方一时难以达成一致意见。在这种情况下,如果业主决心采取加速施工措施,以便工程按期建成时,便应发出"加速施工指令",及时扭转施工进度继续拖后的现实。至于加速施工的费用及责任问题,可留待日后解决。

(2)确定加速施工的持续天数。如果工程拖期是由于施工效率降低引起的,而工效降低是由客观原因造成时,业主则应给承包商相应天数的工期延长。这个工期延长时间就可同该工程项目的计划工期及其实际工期相联系来考虑确定。

由于施工效率降低而导致施工进度缓慢,从而引起工期延长时,可以原计划工期的基础上,根据工效降低的影响程序,计算出实际所需的工期,也就是应该给承包商延长的施工时间:

$$实际工期 = 计划工期 \times [1+(原定效率-实际效率)/原定效率]$$

(3)明确加速施工费用的计算方法。加速施工在合同上属于工程变更范围[FIDIC 合同条件 51.1(f)],故按工程变更计价办法办理。有时,也可采取"加速施工奖金"的办法,由业主支付一次性奖金的方式解决。

(五)综合索赔

国际工程的施工索赔,一般采取单项索赔,这样做的优点是可以迅速、单纯地处理每一项索赔事件,便于协商决定。

但是,在一些特定的条件下,承包商难以或来不及做到一事一报,而把数个索赔事项打包在一个索赔报告中,进行"综合索赔"。

在综合索赔报告中,包括数个单项索赔,它们进行连续编号排列,组成一个综合性的索赔报告。工程师和业主在处理综合索赔报告时,一般也是逐个顺序审核,逐个确定可索赔的款项或工期延长天数,然后汇总,作为对该"综合索赔"要求的答复和决定。

二、施工索赔的证据

施工索赔必须以合同为准则,以事实为依据,并参照工程所在国的法律规定和国际工程的惯例做法。

在这些依据中,最主要的还是该工程项目的合同文件。但是,每个工程的合同文件又有相当显著的差异和特点。这就要求承包商国际工程的常用的一些合同条件,善于利用国际工程承包索赔的经验和本工程合同条件的特点来进行索赔管理,并在施工过程中有计划、有目的地积累施工索赔所必需的各种证据。

(一)索赔证据基本要求

证据作为索赔文件的一部分,关系到索赔的成败。证据不足或没有证据,索赔是不能成立的。证据又是对方反索赔攻击的重点之一,所以承包商必须有足够的证据证明自己的索赔要求。

证据在合同签订和合同实施过程中产生,主要为合同资料、日常的工程资料和合同双方信息沟通资料等。在一个正常的项目管理系统中,应有完整的工程实施记录。一旦索赔事件发生,自然会收集到许多证据,而如果项目信息流通不畅,文档散杂零乱,不成系统或对合同事件的发生未记文档,待提出索赔文件时再收集证据,就要浪费许多时间,可能丧失索赔机会(超过索赔有效期限),甚至为他人索赔和反索赔提供可能。因为人们对过迟提交的索赔文件和证据容易产生怀疑。

索赔证据的基本要求:

1. 真实性

索赔证据必须是在实际工程过程中产生,完全反映实际情况,能经得住对方的推敲。由于在工程过程中合同双方都在进行合同管理,收集工程资料,所以双方应有相同的证据。使用不实的或虚假证据是违反商业道德甚至是违反法律的。

2. 全面性

索赔时所提供的证据应能说明事件的全过程。索赔报告中所涉及的索赔事件、索赔理由、影响、索赔值等都应有相应的证据,不能零乱,否则业主将退回索赔报告,要求重新补充整理证据。这会拖延索赔的解决,损害承包商在索赔中的有利地位。

3. 法律证明效力

索赔证据必须有法律证明效力,特别对准备递交仲裁的索赔报告更要注意这一点。

证据必须是当时的书面文件,一切口头承诺、口头协议不可作为证据。

合同变更协议必须由双方签署或以会谈纪要的形式确定,且为决定性决议。一切商讨性、意向性的意见或建议不能成立。

工程中的重大事件、特殊情况的记录应由工程师签署认可。

证据要有及时性。这里包括两方面内容:证据是工程活动或其他活动发生时的记录或产生的文件,除了专门规定外(如按 FIDIC 合同,对工程师口头指令的书面确认),后补的证据通常不容易被认可。

索赔事件发生时,承包商应有同期记录,这对以后提出索赔要求,支持其索赔理由是必要的。而工程师在收到承包商的索赔意向通知后,应对这同期记录进行审查,并可指令承包商保持合理的同期记录,在这里承包商应邀请工程师检查上述记录,并请工程师说明是否需做其他记录。按工程师要求作记录,这对承包商来说是有利的。

证据作为索赔报告的一部分,一般和索赔报告一起交付工程师和业主。FIDIC规定,承包商应向工程师递交一份说明索赔款额及提出索赔依据的"详细材料"。

(二)索赔证据的种类

在合同实施过程中,资料多,涉及面广。在索赔中要考虑,工程师、业主、调解人和仲裁人需要哪些证据,哪些证据最能说明问题,最有说服力。这需要有索赔工作经验。通常在索赔事件发生后,可以征求工程师的意见,在工程师的指导下,或按工程师的要求收集证据。在工程过程中常见的索赔证据有:

招标文件、合同文本及附件,其他的各种签约(备忘录、修正案等),业主认可的工程实施计划,各种工程图纸(包括图纸修改指令),技术规范等。承包商的报价文件,包括各种工程预算和其他作为报价依据的资料,如环境调查资料、标前会议和澄清会议资料等。

来往信件,如业主的变更指令,各种认可信、通知、对承包商问题的答复信等。这里要注意,商讨性和意向性的信件通常不能作为变更指令或合同变更文件。在合同实施过程中,承包商对业主和工程师的口头指令和对工程问题的处理意见要及时索取书面证据。尽管相距很近,天天见面,也应以信件或其他书面方式交流信息。这样有根有据,对双方都有利。来信的信封也要留存,信封上的邮戳记载着发信和收信的准确日期,起证明作用。承包商的回信都要复印留底。所有信件都应建立索引,存档,直到工程全部竣工,合同结束。

各种会谈纪要。在标前会议上和在决标前的澄清会议上,业主对承包商问题的书面答复,或双方签署的会谈纪要;在合同实施过程中,业主、工程师和各承包商定期会商,以研究实际情况,作出的决议或决定。它们可作为合同的补充。但会谈纪要须经各方签署才有法律效力。通常,会谈后,按会谈结果起草会谈纪要交各方面审查,如有不同意见或反驳须在规定期限内提出(这期限由工程参加者各方在项目开始前商定)。超过这个期限不作答复即被作为认可纪要内容处理。所以,对会谈纪要也要像对待合同一样认真审查,及时答复,及时反对表达不清、有偏见的或对自己不利的会议纪要。一般的会谈或谈话单方面的记录,只要对方承认,也能作为证据,但它的法律证明效力不足。但通过对它的分析可以得到当时讨论的问题,遇到的事件,各方面的观点意见,可以发现索赔事件发生的日期和经过,作为寻找其他证据和分析问题的引导。

施工进度计划和实际施工进度记录。包括总进度计划,开工后业主的工程师批准的详细的进度计划,每月进度修改计划,实际施工进度记录,月进度报表等。这里对索赔有重大影响的,不仅是工程的施工顺序、各工序的持续时间,而且还包括劳动力、管理人员、施工机械设备、现场设施的安排计划和实际情况,材料的采购订货、运输、使用计划和实际情况等。它们都是工程变更索赔的证据。

施工现场的工程文件,如施工记录、施工备忘录、施工日报、工长或检查员的工作日记、监理工程师填写的施工记录和各种签证等。它们应能全面反映工程施工中的各种情况,如劳动力数量与分布、设备数量与使用情况、进度、质量、特殊情况及处理。

各种工程统计资料,如周报、旬报、月报。在这些报表通常包括本期中以及至本期末的工程实际和计划进度对比、实际和计划成本对比和质量分析报告、合同履行情况评价等。

工程照片。照片作为证据比较清楚和直观,照片上应注明日期。索赔中常用的照片有:表示工程进度的照片、隐蔽工程覆盖前的照片、业主责任造成返工和工程损坏的照片等。

气候报告。如果遇到恶劣的天气,应作记录,并请工程师签证。

工程中的各种检查验收报告和各种技术鉴定报告。工程水文地质勘探报告、土质分析报告、文物和化石的发现记录、地基承载力试验报告、隐蔽工程验收报告、材料试验报告、材料设备开箱验收报告、工程验收报告等。它们能证明承包商的工程质量。

工地的交接记录(应注明交接日期,场地平整情况,水、电、路情况等),图纸和各种资料交接记录。工程中送停电,送停水,道路开通和封闭的记录和证明。它们应由工程师签证。合同双方在工程过程中各种文件和资料的交接都应有一定的手续,要有专门的记录,防止在交接中出现漏洞和含糊的情况。

建筑材料和设备的采购、订货、运输、进场、使用方面的记录、凭证和报表等。

市场行情资料,包括市场价格、官方的物价指数、工资指数、中央银行的外汇比率等公布材料。

各种会计核算资料。包括:工资单、工资报表、工程款账单,各种收付款原始凭证、总分类账、管理费用报表,工程成本报表等。

国家法律、法令、政策文件。如因工资税增加,提出索赔,索赔报告中只需引用文号、条款号即可,而在索赔报表后附上复印件。

三、索赔报告

(一)索赔报告的基本要求

索赔报告是向对方提出索赔要求的书面文件,是承包商对索赔事件处理的结果。业主的反应(认可或反驳)就是针对索赔报告的。调解人和仲裁人只有通过索赔报告了解和分析合同实施情况和承包商的索赔要求,评价它的合理性,并据此作出决议。所以索赔报告的表达方式对索赔的解决有重大影响。索赔报告应充满说服力,合情合理,有根有据,逻辑性强,能说服工程师、业主、调解人和仲裁人,同时它又应是有法律效力的正规的书面文件。

索赔报告如果起草不当,会损害承包商在索赔中的有利地位和条件,使正当的索赔要求得不到应有的妥善解决。

起草索赔报告需要实际工作经验。对重大的索赔或一揽子索赔最好在有经验的律师或索赔专家的指导下起草。索赔报告的一般要求有:

1. 索赔事件应是真实的

这是整个索赔的基本要求。这关系到承包商的信誉和索赔的成败,不可含糊。如果承包商提出不实、不合情理、缺乏根据的索赔要求,工程师会立即拒绝。这还会影响对承包商的信任和以后的索赔。索赔报告中所指出的索赔事件必须有得力的证据来证明。这些证据应附于索赔报告之后。

对索赔事件的叙述必须清楚、明确。不包含任何估计和猜测,也不可用估计和猜测式的语言,诸如"可能""大概""也许"等。这会使索赔要求苍白无力。

2. 责任分析应清楚、准确

一般索赔报告中所针对的索赔事件都是由对方责任引起的,应将责任全部推给对方。不可用含糊的字眼和自我批评式的语言,否则会丧失自己在索赔中的有利地位。

3. 索赔报告的内容组成

索赔事件的不可预见性和突然性。即使一个有经验的承包商对它也不可能有预见或准备,对它的发生承包商无法制止,也不能影响。

在索赔事件发生后承包商已立即将情况通知了工程师,听取并执行工程师的处理指令;或承包商为了避免和减轻索赔事件的影响和损失尽了最大努力,采取了能够采取的措施。在索赔报告中可以叙述所采取的措施以及它们的效果。

由于索赔事件的影响,使承包商的工程过程受到严重干扰,使工期拖延,费用增加。应强调,索赔事件、对方责任、工程受到的影响和索赔值之间有直接的因果关系。这个逻辑性对索赔的成败至关重要。业主反索赔常常也着眼于否定这个因果关系,以否定这个逻辑关系,以否定承包商的索赔要求。

承包商的索赔要求应有合同文件的支持,可以直接引用相应合同条款。承包商必须十分准确地选择作为索赔理由的合同条款。

强调这些是为了使索赔理由更充足,使工程师、业主和仲裁人在感情上易于接受承包商的索赔要求。

4. 索赔报告

索赔报告应简洁,条理清楚,各种结论、定义准确,有逻辑性。索赔证据和索赔值的计算应详细和精确。

索赔报告的逻辑性,主要在于将索赔要求(工期延长和费用增加)与索赔事件、责任、合同条款、影响连成一条打不断的逻辑链。

承包商应尽力避免索赔报告中出现用词不当、语法错误、计算错误、打字错误等问题。否则会降低索赔报告的可信度,使人觉得承包商不严肃、轻率、或弄虚作假。

5. 用词要婉转

特别作为承包商,在索赔报告中应避免使用强硬的不友好的抗议式的语言。如不宜用"……你方违反合同条款……使我方受到严重损害,因此我方提出……"宜用"请求贵方作出公平合理的调整""请在×合同条款下考虑我方的要求"。不能因为语言而伤了和气和双方的感情,导致索赔的失败。

索赔目的是取得赔偿,说服对方承认自己索赔要求的合理性,而不能损害对方的面子。所以在索赔报告中,以及在索赔谈判中应强调索赔事件的不可预见性,强调不可抗力的原因,或应由对方负责的第三者责任,应避免出现对业主代表和监理工程师当事人个人的指责。这在实际工作中应予以注意。

(二)索赔报告的格式和内容

一揽子索赔报告的格式可以比较灵活。不管什么格式的索赔报告,形式可能不同,但实质性的内容相似,一般主要包括:

题目。简洁地说明针对什么提出索赔。

索赔事件。叙述事件的起因(如业主的变更指令、通知等)、事件经过、事件过程中双方的活动,重点叙述我方按合同所采取的行为(以推卸自己的合同责任)、对方不符合合同的行为、没履行合同责任的情况。这里要提出事件的时间、地点和事件的结果,并引用报告后面的证据作为证明。

理由。总结上述事件,同时引用合同条文或合同变更和补充协议条文,证明对方行为违反合同或对方的要求超出合同规定,造成了该索赔事件,有责任对由此造成的损失作出补(赔)偿。

影响。简要说明事件对承包商施工过程的影响,而这些影响与上述事件有直接的因果关系。重点围绕由于上述事件原因造成成本增加和工期延长,与后面的费用分项的计算应有对应关系。

结论。由于上述事件的影响,造成承包商的工期延长和费用增加。通过详细的索赔值的计算(这里包括对工期的分析和各费用损失项目的分项计算),提出索赔具体的费用索赔值和工期索赔值。

附件。即该报告所列举事实,理由,影响的证明文件和各种计算基础,计算依据的证明文件。

第四章　成本管理

【学习目标】

通过本章的学习,了解项目成本管理的概念和内容;熟悉实现成本管理常用的途径:责任成本的预算管理、成本的过程控制、成本核算和经济活动分析,并熟悉成本管理软件(如中铁工程项目成本管理信息系统 V2.0、V5.0);掌握项目成本全过程管理的原则、方法和内容。

第一节　成本管理的概念

工程项目成本管理是根据开发商或投资商的总体目标和工程项目的具体要求,在工程项目建设过程中,对有关活动进行有效的组织、实施、控制、跟踪、分析和考核等管理活动,以达到强化经营管理、完善成本管理制度、提高成本核算水平、降低开发成本和经营管理成本、实现目标利润、创造良好经济效益的过程。

一、工程项目成本管理的原则

工程项目成本管理是企业成本管理的基础和核心,当前,在进行工程项目成本管理时必须遵循以下原则。

(一)全生命周期成本最低原则

工程项目成本管理的效果直接影响到工程项目的绩效,根本目的是通过成本管理的各种手段,促进不断降低工程项目成本,以达到可能实现最低的目标成本的要求。但是,在进行成本管理时不能片面要求项目形成阶段成本之和最低,而是要使项目全生命周期成本最低,考虑项目从启动到项目产品的寿命期结束的整个周期的成本最低,在保证工程项目质量的前提下,正当谋取效益,不得偷工减料、高估冒算。

(二)实行全面成本管理原则

长期以来,在施工项目成本管理中,存在"三重三轻"问题,即重实际成本的计算和分析,轻全过程的成本管理和对其影响因素的控制;重施工成本的计算分析,轻采购成本、工艺成本和质量成本；重财会人员的管理，轻群众性的日常管理。因此，为了确保不断降低施工项目成本，达到成本最低化目的，必须实行全面成本管理。全面成本管理是全企业、全员、全过程的管理，也称"三全"管理。实行"三全"管理才能使工程项目成本自始至终置于有效控制之下。

(三)落实责、权、利相结合原则

明确项目经理和制定岗位责任制，决定了从项目经理到每一个管理者和操作者，都有自己所承担的责任，而且被授予相应的权利，并给予一定的经济利益。这就体现了责、权、利相结合的原则，"责"是指完成成本管理的责任，"权"是指责任承担者为了完成成本控制目标所必须具备的权限，"利"是指根据成本控制目标完成的情况，给予责任承担者相应的奖惩。在成本控制中，有"责"就必须有"权"，否则就完不成分担的责任，起不到控制作用；有"责"还必须有"利"，否则就缺乏推动履行责任的动力。总之，在项目的成本管理过程中，必须贯彻责、权、利相结合的原则，调动管理者的积极性和主动性，使成本管理工作做得更好。

(四)强调目标管理原则

成本管理是目标管理的一项重要内容，必须以目标成本为依据，对工程项目的各项成本开支进行严格的控制、监督和指导，力求做到以最少的成本开支获得最佳的经济效益。但值得注意的是，目标成本只是个总的奋斗目标，不便于进行日常成本管理；因此，目标成本制定后，要把目标成本层层分解为各个责任中心的责任成本，并形成责任预算，落实到各有关成本中心，分级归口管理，形成一个多层次的成本管理网络，由各级管理人员根据责任预算进行管理。包括限制、指导、监督和调节。

(五)推进成本管理有效化原则

成本管理有效化主要有两层意思：

一是促使施工项目经理部以最少的投入，获得最大的产出；

二是以最少的人力和财力完成较多的管理工作，提高工作效率。

提高成本管理有效性有以下几种方法：

一是可以采用行政方法，通过行政隶属关系下达指标，制定实施措施，定期检查监督；

二是采用经济方法，利用经济杠杆、经济手段实行管理；

三是用制度方法，根据国家的政策方针和规定，制定具体的规章制度，使按照规章办事，用制度进行成本管理。

(六)实现成本管理科学化原则

成本管理是企业管理学中的一个重要内容,企业管理要实行科学化,必须把有关自然科学和社会科学中的理论、技术和方法运用于成本管理。在施工项目成本管理中,可以运用预测与决策方法、目标管理方法、量本利分析方法和价值工程方法。

二、工程项目成本管理的作用

具体来说,工程项目成本管理项目具有保证、促进、监督、协调四大作用。

(一)保证

保证项目最终目标的实现,这也是项目实施的意义所在。项目成本管理可以对其发生的各种成本进行监督、调控、及时纠错,将实际成本耗费限制在预定的目标范围之内,确保物质消耗与劳动消耗均达到最小,保证项目目标的实现。

(二)促进

在项目成本管理过程中,通过运用科学的方法,可以发现项目的薄弱环节,寻找可能降低成本的途径,促进项目组织改善经营管理方式,提高项目的竞争。

(三)监督

项目成本管理在一定意义上是一个全方位的系统管理过程。整个项目的一切耗费均应该置于项目主管人员的监控下,通过成本信息反馈,可以掌握整个过程中的成本状况,并及时采取措施,减少浪费,节约成本。

(四)协调

项目成本的高低及其管理的好坏,直接决定项目的利益和各方面的利害冲突及协调;反之,项目内部人员之间的协调又直接影响项目成本管理工作的进行。二者之间相互影响,和谐统一,可以通过项目成本管理,协调项目组织各系统之间的利益,使之协调一致,达到效率最大化。

三、工程项目成本管理的措施

工程项目管理包含着丰富的内容,是一个完整的合同履约过程,既包括质量管理、进度管理、资源管理、安全管理,也包括合同管理、分包管理、预算管理,这一切管理内容,无不与成本管理息息相关。在一项管理内容的每个过程中,成本管理如无形的手,在制约、影响、推动或者迟滞着各项专业管理活动,并且与管理的结果产生直接的关系。企业所追求的目标,不仅是质量好、工期短、业主满意,同时,又是投入少、产出大、企业获利丰厚的建筑产品。因此,离开了成本的预测、计划、控制、核算和分析等一整套成本管理的系列任务,任何美好的愿望都是不现实的。

为了取得工程项目成本管理的理想成效,应当从多方面采取措施,实施管理,这些措施包括:组织措施、技术措施、经济措施、合同措施、信息管理措施。

(一)组织措施

组织措施是从工程项目产品成本管理的组织方面采取的措施。工程项目成本控制是全员的活动,如实行项目经理责任制,落实建筑工程项目成本管理的组织机构和人员,明确各级工程项目成本管理人员的任务和职能分工、权利和责任。工程项目成本管理不仅是专业成本管理人员的工作,各级项目管理人员都负有成本控制责任。

要做好施工采购规划,通过生产要素的优化配置、合理使用、动态管理,有效控制实际成本;加强施工定额管理和施工任务单管理,控制活劳动和物化劳动的消耗;加强施工调度,避免因施工计划不周和盲目调度造成窝工损失、机械利用率降低、物料积压等。成本控制工作只有建立在科学管理的基础上,具备合理的管理体制、完善的规章制度、稳定的作业秩序、完整准确的信息传递,才能取得成效。组织措施是其他各类措施的前提和保障,而且一般不需要增加什么费用,如果运用得当可以收到良好的效果。

(二)技术措施

在施工过程中,降低成本的技术措施包括:进行技术经济分析,确定最佳的施工方案;结合施工方法,进行材料使用的比选,在满足功能要求的前提下,通过代用、改变配合比、使用添加剂等方法降低材料消耗的费用;确定最合适的施工机械、设备使用方案;结合项目的施工组织设计及自然地理条件,降低材料的库存成本和运输成本;应用先进的施工技术、运用新材料、使用新开发的机械设备等。在实践中,要避免仅从技术角度选定方案而忽视对其经济效果的分析论证。

技术措施不仅对解决工程项目成本管理过程中的技术问题是不可缺少的,而且对纠正工程项目成本管理目标偏差也有相当重要的作用。因此,运用技术纠偏措施的关键,一是要能提出多个不同的技术方案;二是要对不同的技术方案进行技术经济分析。

(三)经济措施

经济措施是最容易被人们接受和采用的措施。管理人员应编制资金使用计划、确定、分解工程项目成本管理目标。对工程项目成本管理目标进行风险分析，并制定防范性对策。对各种支出，应认真做好资金的使用计划，并在施工中严格控制各项开支。及时准确地记录、收集、整理、核算实际发生的成本。对各种变更，应及时做好增减账，及时落实业主签证，及时结算工程款。通过偏差分析和未完工程预测，可发现将引起未完工程施工成本增加的一些潜在问题，对这些问题应以主动控制为出发点，及时采取预防措施，由此可见，经济措施的运用绝不仅仅是财务人员的事情。

(四) 合同措施

采用合同措施控制施工成本，应贯穿于整个合同周期，包括从合同谈判开始到合同终结的全过程。首先是选用合适的合同结构，对各种合同结构模式进行分析、比较，在合同谈判时，要争取选用适合工程规模、性质和特点的合同结构模式；其次在合同条款中应仔细考虑一切影响成本和效益的因素，特别是潜在的风险因素。通过对引起成本变动的发现因素的识别和分析，采取必要的风险对策，如通过合理的方式，增加承担风险的个体数量，降低损失发生的比例，并最终使这些策略反映在合同的具体条款中。

(五) 信息管理措施

信息管理措施即采用计算机辅助工程项目成本控制。例如由中铁四局自主研发的《中国中铁工程项目成本管理信息系统(V2.0)》于2015年正式上线运行，2019年升级为V5.0系统。成本系统利用先进的业务流程管理理念，以责任成本预算为主线，以成本管理为核心，以债务集中支付为有效推手，实现了"量入为出""以收定支"的成本管理思想，并将责任成本预算编制和执行提升到信息化水平。成本系统系统的实施，既能满足中铁四局、各子(分)公司、项目部的现行成本管理工作模式，实现项目成本管理信息化，提高工作效率，又在此基础上打通集团各层级、各部门之间的数据流转通道，实现项目成本的闭环管理。通过系统对项目经济运行情况的动态监控，为企业经营及战略管理决策提供必要支持。2019年，系统升级到V5.0系统后，加入了中铁四局企业内部定额，便于企业成本价格信息的收集和大数据分析，同时为标前成本测算、责任成本预算快速编制提供了工具。

第二节　施工项目成本管理的内容

工程项目的成本管理不单纯只是某一方面的工作，而是贯穿在项目实施的全过程中,根据项目的特点及组织设计,编制人工、材料等的资源需求计划,并对成本进行预测,在此基础编制项目成本预算计划,根据成本计划及预算,对实施过程中的成本进行控制。具体的操作过程包括成本预测、成本计划、成本控制、成本核算、成本分析、成本考核,以及编制成本报告报表和成本资料等各项活动。

一、成本预测

项目成本预测是通过成本信息和施工项目的具体情况,运用一定的专门方法,对未来的成本水平及其可能发展趋势作出科学的估计,其实质就是在施工以前对成本进行估算。工程项目成本预测实际是通过取得的历史数据资料,采用经验总结、统计分析及数学模型的方法进行判断和推测。

通过成本预测,可以在满足建设单位和企业要求的前提下,选择成本低、效益好的最佳成本方案,并能够在工程项目成本形成过程中,针对薄弱环节,加强成本控制,克服盲目性,提高预见性。因此,工程项目成本预测是工程项目成本决策与计划的依据。

(一)工程项目成本预测的作用

1. 投标决策的依据

建筑施工企业在选择投标项目过程中,往往需要根据项目是否盈利、利润大小等因素确定是否对工程投标。这样在投标决策时就要预测项目施工成本,通过与施工图预算的比较,分析出项目是否盈利、利润大小等,从而作出正确的投标决策。

2. 编制成本计划的基础

计划是管理的第一步,对于后期的管控至关重要,因此,编制可靠的计划具有十分重要的意义。但要编制出有效可行的施工项目计划,必须遵循客观经济规律,从实际出发,对施工项目未来实施作出科学的预测。在编制成本计划之前,要在搜集、整理和分析有关工程项目成本、市场行情和施工消耗等资料基础上,对施工项目进展过程中的物价变动等情况和施工项目成本作出符合实际的预测,才能保证工程项目成本计划不脱离实际,切实起到控制工程项目成本的作用。

3. 成本管理的重要环节

成本预测是在分析项目施工进程中各种经济与技术要素对成本升降影响的基础上,推算其成本水平变化的趋势及其规律性,预测施工项目的实际成本。它是预测和分析的有机结合,是事后反馈和事前控制的结合。通过成本预测,有利于及时发现问题,找出工程项目成本管理中的薄弱环节,采取措施,控制成本。

(二)工程项目成本预测的步骤

1. 制订预测计划

制订预测计划是顺利进行预测工作的保证。预测计划的内容主要包括:组织领导及工作布置、配合的部门、时间进度、搜集材料范围等。如果在编制过程中发现新情况或发现计划有缺陷,则可修订预测计划,以保证预测工作顺利进行,并获得较好的预测质量。

2. 搜集和整理预测资料

根据预测计划,搜集预测资料是进行预测的重要条件。预测资料一般有纵向和横向的两个方面数据。纵向资料是施工单位各类材料消耗及价格的历史数据,据以分析其发展趋势;横向资料是指同类施工项目的成本资料,据以分析所预测项目与同类项目的差异,并作出估计。

预测资料的准确性和可靠性决定了预测工作的质量,因此对搜集的资料进行细致的检查和整理是很有必要的。如各项指标的口径、单位、价格等是否一致;核算、汇集的时间资料是否完整,如有残缺,应采用估算、换算、查阅等方法进行补充;有没有可比性或重复的资料。要去伪存真,进行筛选,以保证预测资料的完整性、连续性和真实性。

3. 选择预测方法

预测方法一般分为定性与定量两类。定性方法有专家会议法、主观概率法和德尔菲法等,主要根据各方面的信息、情报或意见,进行推断预测。定量方法主要有时间序列预测法和回归预测法两类。

4. 成本初步预测

成本初步预测主要是根据定性预测的方法及一些横向成本资料的定量预测,对工程项目成本进行初步估计。这一步的结果往往比较粗糙,需要结合现有的成本水平进行修正,才能保证预测成本结果的质量。

5. 影响成本水平的因素预测

影响工程成本水平的因素主要有物价变化、劳动生产率、物料消耗指标、项目管理办公费用开支等。可根据近期内其他工程实施情况、本企业职工及当地分包企业情况、市场行情等,推测未来哪些因素会对本施工项目的成本水平产生影响。

6. 成本预测

根据初步的成本预测以及对成本水平变化因素预测结果,确定该施工项目的成本情况,包括人工费、材料费、机械使用费和措施费等。

7. 成本预测纠偏

成本预测是对施工项目实施之前的成本预计和推断。这往往与实施过程中及其后的实际成本有出入,而产生预测偏差。当工程项目的实际成本出现偏差时,应当根据工程的具体情况、偏差分析和预测的结果,采用适当的措施,以期达到使施工成本偏差尽可能小的目的。纠偏是施工成本控制中最具实质性的一步。只有通过纠偏,才能最终达到有效控制施工成本的目的。

(三)工程项目成本预测的内容

1. 直接工程费用的预测

包括人工费、材料费、机械使用费的预测。首先,分析工程项目采用的人工费单价,再分析工人的工资水平及社会劳务的市场行情,根据工期及准备投入的人员数量分析该项工程合同价中的人工费。其次,对材料费进行逐项分析,重新核定材料的供应地点、购买价、运输方式及装卸费,并对比定额中规定的材料规格和实际采用的材料规格的不同。再次,投标施工组织设计文件中的机械设备的型号、数量一般是采用定额中的施工方法套算出来的,与工地实际施工有一定差异,工作效率也有不同,因此应测算实际将要发生的机械使用费。

2. 施工方案变化引起费用变化的预测

施工项目中标后,必须结合施工现场的实际情况制订技术先进、经济合理的实施性施工组织设计,结合项目的实际情况,比较实际施工组织所采用的施工方法与标书编制中的不同,或与定额中施工方法的不同,据实作出正确的预测。

3. 辅助工程费用的预测

辅助工程量是指工程量清单或设计图纸没有给定而又是施工中不可缺少的,例如混凝土拌和站等,需根据实际施工组织做好具体实施的预测。

4. 现场临时设施成本的预测

根据施工组织设计拟订的现场实际情况,确定临时设施的面积、生活用水用电设施的数量,进而初步估算出临时设施成本。

5. 现场管理费用的预测

现场管理人员的工资、办公费、交通费、文明设施费、检验试验费等无定额可用,可根据企业管理规定及以往工程施工中的历史数据预测。

(四)工程项目成本预测的方法

成本预测的方法很多,它随预测对象、预测内容和预测期限的不同而各异,总体来看,基本方法包括定量预测方法和定性预测方法两大类。实际应用中,定量预测方法和定性预测方法并非相互排斥,而是相互补充,二者可以结合应用,即在定量分析的基础上,考虑定性预测的结果,综合确定预测值,从而使最终的预测结果更加接近实际情况。

1. 定性预测方法

定性预测是根据已掌握的信息资料和直观材料,依靠具有丰富经验和分析能力的专家,运用主观经验,对施工项目的材料消耗、市场行情及成本等,作出性质上和程度上的推断和估计,然后把各方面的意见进行综合,作为预测成本变化的主要依据。定性预测在工程实践中被广泛使用,特别适合于对预测对象资料(包括历史的和现实的)掌握不充分,或影响因素复杂,难以用数字描述,或影响因素难以进行数量分析等情况。定性预测偏重于对市场行情的发展方向和施工中各种影响工程项目成本因素的分析,能充分利用专家的经验和发挥专家的主观能动性,比较灵活,而且简便易行,可以较快地提出预测结果。但进行定性预测时,也要尽可能地搜集数据,使用数学方法,其结果通常也是从数量上测算。定性预测方法主要有经验判断法,包括专家会议法、专家调查法(德尔菲法)、主观概率法等。

2. 定量预测方法

定量预测也称统计预测,它是根据已掌握的比较完备的历史统计数据,运用一定的数学方法进行科学的加工整理,借以揭示有关变量之间的规律性联系,用于推测未来发展变化情况的预测方法。定量预测基本上可以分为两类:一是,时间序列预测法,它是以一个指标本身的历史数据的变化趋势,去寻找市场的演变规律,作为预测的依据,即把未来作为过去历史的延伸。二是,回归预测法,它是从一个指标与其他指标的历史与现实变化的相互关系中,探索它们之间的规律及联系,作为预测未来的依据。

定量预测的优点是:偏重于数量方面的分析,重视预测对象的变化程度,能作出变化程度在数量上的准确描述;它主要把历史统计数据和客观实际资料作为预测的依据,运用数学方法进行处理分析,受主观因素的影响较少;它可以利用现代的计算方法,来进行大量的计算工作和数据处理,求出适应工程进展的最佳数据曲线。定量预测的缺点是:比较机械,不易灵活掌握,对信息资料质量要求较高。

二、成本计划

工程项目成本计划是以货币形式编制工程项目在计划期内的生产费用、成本水平、成本降低率以及为降低成本所采取的主要措施和规划的书面方案。它是建立工程项目成本管理责任制、开展成本控制和核算的基础,是工程项目降低成本的指导文件,是设立目标成本的依据。可以说,计划成本是目标成本的一种形式。

对于一个工程项目而言,其成本计划是一个不断深化的过程。在这一过程的不同阶段,形成深度和作用不同的计划成本,按其作用可分为三类:竞争性成本计划、指导性成本计划和实施性成本计划。

竞争性成本计划是工程项目投标及签订合同阶段的估算成本计划。这类成本计划以招标文件中的合同条件、投标须知、技术规程、设计图纸和工程量清单等为依据,以有关价格条件说明为基础,结合调研和现场考察获得的情况,根据本企业的工料消耗标准、水平、价格资料和费用指标,对本企业完成招标工程所需要支出的全部费用的估算。在投标报价过程中,虽然也着力考虑降低成本的途径和措施,但总体上较为粗略。

指导性成本计划是选派项目经理阶段的预算成本计划,是项目经理的责任成本目标。它是以合同标书为依据,按照企业的预算定额标准制订的设计预算成本计划,且一般情况下只确定责任总成本指标。

实施性成本计划是项目施工准备阶段的施工预算成本计划,它是以项目实施方案为依据,以落实项目经理责任目标为出发点,采用企业的施工定额通过施工预算的编制而形成的实施性施工成本计划。

以上三类成本计划互相衔接和不断深化,构成了整个工程施工成本的计划过程。其中,竞争性成本计划带有成本战略的性质,是项目投标阶段商务标书的基础,而有竞争力的标书又是以其先进合理的技术标书为支撑的。因此,它奠定了工程项目成本的基本框架和水平。指导性成本计划和实施性成本计划,都是战略性成本计划的进一步展开和深化,是战略性成本计划的战术安排。此外,根据项目管理的需要,成本计划又可按施工成本组成、项目组成、工程进度分别编制施工成本计划。

三、成本控制

成本控制是指在项目成本形成过程中(即施工过程中),运用一定的技术和管理手段对生产经营所消耗的人力、物资和费用进行组织、监督、调节和限制,及时纠正将要发生和已经发生的偏差,把各项施工费用控制在计划成本的范围内,以保证成本目标实现的一个系统过程。

项目管理具有一次性,将随项目建设的完成而结束,项目完成后的经济效益,与成本控制密切相关。工程项目成本控制是施工企业成本控制的中心,是增加企业利润、扩大社会积累的主要途径。

工程项目成本控制还是工程项目质量的综合反映,工程项目成本降低,显示了施工过程中物化劳动和活劳动消耗的节约,从而反映了劳动生产率的提高、固定资产利用率的提高和材料消耗率的降低。

工程项目成本控制是推行项目经理承包责任制的动力,成本目标是项目经理承包责任制中经济承包目标的综合体现,项目经理要实现这一目标,就必须利用生产要素市场机制,管好项目、控制消耗,将质量、工期、成本三大目标结合起来综合控制。这样,不仅实现了成本控制,又带动了工程项目的全面管理。

四、成本核算

工程项目成本核算是工程项目成本管理的重要组成部分,是通过一定的方式、方法,对工程项目施工过程中发生的各种费用成本按照一定的对象进行分配和归集,以计算总成本和单位成本的过程。在整个工程项目成本管理过程中,项目成本核算自成体系,主要依托项目,对其实施过程中的各种耗费进行管理。项目成本核算的基本指导思想是以提高经济效益为目标,按照相关规定,通过全面的项目成本核算,优化工程项目的全面管理。作为工程项目成本管理的重要环节,工程项目成本核算为确定工程项目盈亏情况、及时改善工程项目成本管理水平提供基础依据,最终达到降低成本开支,提高工程项目利润水平的目的,其意义主要体现在以下几个方面:

(一)及时反映预算成本执行情况

在项目成本管理中,项目成本预算处在项目成本核算的前面环节,预算只是在项目实施之前对整个项目成本的总体把握。通过项目成本核算,将实际发生的各项费用,按照其用途不同,直接计入项目各个环节,计算出项目的实际发生成本,并将其与项目预算成本进行比较,以此检查项目预算成本的执行情况,根据检查结果,及时作出相应调整,提高项目成本管理的效率。

(二)挖掘降低成本的潜力

项目成本核算的过程,其实就是检查项目成本实施过程中人力、物力、财力耗费的过程。通过项目成本核算,可以根据核算结果,制订相应的策略,及时制止相关环节成本的过程浪费,深入挖掘降低项目成本的潜力,节约劳动耗费,优化成本管理成效。

(三)便于落实项目责任制

一个项目的完成,需要一个团队的协调合作及相关人员之间的配合,为了提高效率,一般将项目的各项具体任务分配到人,以提升工作人员的工作积极性,提高工作效率。在成本核算中,由于会考核到每项具体的工作,因此在一定程度上,也是对团队成员工作成效的一个检验,使项目责任制能够真正意义地落到实处,并根据核算结果,进行合理奖罚。

(四)紧扣国家政策,监督成本计划

项目成本核算是在相关法律控制之下进行的,在成本核算过程中,必须执行

国家有关成本开支范围、费用开支标准、成本计划等相关规定。在法律框架范围内,控制费用,促使人、财、物的合理应用与节约,及时反映和监督项目成本计划的完成情况,为项目进一步预测、项目的实施提供可靠的数据资料和成本报告,促使改善项目经营管理,提高项目经济效益,这也是项目成本核算的根本目的。

(五)提高项目全过程管理水平

通过项目成本核算,使得项目的经济效益更加明了、准确,而且能够体现到项目的各个阶段、步骤中,成本责任更加清晰,便于找出差距,承担责任,改进管理,及时修订成本预算,有助于实施计划。总之,可以在整体上提高项目全过程管理水平,实现节约资源、降低成本的最终目的。

五、成本分析

(一)工程项目成本分析概念

工程项目的成本分析,就是根据统计核算、业务核算和会计核算提供的资料,对项目成本的形成过程和影响成本升降的因素进行分析,以寻求进一步降低成本的途径(包括项目成本中的有利偏差的挖潜和不利偏差的纠正)。通过成本分析,可从账簿、报表反映的成本现象看清成本的实质,从而增强项目成本的透明度和可控性,为加强成本控制,实现项目成本目标创造条件。由此可见,工程项目成本分析,也是降低成本,提高项目经济效益的重要手段之一。

(二)工程项目成本变动的影响因素分析

对项目成本变动的影响因素进行分析,是项目成本分析的主要任务,通过对主要的影响因素的总结把握,从宏观上把握项目成本的变动方向和变动原因、找出有效的成本抑制手段,控制项目成本。

影响项目成本变动主要有内、外两方面的因素:

1. 外部因素

外部因素又称市场经济因素,主要包括企业的技术装备水平以及专业化程度、项目团队协作水平、项目参与人员的技术技能和施工人员的操作熟练程度等。这些因素不是在短期内所能改变的,它们贯穿整个项目实施过程,对项目成本的变化起着主要作用。

2. 内部因素

内部因素又称经营管理因素,主要包括直接材料的消耗量、机械设备及能源的利用效率、项目的质量水平、劳动生产率和人工费用水平的合理性等,它们都有可能在项目实施过程中,通过改变管理策略或改善操作流程,得到一定程度的改变,进而减少成本变动。

影响项目成本的内、外两方面因素,在一定的条件下,是相互制约和相互促进的,共同影响项目成本的变动。在对项目成本进行分析与管理时,项目管理层应该更关注其内部可变因素,查明内部因素对项目成本费用变化的影响,把握项目实施过程中存在的主要问题,探寻最优解决途径,不断改善和提高项目管理水平,降低整个项目的成本费用,提高项目经济效益。

六、成本考核

成本考核是指项目经理部在施工过程中和工程项目竣工时对工程预算成本、计划成本及有关指标的完成情况进行考核、评比,通过考核,使工程成本得到更加有效地控制,更好地完成成本降低任务。组织应建立和健全项目成本考核制度,对考核的目的、时间、范围、对象、方式、依据、指标、组织领导、评价与奖惩原则等作出规定。通过成本考核,做到有奖有惩,赏罚分明,才能有效地调动企业的每一个职工在各自的岗位上努力完成目标成本的积极性,为降低工程项目成本和增加企业的积累作出自己的贡献。

工程项目成本管理各环节之间是相辅相成的。成本预测是成本计划编制的前提,成本控制是对成本计划的实施进行监督,保证目标成本的实现,而成本核算又是成本计划是否实现的最后检验,并为下一个项目的成本预测提供基础资料,在核算资料的基础上,通过成本分析,可以对成本执行情况做出比较正确的评价,成本考核是实现目标成本的保证和重要手段。

第三节 责任成本预算管理

责任成本预算管理是预算管理的一部分,对建立在项目法施工基础上的工程项目,严格按实际情况编制责任成本预算,将实际成本支出与责任成本预算进行对比分析和考核,并进行动态调整,从而实现对项目进行有效的控制。

一、项目经理部的责任成本

在签订施工合同后,由企业根据合同造价、施工图和招标文件中的工程量清单,确定正常情况下的企业管理费,财务费用和制造成本。将正常情况下的制造成本确定为项目经理的可控成本,形成项目经理部的责任成本。

每个工程项目在实施项目管理之前,首先由公司主管部门与项目经理部协商,将合同预算的全部造价收入,分为现场施工费用和企业管理费用两部分。其中,现场施工费用核定的总额,作为项目成本核算的界定范围和确定项目经理部责任成本目标的依据。

按制造成本法计算出来的施工成本实际上是项目的施工现场成本,反映了项目经理的成本水平,既便于对项目经理部成本管理责任的考核,也为项目经理部节约开支、降低消耗提供了可靠的基础。

责任成本是公司主管部门对项目经理部提出的指令成本目标,也是对项目经理部进行详细施工组织设计、优化施工方案、制订降低成本对策和管理措施提出的要求。责任成本以施工图预算为依据,在仔细研究投标报价时的各项目清单、估价的基础上,由公司主管部门主持,有关部门共同参与分析研究确定。

二、责任成本管理途径——成本预算

预算管理是保证企业生产经营目标顺利实现,并对企业内部实施控制和监督的重要手段。成本预算管理是施工企业在项目实施中有效控制成本、实现目标成本和目标利润的重要途径,项目管理已逐渐地从传统的事后监督模式,向事前预测、事中控制、事后分析考评的动态管理模式转变。有效的成本预算管理便于项目分析问题,发现问题,研究可行性对策,规避市场风险,从而确保企业目标利润的顺利实现。成本预算管理是指工程项目从参与投标、签订合同开始,直至项目竣工决算的全过程。成本预算管理采取由下而上、逐级编报、逐级审批、层层落实、滚动管理的办法。在项目管理中的运用流程如下:

1. 编制成本预算

施工企业承揽的所有工程项目在实施前,应由施工单位根据工程量清单编制成本预算书。成本预算的编制依据包括招标文件、设计图纸、投标文件、施工合同、当地材料价格信息及现场勘察情况。工程项目分包有清包工和包工包料两种,填报单位应根据分包方式进行编制,成本预算费用项目应与财务报账项目基本一致,一方面满足财务核算和税务检查的需要;另一方面便于实际成本与预算成本的比较分析。

2. 审核成本预算

施工企业应成立专门的成本管理部门,负责对各项目的成本预算进行审核。审核的内容包括人工费单价、材料单价、机械台班单价是否符合市场价,项目发生的期间费用或现场管理费是否科学合理等。

3. 上报成本预算

成本管理部门对成本预算认真审核完毕后,提出书面审核意见,并上报有关主管部门批复。

4. 批复成本预算

上级主管部门或主管领导根据成本管理部门提出的审核意见,结合实际作出增减预算或同意预算的批示。

5. 成本预算执行

项目承揽单位根据上级主管部门或主管领导的批示,重新修订成本预算,成本预算一经确定,即成为工程项目内部组织生产经营活动的重要依据,不得随意更改。工程项目部是成本预算的直接执行单位。成本预算只有与财务核算、项目实施相结合,才能达到预期效果。由财务人员兼职执行这项工作比较合适,执行人员结合工程进度、工程计量资料和财务核算情况,定期编制详细的成本分析表。与成本预算对比分析,对工程后期成本、利润情况进行预测,并反馈给企业有关职能部门。成本预算执行中出现的重大偏差,要及时报告项目经理,项目部班子应认真查找原因,如果人为因素造成的成本增加,应立刻纠正,严控成本,并追究责任人责任;因客观原因造成的成本偏差,应及时向企业职能部门说明原因,提出修订成本预算申请。经有关部门审核批复后,按新的预算成本执行。

三、责任成本预算的确定

责任成本预算分为:公司对项目编制的责任预算和项目部按照"自下而上"的原则编制的责任成本中心预算。

(一)公司对项目部责任预算的编制

责任预算是在工程施工之前,按照实施性施工组织设计和工程所在地人工费、材料物资、机械、运输设备单价水平,应用相关定额和费用标准计算的责任单位完成相应工作量时成本支出的总额。公司对项目部责任预算采用按施工方案,将直接费正算、间接费倒算的编制方法。

根据行业预算定额及取费标准,首先对工程总报价进行预算分解,分解为:人工费、材料费、机械使用费、其他直接费、税金及附加项目等。其次应扣除应上交的有关税费和企业管理费用。

确定施工组织设计,进行工程量的计算和核实。根据优化后的实施性施工组织设计提供的项目工作量和各种现行定额、市场行情、施工方法及机械化程度、场地布置和实际费率等,采用正算法、倒算法计算预计责任费用。

该责任预算报公司责任成本管理小组审核,由公司总经理与项目经理签订责任预算承包合同,完成一次预算分割。

下达责任预算承包合同总额。合同总额为项目责任预算总额与企业费用上交额之和。该金额应视实际动态变化调整。

(二)项目部责任中心预算的确定

建立责任成本核算体系,成立组织机构,制定责任成本管理实施方案,健全各项规章制度,根据责任范围和工作程序,合理设立成本、费用、保障中心。

提出可能优化方案;审核各种施工方案是否满足安全、质量、节能等方面的要求;估算相应的工、料、机等投入,确定相应的工期,做出经济对比;方案优化领导小组进行可行性研究,确定优化方案,由总工程师下达实施。

确定工程数量、定额工日数量、材料定额消耗数量、机械定额台班数量,分别进行人工费、材料费、机械台班使用费、其他直接费和间接费责任预算。

根据优化后施工方案确定的施工工序,确定各责任成本中心预算。

按"工序分离,工费承包"的原则,与各成本中心签订"零利润"承包合同,将公司批复的责任预算总额全部分解到各中心,各中心对其责任预算的节超负责。公司将项目部的责任预算和项目部对作业层的责任预算间的差额,作为项目经理调控预算差额资金。

责任成本预算的编制和确定是责任成本管理中举足轻重的一步,是施工企业控制成本的有效手段,也是其他管理工作的基石。

四、责任成本预算的控制

在现场施工管理中,作业队按照责任控制指标,先分析后实施,通过严格的过程管控,确保现场管理与责任预算有效对接,控制重点是落实施工组织方案、工程数量控制、材料消耗数量控制、现场经费控制。

(一)实施施工组织方案

作业队施工原则按照施工组织方案的方法和资源配置组织施工,如果非作业队原因调整了施工方法和资源配置,经专业负责人签认后可调整预算。

(二)细分工程数量管理

工程数量控制以下达的责任成本数量为控制基准,按照分站分区间及分部分项工程细化工程数量控制单元,完工一区段则对应及时统计核算,分析节超情况和原因,及时制定纠偏措施,如发生变更,则及时记录和调整工程数量和材料限额数量;根据实际剩余工程数量,合理调配下一步的资源配置,在保证进度的同时减少各项资源浪费。

(三)强调材料消耗控制

各作业队按照分站分区间核定的材料限额在料库领料,建立领发料台账,材料领取按日施工计划领料,记录使用区段,当日领用当日使用,未用完材料原则上必须返回料库。超出的责任预算数量必须停止发料,由各专业责任单位与作业队查找分析超支原因,如是变更的由专业负责人、总工签字确认后,及时通知工经部和物资设备部调整材料限额计划,增加材料或及时收回已发不需要使用的材料。

(四)强调机械设备统筹调配

机械设备原则上由项目部统一调配,机械车辆设备加油、维修保养由物资设备部统一负责,按照单车单机建立实际使用台班和费用台账并进行核算,机械车辆租用由作业队上报书面使用计划,经专业负责人、总工签认后由物资设备部统一办理。

(五)严管现场经费支出

按照项目部所核定的现场经费标准,严格控制其费用开支。现场经费开支由财务部按照各专业作业队单独核算,建立实际开支台账。对于实际管理中,作业队之间施工管理和经费开支有相互交叉的部分,根据施工记录和交叉经费情况进行分解调整。

第四节 项目成本过程控制

项目成本的控制就是在成本发生和形成过程中对项目成本进行监督、检查,通过确定成本目标并按计划成本进行施工、资源配置、对施工现场发生的各种成本费用进行有效控制。由于项目成本的发生和形成是一个动态的过程,这就决定了成本的控制过程也是一个动态的过程,可以称之为成本的过程控制。施工阶段是控制工程项目成本发生的主要阶段,项目成本的过程控制是施工企业成本控制的重点和难点。

一、项目成本过程控制的内容

项目成本过程控制的内容是指在项目成本形成的过程中,对形成成本的各种因素,即施工生产所耗费的人力、物力和各项费用开支,进行监督、调节和限制,及时预防、发现和纠正偏差,从而把各项费用的实际支出控制在计划成本的预定目标之内,达到保证企业生产经营、实现经济利益最大化的目的。

(一)人工费控制

1. 制定先进合理的企业内部劳动定额

严格执行劳动定额,并将安全生产、文明施工及零星用工下达到作业队进行控制。全面推行全额计件的劳动管理办法,以不突破施工图预算人工费指标为控制目标,对各班组实行工资包干制度。认真执行按劳分配的原则,使职工个人所得与劳动贡献一致,充分调动职工的劳动积极性,从根本上杜绝出工不出力的现象。把工程项目的进度、安全、质量等指标与定额管理结合起来,提高劳动者的综合能力,实行奖励制度。

2. 提高生产工人的技术水平和作业队的组织管理水平

根据施工进度、技术要求,合理搭配各工种工人的数量,减少和避免无效劳动。不断改善劳动组织,创造良好的施工环境,改善工人的劳动条件,提高劳动效率。合理调节各工序人员松紧情况,安排劳动力时,尽量做到技术工不做普通工的工作,高级工不做低级工的工作,避免技术上的浪费。

3. 加强职工的技术培训和多种施工作业技能的培训

不断提高职工的业务技术水平和操作熟练程度,培养一专多能的技术工人,提高作业工效,提高技术装备水平和工程化生产水平,提高企业的劳动生产率。

4. 实行弹性需求的劳务管理制度

对施工生产各环节上的业务骨干和基本的施工力量,要保持相对稳定。对短期需要的施工力量,要做好预测、计划管理,通过企业内部的劳务市场及外部协作队伍进行调剂。严格做到项目部的定员随工程进度波动,进行弹性管理。要打破行业、工种界限,提倡一专多能,提高劳动力的利用效率。

(二)材料费控制

对材料费的控制主要是通过控制消耗量和进场价格来实现。

1. 材料消耗量的控制

在施工过程中应根据每月施工进度计划,及时编制材料用量计划,给采购留有充裕的市场调查和组织供应的时间。材料用量计划应列出分时段的需用数量,常用的大宗材料提前进场时间也不宜过长,材料进场储备时间过长,必定增大资金占用量,同时也增大仓储面积和材料保管损耗,无疑加大了材料成本。材料的领用要实行限额领料制度和双人复检制度,超计划领料必须查明原因。

2. 材料进场价格的控制

材料进场价格控制的依据是工程投标的报价和市场信息价格,材料的采购价加运费构成材料的进场价尽量地控制在投标时的报价内。由于市场价格是动态的,企业的材料管理部门应广泛地收集材料价格信息,定期发布当期的材料价格及材料价格变化趋势,降低企业的投标风险,优化采购。

(三)施工机械使用费的控制

施工机械使用费的控制包括台班数量的控制和台班单价的控制。

1. 控制台班数量

根据施工方案和现场实际,选择适合项目特点的施工机械,制订设备需求计划,合理安排施工生产,充分利用现有机械设备,提高机械设备的利用率;保证施工机械设备的作业时间,安排好生产工序的衔接,尽量避免停工、窝工,尽量减少施工中所消耗的机械台班数量;核定设备台班产量定额,实行超产奖励办法,加快施工生产进度,提高机械设备单位时间的生产效率和利用率;加强设备租赁计划管理,减少不必要的设备闲置和浪费。

2. 控制台班单价

加强现场设备的维修、保养工作,降低大修、经常性修理等各项费用的开支,提高机械设备的完好率,最大限度地提高机械设备的利用率;加强机械操作人员的培训工作,不断提高操作技能,提高生产效率;加强配件的管理,建立健全配件领发料制度,严格按油料消耗定额控制油料消耗,达到修理有记录,消耗有定额,统计有报表,损耗有分析;降低材料成本,严把施工机械配件和工程材料采购关,尽量做到工程项目所进材料质优价廉;成立设备管理领导小组,负责设备调度、检查、维修、评估等具体事宜,对主要部件及其保养情况建立档案,分清责任。

(四)现场经费和其他直接费的控制

现场经费和其他直接费内容较多,人为的因素也多,不易控制,超支现象较为严重。对于不易控制的费用(如交通差旅费)等可实行包干制,对不宜包干的项目(如业务招待费)等可通过建立严格的审批制度来进行控制。

二、工程项目成本过程控制的原则

(一)成本最优化原则

建筑工程项目成本过程控制的首要目标就是采取合理方式对成本予以有效控制,有效实现工程项目成本的最优化。在对项目成本实施最优化控制的过程中,并非盲目降低施工成本,而是要结合工程实际情况,在确保工期要求和质量要求的基础上,尽最大努力降低工程成本。

(二)全面控制原则

在对建筑工程项目成本进行控制的过程中,施工单位应对建设单位、设计单位、监理单位等参与工程项目的成员予以统筹兼顾,全面控制,确保成本管理理念能够得以全方位贯彻落实,并贯穿项目施工全过程。

(三)动态管理原则

在工程项目成本控制过程中,要遵循动态控制原则。因为在整个工程项目建设过程中,施工人员及施工环境都是时刻变化的,且各个工序之间相互联系、相互影响,为此必须运用动态控制模式。具体来说,需要做到对成本计划及目标予以合理制定,并在施工过程中结合工程实际予以研究和分析,比较计划值与实际值的差距,从而发现计划或者实际操作中存在的问题,并采取合理措施予以处理,确保项目成本控制目标的合理性和可操作性。

(四)风险分担原则

在实施项目成本过程控制时,需要对参与施工所有成员予以综合考虑,统筹兼顾,这就要求对参与人员的职责、权利及风险分配予以明确,合理分配,只有这样,各成员才能对施工过程中出现的问题予以掌握,并在自身职责范围内实施合理操作,将风险事件的发生概率降到最低。此外,还要加强对工程施工人员的业绩评定和考评,实施合理的激励制度,做到责权利相结合,以加强工程项目成本控制。

(五)例外管理原则

在工程项目建设过程的诸多活动中,例如施工任务单和限额领料等,通常是通过制度来保证其顺利进行的。但是有一些不经常出现的问题,可称为例外问题,这些问题通常是通过例外管理来保证其顺利进行的。例如,在成本管理中常见的成本盈亏异常现象,即盈余或亏损超过了正常的比例。某些暂时的节约,但有可能对今后的成本带来隐忧(如由于平时机械维修费的节约,可能会造成未来的停工修理和更大的经济损失等),都应该视为例外问题,进行重点检查,深入分析,并采取相应的措施加以纠正。

三、工程项目成本过程控制的措施

(一)招投标阶段的成本控制

项目招投标阶段能够对整个项目工程目标成本加以确定。为此,施工单位必须对该阶段的成本控制予以高度重视,具体来说,要做到为以下几个方面:

招投标之前,对工程项目实际情况包括施工现场环境、周边环境及地下水文情况等方面予以实地考察;

在编制投标书的过程中,必须对招标文件的具体内容深入研究,对相关投标

要求、工程量的组成部分予以明确,并与企业各项管理定额相结合,在预测项目成本的基础上,确定投标价;

在对基本风险及特定风险进行合理预测的过程中,应结合企业实际情况及风险抵御水平确定投标报价;

在投标过程中,不仅需要对中标率和中标额予以考虑,还要结合企业需求情况综合确定。

(二)施工准备阶段的成本控制

要做好以下几个方面:

一是,依据施工设计图纸及相关技术资料对施工过程中重要的影响因素予以合理分析,比如施工技术、施工工艺、施工流程及设备选型等,从而制定科学、合理的施工方案;

二是,依据企业计划的成本目标,将分部分项工程中的实际工程量与技术组织措施与劳动定额相结合,制定相应的节约计划,然后依据施工方案制定具体成本计划;

三是,严格落实好部门及施工班组的责任成本职责,为施工过程中的成本控制打下坚实基础。

(三)施工过程中的项目成本控制

建筑工程项目施工过程即工程的实施阶段,具有周期长、工程量大、参与人员多、机械设备及材料复杂等特点,所以该阶段也是建筑工程项目成本控制的关键环节。具体来说,要做好以下几个方面:

一是,依据投标书、图纸及项目的实际情况对施工组织及施工成本进行规划;

二是,施工之前需要依据施工计划采购相应的原材料和构配件,对限额领料单与施工任务单重点管理,为确保工程顺利开工做好准备工作;

三是,在工程施工过程中,应结合实际里程碑计划和控制节点对成本控制情况及时检查,以便及时发现问题,并采取合理措施解决问题,为确保成本预期目标的实现打下坚实基础。

(四)竣工阶段的项目成本控制

具体来说,要做好以下几个方面:

一是,依据建筑工程施工合同,对项目完成情况进行验收,并按规定办理竣工验收手续,有效提升竣工结算水平和结算效率;

二是,在竣工结算过程中,需要对施工过程中存在的成本变更情况予以核算,

并对竣工材料、工程数量进行分析和核实,对未完成的工作予以扣除;

三是,对现场签证的真实性与合理性进行审查,重点审查签证单的内容与设计图纸内容的重复情况,同时总结成功经验和失败教训,为下次工程成本控制打下坚实基础;

四是,在建筑工程项目保修阶段,应对保修费用的支出进行合理控制,在提升工程质量的基础上,尽可能减少开支。

四、过程控制的管理体系建设质量及其运行质量的控制

一个企业为了进行成本管理工作,首先要建立成本管理体系,制定相应的管理制度和程序。成本管理体系建设质量及运行质量直接关系到成本管理工作,是成本管理能否顺利开展的关键。

(一)管理体系建设质量的控制

管理体系的建设质量主要表现在它的可运行性,既有高度的权威性、严肃性,又有充分的适应性与可操作性。如一项铁路新线工程的施工合同,有大桥、路基、隧道等,施工的对象较广泛,施工的环境条件也不一致,对管理体系机构、程序、过程、资源的要求也不同,需要在管理体系运行过程中结合实际加以完善,确保体系的正常运行。

(二)管理体系运行质量的控制

管理体系的运行质量主要表现在体系运行的完整性、时效性和真实性。完整性是指管理体系中制定的各项制度、程序在施工项目的全过程和所有的相关部门、相关岗位是否都正常运行了。时效性是指体系运行过程中的每一个 PDCA 循环及循环的各个阶段是否及时运行,如果延误时效,问题得不到及时纠正,将失去了挽救的最好时机。真实性是管理体系运行的灵魂。控制成本的计划要求编制精确,各项成本支出的统计数据必须真实可靠,不真实的数据只能是自欺欺人,势必造成失控的局面。

五、项目成本过程控制的程序

施工成本发生和形成的动态性,决定了成本过程控制是一个动态的过程。因此,工作中要重点抓好管理控制程序及指标控制程序,确保过程控制的管理行为符合要求,成本指标在预期的目标内。

(一)管理控制程序

进行管理控制的目的就是保证每个岗位人员在成本管理过程中的管理行为

按事先确定的程序和方法进行。它规范了企业成本管理体系的控制行为及按 PDCA 进行有效地循环,是成本过程控制的基础。

1. 项目施工成本管理体系建立的评审组织和评审程序

成本管理体系的建立不同于质量管理体系,质量管理体系是由社会的认证组织进行评审认证,反映的是企业的质量保证能力。而成本管理体系是建立在企业追求生存发展的基础上,没有社会的认证组织进行评审认证,只有企业自身建立其评审组织和评审程序,定期进行评审和总结,找出阶段运行的问题,在此基础上,不断改进。

2. 项目施工成本管理体系运行的评审组织和评审程序

项目成本管理体系在运行的过程中,不仅受到习惯势力的阻碍和管理人员素质的影响,而且受到企业的分公司、项目部运行质量不均衡的影响。一般采用点面结合的做法,面上强制运行,点上总结经验,再指导面上的运行。因此,必须建立专门的常设机构,依照程序不间断地检查和评审,不断总结经验,确保成本管理体系持续有效的运行。

3. 确定目标考核指标,组织定期、不定期检查

建立岗位责任制,明确每个岗位人员在过程控制中的职责,明确其管理行为,将考核指标细化分解到每个责任人,设专人定期或不定期检查,按制定的激励和约束机制对责任人进行奖惩。根据定期或不定期全过程检查的情况,及时制定对策纠正偏差,从而保证项目施工过程控制能达到预期的目标。

(二)成本目标控制程序

施工企业的成本目标是衡量施工项目成本管理业绩的主要标志,是我们进行过程控制的目的,也是成本过程控制的重点。

1. 建立施工项目评估制度

工程项目的评估,是在工程开工前对项目总体的经济预测,是在项目总体规模的基础上,对项目机构的设置、人力物力资源进行配置的依据,以及编制项目成本预算、制定项目各项经济指标的依据。

2. 建立施工项目责任成本预算制度

通过经济预测编制项目"责任成本预算",作为过程控制的重要手段和衡量成本支出的基本尺度。项目经理部应根据公司的责任成本预算,确定项目的责任成本管理目标,并根据工程进度计划确定月度责任成本计划目标。

3. 全面组织实施

施工过程中要定期搜集反映施工成本支出情况的数据,监测成本形成的过程。将实际发生的成本与目标计划进行比较,对过程中出现的偏差及时修正,确保成本项目发生在责任成本预算范围内,从而保证成本全过程在有效控制之下。

4. 分析偏差原因,制定对策

由于施工过程是一个多工种多方位的复杂活动,受管理手段、生产资料等原因的影响,成本的发生和形成是很难按预定目标进行的,因此,对出现的偏差要及时查找原因制定对策并予以纠正。

5. 完善项目考核机制

用成本指标考核管理行为,用管理行为来保证成本指标。项目的考核一定要将成本指标与管理行为联系起来,也就是与行为责任人的经济利益相挂钩,建立完善的项目考核制度,健全项目奖惩激励机制,项目管理才能取得最佳的经济效益。

第五节 成本核算与经济活动分析

一、工程项目成本核算

成本管理是实现企业财务目标——利润最大化的主要手段之一。成本核算、成本预测、成本计划、成本控制、成本分析和成本考核有机地构成了成本管理系统。组织好成本核算,对全面提高企业管理水平,落实企业各部门经济责任制,提高企业经济效益,有很大的推动作用。

(一)工程项目成本核算的层次

工程项目施工过程的成本核算一般分为以下两类三个层次:

第一类也是第一层次,即工程成本核算,属于法人层次的核算。主要反映企业的各个项目以及总的收入、支出及盈亏情况,它的特征是周期长,基本与工程施工经营周期和企业经营期限一致,国家要求严格,规范细,如会计准则、会计制度等,因此企业自身变动余地较小。

第二类是项目施工成本核算。属于施工企业内部管理需要的内部成本核算。具体到某一项目,则称为某工程项目的施工成本核算。它分为两个层次,即第二层次和第三层次。

第二层次是项目施工成本核算,是指工程项目在施工过程中发生的收支核算和考核。这一层次的成本核算主要解决企业内部核算和控制问题,明确企业与项目之间的经济责任;它的特征是时间较短,一般等同于一个工程项目的施工周期。通过企业内部责任合同和核算,体现项目施工企业的部分职能、责任和风险。因属于内部核算,国家和主管部门未作明细要求,因而核算方法和方式较多。

第三层次是项目岗位成本责任考核,是将项目的管理风险和经济责任,通过项目内部合同所确立的成本责任和考核办法,实现风险和责任的分解,形成群体压力和群体共同分类承担责任的行为。后者是对前者的细化和具体落实,两者不可分割。

对于项目施工成本核算目前有两种观点:一是,成本核算就是单纯的核算,是指通常的月度项目收支核算及其节超考核,不含项目施工成本责任总额的确定、项目内各岗位成本责任的分解和过程控制。二是,认为项目施工成本核算是建立在项目施工成本中心基础上一个范围较广的概念,是指企业和项目,在施工生产过程中,坚持项目以成本为中心、以项目为对象,为控制成本开支而进行的各项核算。

第二层次的施工成本核算包括项目施工成本核算和项目内各岗位成本的责任考核,是开展项目法施工的条件之一,是检验项目管理水平的一个重要手段,也是落实项目经理责任制的一个重要体现。项目内各岗位成本的责任核算,是开展项目施工成本核算的另一个重要内容,项目施工成本核算只有通过分解责任、过程控制和分岗位控制核算,变个人或几个人的压力为群体压力、群体动力,才能使施工成本控制落实到实处,否则这种核算由于缺乏落实和控制,最终会使控制成本的目标变成一句空话。

(二)工程项目成本核算的任务

只有正确地、及时地核算工程项目成本,才能为成本管理提供依据,"算"为"管"用,"算"是基础,"管"是目标。鉴于工程项目成本核算在工程项目成本管理所处的重要地位,工程项目成本核算应完成以下基本任务:

执行国家有关成本开支范围、费用开支标准、工程预算定额和企业施工预算、成本计划的有关规定,控制费用,促使项目合理、节约地使用人力、物力和财力。这是工程项目成本核算的前提和首要任务。

正确及时地核算施工过程中发生的各项费用,计算工程项目的实际成本。这是项目成本核算的主体和中心任务。

反映和监督工程项目成本计划的完成情况,为项目成本预测,为参与项目施工生产、技术和经营决策提供可靠的成本报告和有关资料,促进项目改善经营管理,降低成本,提高经济效益。这是工程项目成本核算的根本目的。

(三)工程项目成本核算的要求

为了圆满地达到工程项目成本管理和核算目的,正确及时地核算工程项目成本,提供对决策有用的成本信息,提高工程项目成本管理水平,在工程项目成本核算中要遵守以下要求:

1. 划清成本、费用支出和非成本、费用支出界限

这是指划清不同性质的支出,即划清资本性支出和收益性支出与其他支出、营业支出与营业外支出的界限。这个界限,也就是成本开支范围的界限,企业为取得本期收益而在本期内发生的各项支出,根据配比原则,应全部作为本期的成本或费用。只有这样才能保证在一定时期内不会虚增或少记成本或费用。至于企业的营业外支出,是与企业施工生产经营无关的支出,所以不能构成工程成本。《企业会计准则》第54条指出,营业外收支净额是指与企业生产经营没有直接关系的各种营业外收入减去营业外支出后的余额。所以若误将营业外收支作为营业收支处理,就会虚增或少记企业营业(工程)成本或费用。

由此可见,划清不同性质的支出是正确计算工程项目成本的前提条件。

2. 正确划分各种成本、费用的界限

这是指对允许列入成本、费用开支范围的费用支出,在核算上应划清的几个界限。

第一,划清工程项目工程成本和期间费用的界限。工程项目成本相当于工业产品的制造成本或营业成本。财务制度规定:为工程施工发生的各项直接支出,包括人工费、材料费、机械使用费、措施费,直接计入工程成本。为工程施工而发生的各项施工间接费(间接成本)分配计入工程成本。同时又规定:企业行政管理部门为组织和管理施工生产经营活动而发生的管理费用和财务费用应当作为期间费用,直接计入当期损益。可见期间费用与施工生产经营没有直接联系,费用的发生基本不受业务量增减所影响。在"制造成本法"下,它不是工程项目成本的一部分。所以正确划清两者的界限,是确保项目成本核算正确的重要条件。

第二,划清本期工程成本与下期工程成本的界限。根据分期成本核算的原则,成本核算要划分本期工程成本和下期工程成本。本期工程成本是指应由本期工程负担的生产耗费,不论其收付发生是否在本期,应全部计入本期的工程成本之中;下期工程成本是指不应由本期工程负担的生产耗费,不论其是否在本期内收付(发生),均不能计入本期工程成本。划清两者的界限,对于正确计算本期工程成本是十分重要的。实际上就是权责发生制原则的具体化,因此要正确核算各期的待摊费用和预提费用。

第三,划清不同成本核算对象之间的成本界限。是指要求各个成本核算对象的成本,不得张冠李戴、互相混淆,否则就会失去成本核算和管理的意义,造成成本不实,歪曲成本信息,引起决策上的重大失误。

第四,划清未完工程成本与已完工程成本的界限。工程项目成本的真实程度取决于未完工程和已完工程成本界限的正确划分,以及未完工程和已完工程成本计算方法的正确度。本期已完工程实际成本根据期初未完施工成本、本期实际发生的生产费用和期末未完施工成本进行计算。采取竣工后一次结算的工程,其已完工程的实际成本就是该工程自开工起至期末止所发生的工程累计成本。

上述几个成本费用界限的划分过程,实际上也是成本计算过程。只有划分清楚成本的界限，工程项目成本核算才能正确。这些费用划分得是否正确，是检查评价项目成本核算是否遵循基本核算原则的重要标志。但应该指出，不能将成本费用界限划分的做法绝对化，因为有些费用的分配方法具有一定的假定性。成本费用界限划分只能做到相对正确，片面地花费大量人力物力来追求成本划分的绝对精确是不符合成本效益原则的。

3. 加强成本核算的基础工作

建立各种财产物资的收发、领退、转移、报废、清查、盘点、索赔制度；建立健全与成本核算有关的各项原始记录和工程量统计制度；制订或修订工时、材料、费用等各项内部消耗定额以及材料、结构件、作业、劳务的内部结算指导价；完善各种计量检测设施，严格计量检验制度，使项目成本核算具有可靠的基础。

4. 项目成本核算必须有账有据

成本核算中要运用大量数据资料，这些数据资料的来源必须真实可靠、准确、完整、及时；一定要以审核无误，手续齐备的原始凭证为依据。同时，还要根据内部管理和编制报表的需要，按照成本核算对象、成本项目、费用项目进行分类、归集，因此要设置必要的账册，进行登记，并增设必要的成本辅助台账。

（四）工程项目成本核算的原则

为了发挥工程项目成本管理职能，提高工程项目管理水平，工程项目成本核算就必须讲求质量，才能提供对决策有用的成本信息。要提高成本核算质量，除了建立合理、可行的工程项目成本管理系统外，很重要的一条，就是遵循成本核算的原则。具体包括三个方面：衡量核算信息质量的一般原则、确认和计量的一般原则、起修正作用的一般原则。

1. 衡量核算信息质量的一般原则

（1）客观性原则。客观性原则要求企业（项目）成本核算应当以实际发生的交易或事项为依据，如实反映企业（项目）成本的成本状况。

（2）可比性原则。可比性原则要求企业（项目）尽可能使用统一的成本核算、会计处理方法和程序，以便横向比较。

（3）一贯性原则。一贯性原则要求企业（项目）成本核算方法前后各期应当保持一致，不得随意变更，要求同一成本核算单位在不同时期尽可能采用相同的成本核算、会议处理原则和程序，以便于不同时期的纵向比较。《企业会计准则》第51条指出："企业也可以根据生产经营特点，生产经营组织类型和成本管理的要求自行确定成本计算方法，但一经确定，不得随意变动"。只有这样，才能使企业各期成本核算资料口径统一，前后连贯，相互可比。成本核算办法的一贯性原则体现在各个方面，如耗用材料的计价方法、折旧的计提方法、施工间接费的分配方法、未完施工的计价方法等。坚持一贯性原则,并不是一成不变,如确有必要变更,要有充分的理由对原成本核算方法进行改变的必要性作出解释,并说明这种改变对成本信息的影响。如果随意变动成本核算方法,并不加以说明,则有对成本、利润指标、盈亏状况弄虚作假的嫌疑。

(4)相关性原则。相关性原则也称"决策有用原则"。《企业会计准则》第11条指出"会计信息应当符合国家宏观经济管理的要求,满足有关方面了解企业财务状况和经营成果的需要,满足企业加强内部经营管理的需要"。因此,成本核算要为企业(项目)成本管理目的服务,成本核算不是简单的计算问题,要与管理融于一体,"算"为"管"用。所以,在具体成本核算方法、程序和标准的选择上,在成本核算对象和范围的确定上,应与施工生产经营特点和成本管理要求特性相结合,并与企业(项目)一定时期的成本管理水平相适应。正确地核算出符合项目管理目标的成本数据和指标,真正使项目成本核算成为领导的参谋和助手。无管理目标,成本核算是盲目和无益的,无决策作用的成本信息是没有价值的。

(5)及时性原则。及时性原则是指企业(项目)成本的核算、结转和成本信息的提供应当在要求时期内完成。要指出的是,成本核算及时性原则并不是说越快越好,而是要求成本核算和成本信息的提供,以确保真实为前提,在规定时期内核算完成,在成本信息尚未失去时效情况下适时提供,确保不影响企业(项目)其他环节核算工作顺利进行。

(6)明晰性原则。明晰性原则是指项目成本记录必须直观、清晰、简明、可控、便于理解和利用,以使项目经理和项目管理人员了解成本信息的内涵,弄懂成本信息的内容,便于信息利用,有效地控制项目的成本费用。

2. 确认和计量的一般原则

(1)按标准和范围确认原则。按标准和范围确认原则是指对各项经济业务中发生的成本,都必须按一定的标准和范围加以认定和记录。只要是为了经营目的所发生的或预期要发生的,并要求得以补偿的一切支出,都应作为成本来加以确认。正确的成本确认往往与一定的成本核算对象、范围和时期相联系,并必须按一定的确认标准来进行。这种确认标准具有相对的稳定性,主要侧重定量,但也会随着经济条件和管理要求的发展而变化。在成本核算中,往往要进行再确认,甚至是多次确认。确认是否属于成本,是否属于特定核算对象的成本(如临时设施先算搭建成本,使用后算摊销费)以及是否属于核算当期成本等。

(2)分期核算原则。企业为了取得一定时期的工程项目成本,就必须将施工生产活动划分为若干时期,并分期计算各期项目成本。成本核算的分期应与会计核算的分期相一致,这样便于财务成果的确定。《企业会计准则》第51条指出,成本计算一般应当按月进行,这就明确了成本分期核算的基本原则。但要指出,成本的分期核算,与项目成本计算期不能混为一谈。不论生产情况如何,成本核算工作,包括费用的归集和分配等都必须按月进行。至于已完工程项目成本的结算,可以是定期的,按月结转,也可以是不定期的,等到工程竣工后一次结转。

(3)权责发生制原则。权责发生制原则要求企业成本核算应当以权责发生制为基础。凡是当期已经实现的收入和已经发生或应当负担的费用,不论款项是否收付,都应当作为当期的收入和费用;凡是不属于当期的收入和费用,即使款项已在当期收付,也不作为当期的收入和费用。权责发生制与收付实现制相对。收付实现制是指以实际收到或付出款项作为确认收入或费用的依据。权责发生制原则主要从时间选择上确定成本会计确认的基础,其核心是根据权责关系的实际发生和影响期间来确认企业的支出和收益。根据权责发生制进行收入与成本费用的核算,能够更加准确地反映特定会计期间真实的财务成本状况和经营成果。

(4)配比原则。配比原则要求进行企业成本核算时,营业收入与其相对应的成本、费用应当相互配合。为取得本期收入而发生的成本和费用,应与本期实现的收入在同一时期内确认入账,不得脱节,也不得提前或延后,以便正确计算和考核项目经营成果。

(5)实际成本核算原则。实际成本核算原则是指企业核算要采用实际成本计价。《企业会计准则》第52条指出,企业应当按实际发生额核算费用和成本。采用定额成本或者计划成本方法的,应当合理计算成本差异,月终编制会计报表时,调整为实际成本,即必须根据计算期内实际产量(已完工程量)以及实际消耗和实际价格计算实际成本。

(6)划分收益性支出与资本性支出原则。划分收益性支出与资本性支出原则要求企业成本核算应当合理划分收益性支出与资本性支出的界限。所谓收益性支出是指该项支出发生是为了取得本期收益,即仅仅与本期收益的取得有关,如支付工资、水电费支出等。所谓资本性支出是指不仅为取得本期收益而发生的支出,同时该项支出的发生有助于以后会计期间的支出,如购建固定资产支出。如果在核算时不能正确划分收益性支处与资本支出,将原本应计入资本性支出的计入收益性支出,就会低估资产和当期收益;将原本应计入收益性支出的计入资本性支出,就会高估资产和当期收益。

3. 起修正作用的一般原则

(1)谨慎性原则。谨慎性原则是指在市场经济条件下,在成本、会计核算中应当对企业可能发生的损失和费用,作出合理预计,以增强抵御风险的能力。为此,《企业会计准则》规定企业可以采用后进先出法、提取坏账准备、加速折旧法等,就体现了谨慎原则的要求。

(2)重要性原则。重要性原则是指对于成本有重大影响的业务内容,应作为核算的重点，力求精确，而对于那些不太重要的琐碎的经济业务内容，可以相对从简处理，不要事无巨细，均作详细核算。坚持重要性原则能够使成本核算在全面的基础上保证重点，有助于加强对经济活动和经营决策有重大影响和有重要意义的关键性问题的核算，达到事半功倍，简化核算，节约人力、财力、物力，提高工作效率的目的。

（3）实质重于形式原则。实质重于形式原则要求企业应当按照经济实质进行核算，而不应当仅仅按照它们的法律形式作为核算的依据。在实际工作中，交易或事项的外在法律形式或人为形式并不总能完全真实地反映其经济实质。在某些情况下，交易或事项的实质可能与其外在法律形式所反映的内容不尽相同。例如，以融资租赁方式租入的资产，虽然从法律形式来看承租企业并不拥有其所有权，但由于租赁合同中规定的租赁期相当长，接近于该资产的使用寿命，租赁期结束时承租企业有优先购买该资产的选择权，在租赁期内承租企业有权支配资产并从中受益，所以从其经济实质来看，企业能够控制其创造的未来经济利益，所以，会计核算上将以融资租赁方式租入的资产视为承租企业的资产。如果企业的会计核算仅按照交易或事项的法律形式或人为形式进行，而其法律形式或人为形式又没有反映其经济实质和经济现实，那么，其最终结果不仅不会有利于会计信息使用者的决策，反而会误导会计信息使用者的决策。

（五）工程项目成本核算的方法

工程项目成本核算中，最常用的核算方法有会计核算方法、业务核算方法与统计核算方法。三种方法互为补充，各具特点，形成完整的项目成本核算体系。另外，比较常见的还有项目成本表格核算方法，这些方法配合使用，取长补短，使项目成本核算内容更全面，结论更权威。

1. 项目成本会计核算方法

项目成本会计核算法是以传统的会计方法为主要手段，以货币为度量单位，以会计记账凭证为依据，利用会计核算中的借贷记账法和收支全面核算的特点，进行综合系统完整地记录、计算、整理汇总的一种方法。通过利用会计核算方法，具体核查在项目运作过程中的各种内外往来支出，反映项目实施过程中货币的收支情况，以此利用会计核算得出的各种数据，进一步判断项目的经营成果及盈亏情况，及时做好资金调度筹集、管理运用，保证项目实施各个环节的正常运行。这种方法一般核算范围较大，核算程序严密、逻辑性强，人为因素较小，但是对相关的工作人员要求比较高，需要达到较高专业水平并具有丰富的经验。

2. 项目成本业务核算方法

项目成本业务核算方法是对项目中的各项业务的各个程序环节，用各种凭证进行具体核算管理的一种方法。业务核算也是各业务部门因为业务工作需要而建立的核算制度,通过对各项业务活动建账建卡、详细记录发生业务活动的具体时间、地点、计量单位、发生金额、存放收发等情况,考察项目过程中各项业务的办理效率与成果,并及时作出相应调整。这种方法的核算范围比会计核算的范围广,对已经发生的、正在发生的、甚至尚未发生的业务活动都要进行核算,并判断其经济效果。另外,业务核算每次只是对某一项业务进行单一核算,并不提供综合性的指标数据。业务核算的内容既有价值量,也包括实物量,是数与值的双重完整核算,为会计核算和统计核算提供各种原始凭证,是会计核算方法与统计核算方法运用的基础。

3. 项目成本统计核算方法

项目成本统计核算方法是建立在会计核算与业务核算基础之上的一种成本核算方法,利用会计核算和业务核算中提供的原始凭证及原始数据,用统计的方法记录、计算、整理汇总项目实施过程中的各种数据资料。其中,主要的统计内容有产值指标、物耗指标、质量指标、成本指标等,最后形成统计资料,分析整理揭示事物发展变化的原因及规律,并进行统计监督。这种方法的计量尺度比会计核算方法要宽,既可以采用货币计量,也可以用实物或劳动量计量。统计核算的灵活性还表现在既可以提供绝对数指标,也可以提供相对数和平均数指标;既可以计算当前的实际水平,也可以预测未来的发展趋势。

4. 项目成本表格核算方法

项目成本表格核算方法主要是建立在内部各项成本核算基础上,通过项目的各业务部门与核算单位定期采集相关信息、填制相应表格,使各种核算数据以一系列的表格形式存在,形成项目成本核算体系的一种方法。这种方法是建立在对内部的各项成本信息及时采集基础之上的表格形式,具有简洁明了、易于操作、实时性较好的优点,其不足之处是覆盖范围较窄,若审核制度不严密,还有可能造成数据失实,精度较差。

二、工程项目成本管理中的经济活动分析

经济活动分析是指项目部通过及时采集在建工程各项经济数据,统计、核算、分析相关经济资料,运用各种经济指标,对一定时期工程的经济活动过程及其成果进行分析研究。有效的经济活动分析内容包括准确、及时、完整地记录和反映工程项目经济运行情况,围绕责任成本,分析管理过程,查找管理问题,制定整改措施,落实经济责任,以提高项目的综合效益,为工程经济管理工作提供详实的资料。有效开展经济活动分析是工程经济管理工作的重要环节,是促使项目部改善经营管理,提高经济效益的一种有效途径。

(一)经济活动分析的内容

1. 施工生产分析

(1)工程量分析:分析各分部分项工程已完成情况,与计划对比,找出导致计划完成偏差的相关制约因素。需要重点进行控制和管理的问题和施工环节,并以此提出后续工程施工的优化意见。

(2)工程质量分析:对工程质量作出分析评定,从而分析现行及拟采用的施工方案是否经济、合理、先进,分析技术管理效果;推广新技术、新工艺、新材料及其他革新措施,提高工程质量,争取新的经济效果;对质量问题或质量事故等造成的返工损失客观公正进行评价。

(3)施工进度和工期的分析:将总体进度和工期进行对比分析,找出偏差。进行计划修正或通过增加投入等措施以满足工期要求。

2. 生产要素(人、材、机)分析

人工的分析:对劳动人员投入和搭配是否合理进行分析。

施工机械分析:机械投入数量是否合理,对机械的使用价格、使用率、效率、油耗等方面进行分析,着重找出提高机械使用率和效率的措施,减少管理不善造成的窝工损失。

材料的分析:将已完工程所耗材料与项目编制的施工预算对比,做材料量差与价差的分析。对材料的采购、运输、保管和使用等环节,采用"比、查、找"方法,具体分析材料数量差异与价格差异的构成,以及施工材料保管不善而造成的浪费,制定防范措施。

3. 成本分析

工程成本的综合分析:对分包成本及自营成本的分析,分两种形式分别进行;同时分析合同的执行情况,以及因合同变更对成本的影响。

单位工程成本的分析:对单位工程所发生的成本进行分析是综合分析的分解细化。

附属生产成本分析:施工环境对成本费用的影响分析,重点分析因征地、拆迁、民扰等地方问题造成的停工损失;其他风险,如:业主资金到位情况,交通、能源、电力状况、气候等因素。

4. 财务状况分析

财务状况的分析:分析现场管理费、临时设施费,财务费的实际支出与费用计划对比节超的原因,并分析具体费用项目节超额及其比例,找出管理中存在的问题,提出改进措施。对比项目经理部经营目标责任书中下达的指标,重点分析办公费、差旅交通费、业务招待费等可控费用。从生产施工任务和组织机构人员配备的变化,非生产人员所占比重的增减,各项折旧、摊销的升降、价格的变化,以及管理办法的变更等方面进行分析。

财务状况评价：对项目财务状况分析后，对当前财务状况进行综合评价。

5. 项目利润分析

利润形成情况分析：对项目本月利润完成情况及自开工至本月止的利润完成情况，及如何产生利润进行分析，要求分析人工费、材料费、机械使用费的节超情况。

利润分配情况分析：对利润的具体分配情况进行分析。

(二)开展有效经济活动分析的具体方法

1. 比较

按照统计数据确定的方式将合同价、责任成本、实际成本额度及其工料机差额进行比较，使管理者对各项数据的对比情况一目了然。

2. 分析

在比较的基础上，对比较结果进行分析，以确定偏差的严重性及产生的原因。这一步是造价控制工作的核心，其主要目的是找出产生偏差的原因，从而采取针对性的措施，避免相同偏差再次发生，以减少由此造成的损失。

3. 提炼

在比较分析的基础上，提炼各项经济指标，利用经济指标进行横向比较，客观评价一定阶段的工程经济管理水平；不断积累经济指标数据，有利于指导以后的工程经济管理，有利于进一步提高工程经济管理水平。

4. 预测

根据项目实施情况，预测完成整个项目所需成本，预测的目的在于为决策提供支持。

5. 纠偏

当工程项目出现偏差时，应当根据工程具体情况，分析偏差和预测结果，采取相应措施，使成本支出最小化。纠偏是造价控制中最实质性的一步，只有通过纠偏，才能最终达到有效控制造价的目的。

6. 检查

这是指对工程进展状况、纠偏措施的执行情况和效果进行检查，为今后工作积累经验。

(三)开展有效经济活动分析的工作程序

项目经理是项目工作的责任人，项目财务部是项目工作的牵头部门。项目经理部各职能部门必须对项目每天发生的经济数据进行收集、整理，并按规定严格分类，在季度末将本季度本部门各项经济数据提供给财务部。财务部将各部门的经济数据进行统计、比较、分析。工程项目经济活动分析以例会形式对阶段性经济活动进行分析总结。

每季度的前7天由项目部组织召开上一季度经济活动分析例会,重点对工料机消耗进行分析,计算各项消耗指标,分析工费支出的合理性、主要材料的损耗量和机械使用效率等。然后根据分析结果查找产生问题的原因,研究解决问题的措施,并对方案优化和工期控制提出合理化建议并提供相应对策。

每半年由财务部门与项目部共同对项目本期经营过程进行综合分析,客观地评价项目阶段性经营成果,通过对工程经济管理过程的分析,深入探究当期工作中的薄弱环节和面临的问题,总结经验教训,制定整改措施,部署下一阶段工作的经济责任目标。

工期在1年以上的项目,每年的年末,公司财务部门与工经管理部门、审计部门要一起对项目经营情况进行中期审计,对各项目经理部1年的经营情况进行盘点。

(四)经济活动分析文件的编制内容

项目经理部各部门编制的经济数据必须具有可追溯性。项目工程经济活动分析文件的编制包括如下内容。

1. 工程基本概况

介绍建筑结构形式、里程、主要工程量、开工日期及合同工期等基本情况。

2. 生产任务完成情况及其分析

对本阶段计划完成情况进行深入分析,分析如何采取有效措施加强管理,分析未完成计划的原因及今后工作的努力方向。

3. 管理人员及劳动力状况分析

对管理人员构成和劳务费支出所占的产值比例进行分析,对协作队伍的阶段性表现进行客观评价。

4. 物资管理分析

材料费一般占建安费的60%~80%,如何有效加强材料管理是控制成本的关键。因此,要对材料进行阶段性盘点,及时对材料进行核销,经常分析采购成本、物资核销成果,对于大型桥梁和隧道工程还要对其周转材料和临时钢结构材料管理进行分析。

5. 机械管理分析

建立大型机械管理台账,重点分析机械使用效率和燃油动力费消耗指标问题,分析阶段性机械费占成本支出的比例,有效地控制阶段性机械费用支出。

6. 工期情况特别是关键节点工期情况分析

关键节点工期情况分析就是树立工期就是效益的观念,经常性倒排工期,研究关键线路,对关键线路的工料机供应计划进行核查,分析是否与实际相符,以减少误差;对关键线路的工料机配备情况是否存在问题进行认真研究分析,超前考虑。采取针对工期和成本的动态分析方法,加大关键节点奖罚力度,在业主的阶段要求和目标控制之间反复协调,力求做到要求与目标的统一,以保证工程快速、稳定地推进。

7. 方案优化

方案优化就是最好的节约方式,因此要经常性地开展施工组织设计分析,不能仅仅流于形式,要通过责任成本与合同价的差距进行细致分析,找出差距较大的分部分项工程重点研究。

8. 经营情况及其分析

对项目经济盈亏情况要进行深入分析,对剩余工程进行计算,预计整个项目的经营结果,使管理者进一步了解成本的构成,即工料机和管理费的发生额度,并且细致分析亏在哪里、盈在什么地方。对项目管理的各项经济指标进行对比,科学评价一段时期的工程经济管理水平,使下一阶段管理工作有的放矢,并且要突出强调经济指标统计分析工作,强化精细管理。

9. 工程变更索赔情况

紧紧围绕合同和现场实际,利用经济活动分析例会的平台,让各部门结合本专业实际情况集思广益,共同出谋划策,并采取先算后变、争取主动变更、紧盯不放等策略进行变更索赔。

10. 后期情况预测

11. 管理经验总结和需要整改的具体措施

12. 其他需说明的问题

上述分析工作是以人工费、材料费、施工机械使用费等经济数据的统计表格及支撑这些数据的各类资料为基础。工程项目经济活动分析工作是一项基础性、长期性和持续性工作,各级经济组织和每位管理参与者只有持之以恒、积极探索、充分沟通,才能不断发掘项目增收节支的效益源泉,"没有最好、只有更好"正是对工程项目经济活动分析工作的最好诠释。

第六节　工程项目成本管理信息化

国内外优秀建筑企业的发展实践也证明了工程项目管理信息化是传统建筑产业获得新生的必由之路,充分运用管理信息化技术,提高企业自身的信息化应用和管理水平,可以给企业带来巨大生产力。在工程项目成本管理信息化方面,国内各大建筑施工企业对工程项目成本管理信息化的应用,主要采用两类方式,一类为外购成熟的国内外通版项目管理软件,如国外软件有 P3(Primavera Project Planner 3.0)、P6 等,国内有新中大、同望、广联达、企管家等;另一类为根据企业自身项目管理特点,自主研发量身定做适合企业项目管理实际的项目管理软件,如中铁四局集团有限公司自主研发的《中国中铁工程项目成本管理信息系统 V2.0》,2019 年升级为《中国中铁工程项目成本管理信息系统 V5.0》。

下面重点以《中国中铁工程项目成本管理信息系统》为例,来介绍系统相关功能及操作流程。工程项目成本管理系统,包括 web 端程序(B\S)、客户端(C\S)、移动端(微信)。系统功能模块包括收入管理、价格库维护、施组管理、责任成本预算、劳务管理、物资管理、机械管理、周转材管理、其他合同管理、现场经费管理、责任成本计价、资金管理、分析报表、系统管理等。通过对成本系统的建设,实现资源共享、流程审批、远程监控和分析核算功能,真正实现项目成本管控由"前台管理"变为"后台管理"。成本系统应用于项目经理部和三级公司之间,实现对项目合同、单价、数量、债务、资金、支付等经济业务的管理和后台卡控。基于成本系统的应用,实现"法人管项目"的目标。满足二级公司对项目成本管理的管控和股份公司对有关数据查询的需要。通过成本系统实现成本管理相关业务过程管控,实现对工程数量、劳务单价、主要材料消耗、机械费等各项费用的控制;实现以资金支付为关口,将成本管理与资金支付挂钩,实现对项目全生命周期的成本管理目标。系统的操作流程如下:

一、网页端登录

第一步:打开浏览器在地址栏中输入成本管理系统网页端地址;
第二步:按照下图,依次输入用户名、密码及验证码。

图 4-1

网页端首页区域划分标识,系统分三个主要的区域:蓝色部分为状态区,红色部分为菜单区,灰色部分为作业区。

状态区:显示当前登录用户,注销,退出系统,密码修改,账号切换等;

菜单区：显示当前用户可使用的所有菜单，系统会根据当前登录用户的权限显示所有可使用的菜单项。导航菜单可通过折叠符号进行折叠；

作业区：显示常用功能模块（用户可以通过【设置】按钮来设置常用的功能菜单），通知及待办任务列表。

菜单区打开方式：点击【功能菜单】或图示箭头，展开功能列表。

详见下图：

图 4-2

二、客户端登录

（一）安装客户端

第一步：双击客户端安装包，打开安装向导（注意：如果是 window7 系统，安装路径不要选择在 C 盘）。

图 4-3

第二步：点击【下一步】，进入选择安装文件夹界面：

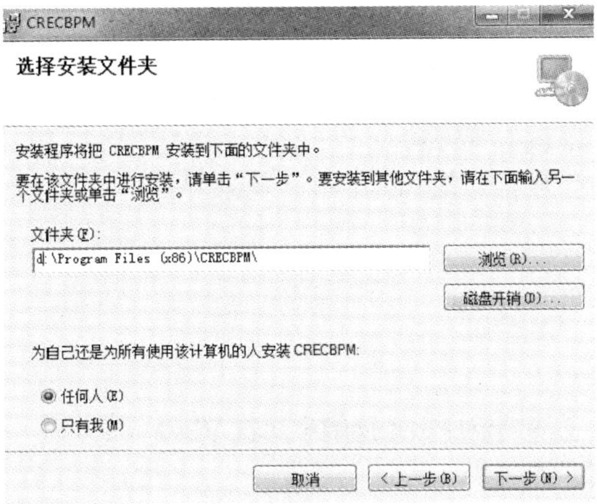

图 4-4

第三步：为安装程序设置好安装路径后，点击【下一步】，进入确认安装界面，点击【下一步】，开始安装：

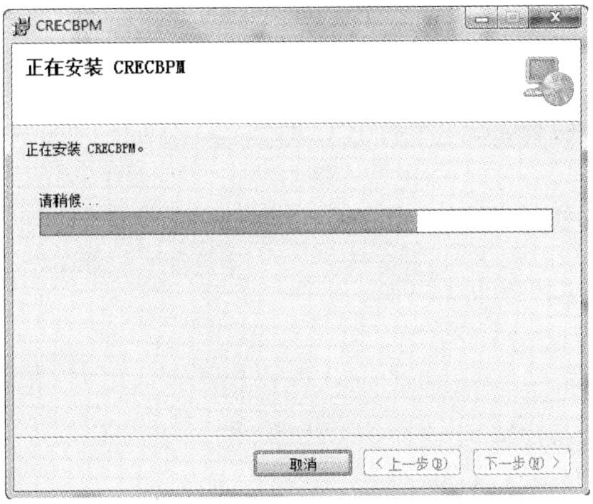

图 4-5

第四步：等待直到安装完毕，如下：

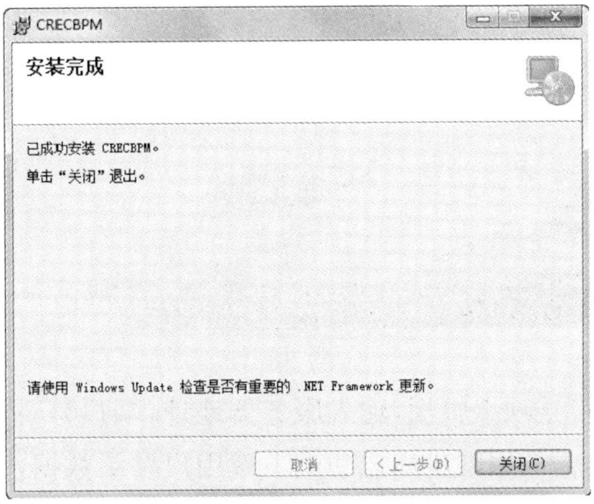

图 4-6

(二)登录客户端

第一步:点击快捷方式 或开始菜单:【开始】→【所有程序】→【成本管理系统】→【我的程序】打开客户端,打开如下登录界面:

图 4-7

第二步:客户端初始配置。点击登录页面的【设置】按钮,即可打开"登录设置"对话框:

图 4-8

在"服务器设置"选项卡页面,输入服务器地址、端口号、描述信息后,保存设置信息即可。同时,需使用同步用户功能下载用户登录数据,下载完成后客户端方可登录。

第三步:依次输入用户名、密码(用户名及密码请咨询本局成本系统管理员)选择机构,点击登录。

三、各部门业务操作步骤

(一)工经部

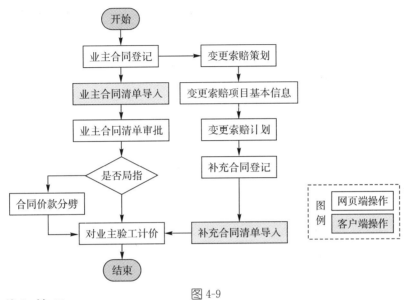

图 4-9

1. 收入管理

工经部收入管理操作流程如下。

第一步:点击【业主合同登记】。

图 4-10

按照表单内容填写业主合同信息。

第二步：完成【业主合同登记】后，在客户端进行【业主合同清单导入】，将原始业主合同清单导入系统。

第三步：在网页端发起【业主合同清单审批】，将客户端导入的业主合同清单进行审批。

第四步：在网页端发起【合同内验工计价】，对原始业主清单进行验工计价。针对局指或代局指、各分部验工计价不尽相同，局指或代局指进行对业主合同内外部验工计价，各分部只需进行内部验工计价。

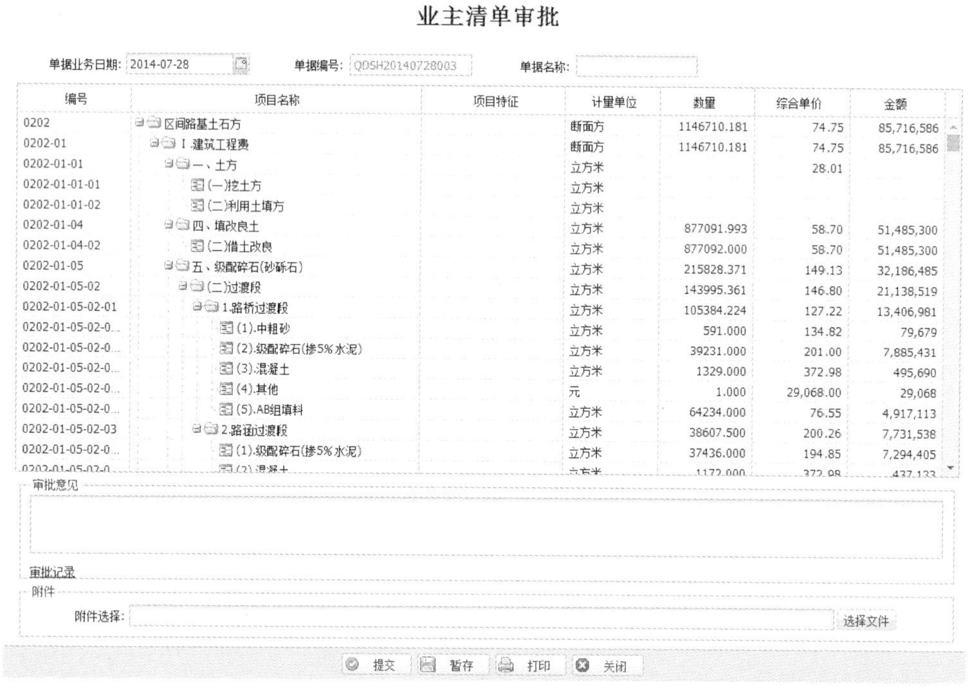

业主清单审批

单据业务日期：2014-07-28　　单据编号：QDSH20140728003　　单据名称：

编号	项目名称	项目特征	计量单位	数量	综合单价	金额
0202	区间路基土石方		断面方	1146710.181	74.75	85,716,586
0202-01	Ⅰ.建筑工程费		断面方	1146710.181	74.75	85,716,586
0202-01-01	一、土方		立方米		28.01	
0202-01-01-01	(一)挖土方		立方米			
0202-01-01-02	(二)利用土填方		立方米			
0202-01-04	四、填改良土		立方米	877091.993	58.70	51,485,300
0202-01-04-02	(二)借土改良		立方米	877092.000	58.70	51,485,300
0202-01-05	五、级配碎石(砂砾石)		立方米	215828.371	149.13	32,186,485
0202-01-05-02	(二)过渡段		立方米	143995.361	146.80	21,138,519
0202-01-05-02-01	1.路桥过渡段		立方米	105384.224	127.22	13,406,981
0202-01-05-02-0...	(1).中粗砂		立方米	591.000	134.82	79,679
0202-01-05-02-0...	(2).级配碎石(掺5%水泥)		立方米	39231.000	201.00	7,885,431
0202-01-05-02-0...	(3).混凝土		立方米	1329.000	372.98	495,690
0202-01-05-02-0...	(4).其他		元	1.000	29,068.00	29,068
0202-01-05-02-0...	(5).AB组填料		立方米	64234.000	76.55	4,917,113
0202-01-05-02-03	2.路涵过渡段		立方米	38607.500	200.26	7,731,538
0202-01-05-02-0...	(1).级配碎石(掺5%水泥)		立方米	37436.000	194.85	7,294,405
0202-01-05-02-0...	(2).混凝土		立方米	1172.000	372.98	437,133

审批意见

审批记录

附件

附件选择：　　选择文件

提交　暂存　打印　关闭

图 4-11

如果产生变更索赔，需在网页端【收入管理】→【变更索赔管理】中依次发起【变更索赔策划】、【变更索赔项目基本信息】。如果【变更索赔项目基本信息】中的【变更索赔类型】是需要产生补充清单的变更索赔类型，还需进行【补充合同登记】。以上操作完成后，进入变更索赔项目验工计价流程：

第一步：在客户端进行【补充合同清单录入】，录入补充合同清单。

第二步：先在网页端【收入管理】→【验工计价】→【对业主验工计价】发起【合同外验工计价一业主】对补充清单进行验工计价；然后在网页端【收入管理】→【验工计价】→【对业主验工计价】发起【其他费用验工计价】对不产生清单的变更索赔进行验工计价。

2. 成本管理

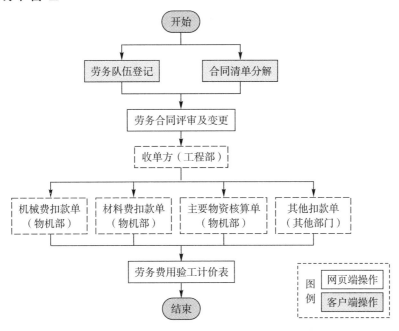

图 4-12 工经部成本管理操作流程

第一步：客户端【清单管理】→【合同清单分解】中，将导入的业主合同清单分解至可挂接劳务定额的施工合同工程量清单树状最底层并且挂接劳务定额和单位工号。

第二步：在网页端【成本管理】→【责任成本预算管理】中发起【清单分解审批】。（此步骤前需要工程部先在客户端对分解后的工程量进行复核）

第三步：在网页端【成本管理】→【劳务管理】→【劳务队伍管理】中完成【劳务队伍登记】，将需要与之签劳务合同的劳务队伍进行登记。

第四步：在网页端【成本管理】→【劳务管理】→【劳务合同管理】→【劳务合同评审】中录入劳务合同。（星号为必填项）。劳务合同评审发起前，工程部宜先完成对应材料计划提报并审核完成。

第五步：如对相应劳务合同进行结算需在网页端【成本管理】→【劳务管理】→【劳务结算】中发起【劳务费用验工计价表】。（此步骤前需要工程部完成【收方单】、物机部完成【材料费扣款单】、【主材消耗核算表】、【机械费扣款单】、其他相关部门完成【其他费用扣款单】）。

在【成本管理】→【劳务管理】→【劳务合同管理】→【劳务合同变更】录入补充合同(此步骤在【劳务合同评审】完成之后就可进行)。

在【成本管理】→【劳务管理】→【劳务结算】→【合同数量变更单】变更合同数量(此步骤在【劳务合同评审】完成之后就可进行)。

在【成本管理】→【劳务管理】→【劳务合同管理】中发起【劳务合同封闭】(此步骤只在相关合同做过勾选了"末次结算"的【劳务费用验工计价表】之后才能发起)。

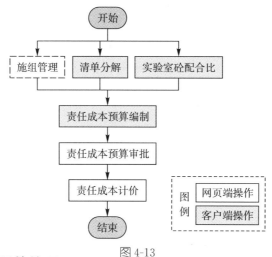

图 4-13

3. 责任成本预算管理

工经部责任成本预算管理操作流程如下。

第一步:在客户端【责任成本管理】中进行【责任成本预算编制】,对做了清单分解后的清单进行责任成本预算编制(此步骤需先完成【清单分解审批】)。

第二步:网页端【成本管理】→【责任成本预算管理】中发起【责任成本预算审批】。

第三步:网页端【成本管理】→【责任成本计价】中发起【责任成本计价】,对审批过的责任成本预算进行计价。

如要发起责任成本预算调整,需先在网页端发起【成本管理】→【责任成本预算管理】→【责任成本预算调整申请】。

(二)工程部

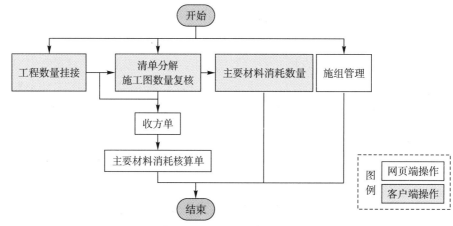

图 4-14　工程部操作流程图

1. 成本管理

合同清单复核：工经部人员对清单分解后，需由工程部人员客户端【清单管理】→【合同清单分解】中下载已分解的清单，对清单的施工图数量、总控数量，以及劳务定额的总控数量进行复核。

工程数量挂接：对项目部存在按里程范围，具体部位收方的劳务定额，且清单分解时未细化到此颗粒度时，需工程部人员在清单分解后，收方单发起前在客户端【清单管理】→【工程数量挂接】中进行对劳务定额的工程数量挂接（此功能根据清单分解的颗粒度情况自行选择是否挂接）。

收方单：工程部人员在确定工经部人员劳务合同签订且审批完成后，由工程部人员在网页端【成本管理】→【劳务管理】→【劳务结算】发起【收方单】，录入本月已完工数量。

主要物资总计划：在清单分解后，由工程部人员在客户端【清单管理】→【主要物资消耗数量】下，上报项目部的物资消耗计划，客户端保存上传后，在网页端【成本管理】→【物资管理】→【物资计划管理】中发起【主要物资总计划】。

主要物资总计划变更：在主要物资总计划审批完成后，项目部存在物资计划变更时，由工程部人员在客户端【清单管理】→【主要物资消耗数量】下，对已有物资计划进行变更补充修改，保存上传后，工程部人员在网页端【成本管理】→【物资管理】→【物资计划管理】中发起主要物资总计划变更。在项目部完成【清单分解审批后】，项目部可按需在网页端【成本管理】→【责任成本预算管理】发起【总控数量变更】调整已审批清单的总控数量和施工图数量。

2. 施组管理

劳务分包模式：责任成本预算编制前，由工程部人员在网页端【成本管理】→【责任成本预算管理】发起【劳务分包模式】。

施工组织设计：责任成本预算编制前，由工程部人员在网页端【成本管理】→【责任成本预算管理】发起【施工组织设计】。

机械配置方案：责任成本预算编制前，由工程部人员在网页端【成本管理】→【责任成本预算管理】发起【机械配置方案】。

周转料配置方案：责任成本预算编制前，由工程部人员在网页端【成本管理】→【责任成本预算管理】发起【周转料配置方案】。

土石方调配方案：责任成本预算编制前，由工程部人员在网页端【成本管理】→【责任成本预算管理】发起【土石方调配方案】。

(三)物机部

1. 物资管理

第一步：网页端【成本管理】→【物资管理】发起【供应商登记】，将需要与之签订物资合同的供应商做登记。

第二步：完成【供应商登记】后，网页端【成本管理】→【物资管理】→【物资合同管理】发起【物资合同评审】，录入物资采购合同，前置条件为工经部完成清单分解，工程部完成物资总计划录入及审批。

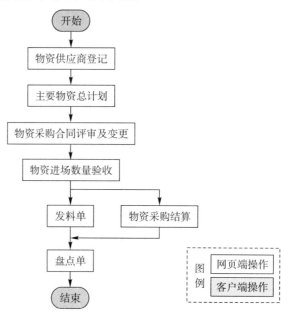

图 4-15　物机部物资管理操作流程图

第三步：完成【供应商登记】后，如需对初始合同做修改或补充，需在网页端【成本管理】→【物资管理】→【物资合同管理】发起【物资补充合同】（按需发起）。

第四步：完成【物资合同评审】后，网页端【成本管理】→【物资管理】→【物资收发存管理】发起【物资验收单】，在物资进场时，对合同中的采购物资进行验收。

2. 机械管理

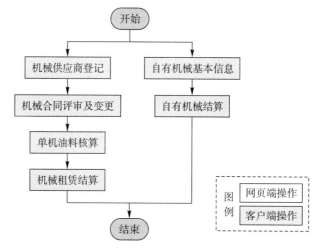

图 4-16　物机部机械管理操作流程

第一步：网页端【成本管理】→【机械管理】→【机械租赁管理】发起【机械供应商登记】，将需要与之签订机械合同的供应商做登记。

第二步：完成【机械供应商登记】后，网页端【成本管理】→【机械管理】→【机械租赁管理】发起【机械租赁合同】，录入机械合同。

第三步：完成【单机油料核算】后，网页端【成本管理】→【机械管理】→【机械租赁管理】发起【机械租赁结算】，对机械合同中的机械进行结算。

第四步：完成【机械租赁合同】后，如需对初始合同做修改或补充，在网页端【成本管理】→【机械管理】→【机械租赁管理】发起【机械租赁补充合同】。

第五步：网页端【成本管理】→【机械管理】→【机械租赁管理】发起【机械合同封闭】（此步骤只在相关合同做过"末次结算"后才做）。

3. 周转料管理

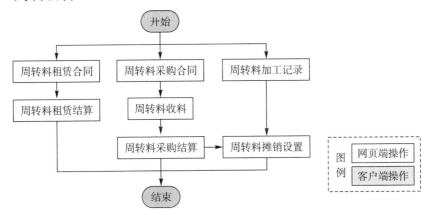

图 4-17　物机部周转料管理操作流程

第一步：根据登记的劳务、物资、机械供应商，网页端【成本管理】→【周转料管理】发起【周转料租赁合同/补充合同】，录入相关周转料租赁合同内容。

第二步：完成周转料租赁合同后，网页端【成本管理】→【周转料管理】发起【周转料结算】，对周转料租赁进行结算。

第三步：网页端【成本管理】→【周转料管理】发起【周转料合同封闭】（此步骤只在相关合同做过"末次结算"后才做）。外加工周转料配置：完成【收料单】后，可根据点收的材料，打开网页端【成本管理】→【周转料管理】→【周转料外加工记录表】进行外加工周转料配置。

周转料摊销配置：完成【周转料采购合同】或者【周转料外加工记录表】配置后，可网页端【成本管理】→【周转料管理】打开【周转料摊销配置表】进行周转料摊销配置。

4. 劳务结算

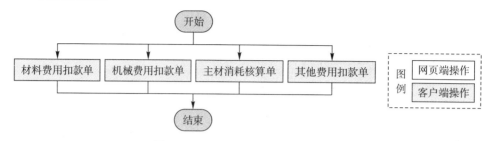

图 4-18 物机部劳务结算操作流程图

当工经部完成【劳务合同评审】后,可分别在网页端【成本管理】→【物资管理】【机械管理】【周转料管理】中发起【材料费扣款单】【机械费扣款单】【主要材料消耗核算表】【其他扣款单】对指定合同进行扣款和核算。

(四)财务部

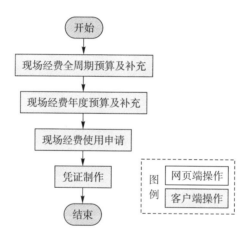

图 4-19 财务部业务操作流程图

1. 现场经费管理

第一步:在责任成本预算上传现场经费后,由财务人员在网页端【成本管理】→【现场经费管理】→【预算管理】发起【现场经费全周期预算】。

【现场经费全周期预算】审批完成后,如果存在现场经费全周期预算调整,财务人员可以通过网页端【成本管理】→【现场经费管理】→【预算管理】发起【现场经费全周期预算(补充)】实现。

第二步:【现场经费全周期预算】审批完成后,财务人员可以在网页端【成本管理】→【现场经费管理】→【预算管理】发起【现场经费年度预算】。

【现场经费年度预算】审批完成后,如果存在现场经费年度预算调整,财务人员可以通过网页端【成本管理】→【现场经费管理】→【预算管理】发起【现场经费年度预算(补充)】实现。

第三步：【现场经费年度预算】审批完成后，财务人员可在【成本管理】→【现场经费管理】发起【现场经费支付申请单】。

第四步：【现场经费支付申请单】审批完成后，财务人员可以在网页端【成本管理】→【现场经费管理】发起【现场经费银行凭证】；

第五步：【现场经费支付申请单】审批完成后，财务人员可以发起【现场经费提现凭证】。

2. 资金管理

供应商对应：其他部门完成供应商登记，且该供应商对应合同审批完成后，在【债务支付申请】发起前，财务人员需在网页端【资金管理】→【债务支付申请】做供应商对应。

控制比例变更：合同审批完成后，对某一单位需进行支付比例变更，可在【债务支付申请】发起前，财务人员在网页端【资金管理】→【债务支付申请】发起控制比例变更。

债务支付申请：其他部门录入审批完成相应结算单后，由财务人员在网页端【资金管理】→【债务支付申请】发起债务支付申请。

银行付款：债务支付申请审批完成后，由财务人员在网页端【资金管理】→【凭证制作】中发起【银行付款】流程。

提现：债务支付申请审批完成后，由财务人员在网页端【资金管理】→【凭证制作】中发起【提现】流程。

(五)其他部门业务操作流程

第一步：录入其他合同前，其他部门在网页端【成本管理】→【其他合同管理】先进行【其他供应商登记】；

第二步：在网页端【成本管理】→【其他合同管理】发起【其他合同评审】；

第三步：在网页端【成本管理】→【其他合同管理】发起【其他合同结算】；

第四步：在网页端【成本管理】→【劳务管理】→【劳务结算】可以发起【其他费扣款单】，对该劳务单位进行扣款。

第二篇

财税管理

第五章　工程财务

【学习目标】

通过学习会计知识概论,了解会计的概念、会计要素和会计科目等基础知识,认识企业的三张主要会计报表,并学习对报表中的数据进行初步分析,了解企业的运行状况。旨在企业运行中,规范企业管理,防范财务风险,减少财务损失,进而提高企业的管理水平。

第一节　会计基本概念

一、会计的概念

会计是以货币为主要计量单位,采用专门的技术方法,对单位的全部资金运动进行核算和监督的一种经济管理活动,它通过系统、客观、及时地对单位的经济活动进行确认、计量和报告来为管理者提供决策信息。

现代会计以企业会计为核心,按照对外提供还是对内提供决策所需的信息分为财务会计与管理会计两大分支。

财务会计是以会计准则为主要依据,通过一定的程序和方法,确认、计量企业资产、负债、所有者权益的增减变动,记录营业收入的取得、费用的发生和归属,以及收益的形成和分配,定期以财务报表的形式报告企业财务状况、经营成果和现金流量,并分析报表,评价企业偿债能力、营运能力和获利能力等的一套信息处理系统。它主要是为满足投资者、债权人、政府及有关部门和与企业有利害关系的社会公众等外部会计信息使用者及时准确地了解企业的生产经营活动情况,以便做出正确的决策,维护自身经济利益的需要。财务会计主要是对企业已发生的经济业务进行事后记录和反映,提供的信息是对过去生产经营活动的客观反映。

管理会计是从财务会计中分离出来的,它利用财务会计、统计及其他有关资料并通过对这些资料进行整理、计算、对比和分析,产生一系列新的信息,用于满足企业内部管理人员编制计划、做出决策、控制经济活动等方面的信息需要,服务于企业加强内部经营管理、加强决策控制、提高经济效益的需要的一套信息处理系统。管理会计主要包括预测分析、决策分析、全面预算、成本控制和责任会计等内容。

二、会计的基本职能

会计的职能是指会计在经济管理中所具有的功能,是会计本质的外在表现形式。会计具有核算和监督两项基本职能。

(一)会计的核算职能

会计的核算职能是指会计通过确认、计量、记录、报告,运用一定的方法或程序,利用货币形式,从价值量方面反映企业已经发生或完成的客观经济活动情况,为经济管理提供可靠的会计信息。核算职能是会计的最基本职能。会计不仅记录已发生的经济业务,还记录正在发生的经济业务,为各单位的经营决策和管理控制提供依据,有的还面向未来,预测企业的未来,对企业的发展提供一些具有前瞻性的会计信息,以此作为对未来经济活动的控制依据。会计核算具有完整性、连续性和系统性的特点。

(二)会计的监督职能

会计的监督职能是指在经济事项发生以前、经济事项进行当中和经济事项发生以后,会计利用预算、检查、考核、分析等手段,对单位的会计核算及其经济活动的真实性、完整性、合规性和有效性进行检查与控制。会计监督包括事前、事中和事后监督。

会计的核算职能和监督职能是不可分割的,二者的关系是辩证统一的。对经济活动进行会计核算的过程,也是实行会计监督的过程,核算是基本的、首要的,核算是监督的前提,没有会计核算,会计监督就失去存在的基础;同时,没有会计监督来保证会计核算的正确性,会计核算就失去了存在的意义。

随着经济的发展和管理理论的完善,会计的内容和作用在不断发展,会计的职能也在逐渐扩展。现代会计的职能还包括预测、决策、评价等。

三、会计核算的具体内容

凡是特定主体能够以货币表现的经济活动,都是会计核算的内容。以货币表现的经济活动通常又称为"资金运动"。资金运动是指以货币表现的一个单位所拥有的各项财产物资的形态变化和位置移动。

通常将单位在日常生产经营和业务活动中的资金运动称为"经济业务事项"。经济业务又称"经济交易",是指单位与其他单位和个人之间发生的各种经济利益的交换,如购买固定资产、销售商品、上缴税收等。经济事项是指在单位内部发生的具有经济影响的各类事项,如支付职工工资、报销差旅费、计提折旧等。这些经济业务事项就是会计核算的具体内容。

根据《会计法》规定,应当办理会计手续,进行会计核算的经济业务事项主要有:款项和有价证券的收付;财物的收发、增减和使用;债权、债务的发生和结算;资本的增减;收入、支出、费用、成本的计算;财务成果的计算和处理;需要办理会计手续、进行会计核算的其他事项。

第二节　会计要素

为了具体实施会计核算,需要对会计核算和监督的内容进行分类。会计要素是会计对象按照交易或事项的经济特征所做的基本分类,是会计核算和监督对象的具体化。合理划分会计要素有利于清晰地反映产权关系和其他经济关系。会计要素分为反映企业财务状况的会计要素和反映企业经营成果的会计要素。会计要素是组成会计报表的基本单位。我国企业会计准则规定,企业会计要素包括资产、负债、所有者权益、收入、费用和利润。资产、负债、所有者权益是组成资产负债表的会计要素,也称"资产负债表要素";其中资产是资金的占用形态,负债和所有者权益是与资产相对应的取得途径,它们是反映企业财务状况的会计要素。而收入、费用、利润则是组成利润表的会计要素,也称"利润表要素";其中收入是经济活动中经济利益的总流入,费用是经济活动中经济利益的总流出,收入与费用相配比,即形成经济活动的利润,利润是资金运用的成果,它们是反映企业生产经营成果的会计要素。

一、反映财务状况的会计要素

(一)资产

资产是指企业过去的交易或事项形成的、由企业拥有或者控制的、预期会给企业带来经济利益的资源,它包括各种财产、债权和其他权利。资产的定义包括三个内容:其一是企业过去的交易或者事项形成的,包括购买、生产、建造行为或其他交易或事项,而预期在未来发生的交易或者事项不形成资产;其二是由企业拥有或者控制,这是指企业对某项资源享有所有权或者虽然不享有所有权,但该资源能被企业所控制,企业能享有该资源带来的利益并承担其风险;其三是该资源预期会给企业带来经济利益,即指具有直接或者间接导致现金和现金等价物流入企业的潜力。凡是符合资产定义的资源,在同时满足以下条件时,该资源就能确认为企业的资产:与该资源有关的经济利益很可能流入企业;该资源的成本或者价值能够可靠地计量。

符合资产定义和资产确认条件的项目,应当列入资产负债表;符合资产定义,但不符合资产确认条件的项目,不应当列入资产负债表。

(二)负债

负债是指企业过去的交易或者事项形成的、预期会导致经济利益流出企业的现时义务。负债定义包括两个内容:其一是企业过去交易或事项形成的现时义务。现时义务是指企业在现行条件下已承担的义务。未来发生的交易或事项形成的义务,不属于现时义务,不应当确认为负债。其二是义务的履行必须导致经济利益流出企业,不履行该义务将不会导致相应的经济后果。如果企业能够在履行义务的同时避免经济利益的流出,该项目不符合负债的定义,不应当确认为负债。凡是符合负债定义的义务,在同时满足以下条件时,确认为企业负债:与该义务有关的经济利益很可能流出企业;未来流出的经济利益的金额能够可靠地计量。

符合负债定义和负债确认条件的项目,应当列入资产负债表;符合负债定义,但不符合负债确认条件的项目,不应当列入资产负债表。

(三)所有者权益

所有者权益又称为"股东权益"或称为"净资产",是指企业资产扣除负债后由所有者享有的剩余权益。所有者权益是投资人在企业中享有的经济利益,即投资人对企业净资产的所有权。所有者权益的来源包括企业投资人投入的资本、直接计入所有者权益的利得和损失、留存收益等。

所有者权益的确认主要依赖于其他会计要素,尤其是资产和负债的确认;其金额取决于资产和负债的计量,为资产减去负债后的余额。

所有者权益包括实收资本或股本、资本公积、盈余公积和未分配利润,其中资本公积包括企业收到投资者出资超过其在注册资本或股本中所占份额的部分,以及直接计入所有者权益的利得和损失等,盈余公积和未分配利润又合称为"留存收益",是企业历年实现的净利润留存于企业的部分。

所有者权益项目应当列入资产负债表。

二、反映经营成果的会计要素

(一)收入

收入是指企业在日常活动中形成的、会导致所有者权益增加的、与所有者投入资本无关的经济利益的总流入。收入具有以下特征:收入应当是企业在日常活动中形成的;收入应当会导致企业经济利益的流入,该流入不包括所有者投入资本;收入应当最终会导致企业所有者权益增加。

符合收入的定义,同时符合下列条件的经济利益的流入,可以确认为收入:与收入有关的经济利益很可能流入企业;经济利益流入企业会导致企业资产增加或者负债减少;经济利益的流入额能够可靠计量。

只有流入本企业的经济利益才属于本企业的收入,为第三方代收的款项不属于企业的收入。

符合收入定义和收入确认条件的项目,应当列入利润表。

(二)费用

费用是指企业在日常活动中发生的、会导致所有者权益减少的、与向所有者分配利润无关的经济利益的总流出。费用具有以下特征:费用应当是企业在日常活动中发生的;费用应当会导致经济利益的流出,该流出不包括向所有者分配的利润;费用应当最终会导致所有者权益的减少。

符合费用的定义,并符合下列条件的经济利益的流出,可以确认为费用:与费用有关的经济利益很可能流出企业;经济利益流出企业的结果会导致企业资产减少或者负债增加;经济利益的流出额能够可靠计量。

企业要进行经营活动,在取得收入的同时必然要相应地发生一定的费用。狭义的费用是指为取得收入而发生的各种与提供商品和劳务有关的资产耗费,即营业费用;广义的费用还包括投资损失、营业外支出和所得税费用。

营业费用是企业费用的主体部分,按照是否构成产品成本可划分为制造成本和期间费用。制造成本是指与生产产品直接有关的费用,应计入产品成本,从销售收入中得到补偿。期间费用是指与生产产品无直接关系,属于某一时期耗用的费用,包括管理费用和财务费用、销售费用等。期间费用不参与成本计算,而是直接计入当期损益。费用与成本是相互联系又相互区别的两个概念,为生产产品发生的生产费用是构成产品成本的基础。它们的区别在于费用是按照时间归集的,而产品成本是按照产品对象归集的。

符合费用定义和费用确认条件的项目,应当列入利润表。

(三)利润

利润是指企业在一定会计期间的经营成果,是企业在生产经营过程中各种收入扣除各种费用后的盈余,是反映经营成果的最终要素。利润反映的是企业的经营业绩情况,是企业业绩考核的重要指标。

利润包括收入减去费用后的净额、直接计入当期利润的利得和损失等。其中,收入减去费用后的净额反映的是企业日常活动的业绩;直接计入当期利润的利得和损失是指应当计入当期损益、最终会引起所有者权益发生增减变动的、与所有者投入或者向所有者分配利润无关的利得和损失,它反映的是企业非日常活动的业绩。

利润的确认主要依赖于收入和费用以及利得和损失的确认,其金额取决于收入和费用、直接计入当期利润的利得和损失金额的计量。

三、会计等式

会计六个要素相互之间存在着一定的数量关系,反映这种数量关系的恒等式即为会计等式。

资产和负债、所有者权益是财产资源这个同一体的两个方面,因而客观上存在必然相等的关系。从数量上看,有一定数额的资产,必定有一定数额的负债和所有者权益。反之,有一定数额的负债和所有者权益,也必定有一定数额的资产,资产与负债和所有者权益之间在数量上必然相等。

$$资产 = 权益 = 债权人权益 + 所有者权益 = 负债 + 所有者权益 \quad (5\text{-}1)$$

这一平衡公式反映了企业资产的归属关系。企业的资产来源于所有者的投入资本和债权人的借入资金,以及企业在生产经营中所产生效益的积累,分别归属于所有者和债权人,归属于所有者的部分形成所有者权益,归属于债权人的部分形成债权人权益,即企业的负债。资产来源于权益,包括所有者权益和债权人权益,资产和权益必然相等。在某个特定的时点,资产与负债和所有者权益三者之间所存在的平衡关系,是复式记账法的理论基础,也是编制资产负债表的基础。

与此相应,收入是企业在日常活动中形成的经济效益的总流入,费用是企业在日常经济活动中发生的经济效益的总流出,企业一定时期的收入扣除所发生的各项费用后的净额,经过调整后等于利润。在不考虑调整因素,如直接计入当期利润的利得和损失等的情况下,收入减去费用等于利润。

$$收入 - 费用 = 利润 \quad (5\text{-}2)$$

这一平衡公式反映了企业利润的形成过程,收入、费用和利润之间的上述关系是编制利润表的基础。

企业在经营过程中不断发生各种经济业务,这些业务的发生会对有关会计要素产生影响。但无论发生什么经济业务,都不会破坏上述资产与负债和所有者权益各会计要素之间的平衡关系。

由于这一平衡原理解释了企业会计要素之间的规律性联系,因而它是设置会计科目、复式记账和编制会计报表的理论依据。

第三节 会计科目

企业的经济活动是错综复杂的,但从会计角度分析,不外乎是六项会计要素反映的内容。为了连续、系统、全面地核算和监督经济活动所引起的各项会计要素的增减变化,就有必要对会计要素的具体内容按照其不同的特点和经济管理要求进行科学的分类,并事先确定分类核算的项目名称,规定其核算内容。这种对会计要素的具体内容进行分类核算的项目,称为"会计科目"。会计科目分为五类,即资产类、负债类、所有者权益类、成本类和损益类。下面简单介绍建筑施工企业常用的会计科目核算内容。

一、资产类科目

资产按流动性分类可分为流动资产和非流动资产两大类。流动资产是指可以在一年内或长于一年的一个营业周期内变现或耗用的资产,主要包括货币资金、应收票据、应收账款、预付款项、应收利息、应收股利、其他应收款、存货等。非流动资产是指流动资产以外的资产,主要包括固定资产、在建工程、工程物资、无形资产和其他资产、递延资产等。

(一)货币资金

货币资金是指在企业生产经营过程中处于货币形态的那部分资金,按其形态和用途不同可分为库存现金、银行存款和其他货币资金。它是企业中最活跃的资金,流动性强,是企业的重要支付手段和流通手段,因而是流动资产的审查重点。其他货币资金包括外埠存款、银行汇票存款、银行本票存款、信用证保证金存款、信用卡存款、存出投资款等。

1. 库存现金

本科目用于核算企业的库存现金,包括人民币现金和外币现金。按国家有关规定,现金可在下列范围内使用:

(1)给职工个人的工资、各项工资性补贴。

(2)支付给个人的劳务报酬。

(3)支付各种抚恤金、学生奖学金、丧葬补助费。

(4)支付出差人员必须随身携带的差旅费。

(5)根据国家规定颁发给个人的科学、技术、文化、教育、卫生、体育等各种奖金。

(6)各种劳保、福利费用以及国家规定对个人的其他支出。

(7)结算起点以下的零星支出,现行规定的结算起点为 1000 元。

(8)中国人民银行确定需要支付现金的其他支出。

2. 银行存款

本科目用于核算企业存放在银行或非银行金融机构的各种款项。

按照国家有关规定,凡是独立核算的单位除了在规定的范围内可以用现金直接支付的款项外,在经营过程中所发生的一切货币收支业务,都必须通过银行结算账户进行。

银行结算账户是指银行为存款人开立的办理资金收付结算的活期存款账户。单位银行结算账户按用途分为基本存款账户、一般存款账户、专用存款账户、临时存款账户。银行结算账户是社会资金运动的起点和终点,是支付结算工作开展的基础。

我国目前使用的人民币非现金支付工具主要包括"三票一卡"和结算方式。"三票一卡"是指三种票据(汇票、本票和支票)和银行卡,结算方式包括汇兑、托收承付和委托收款等。随着经济金融的快速发展,票据和汇兑成为我国经济活动中不可或缺的重要支付工具。

(1)汇票。汇票是出票人签发的、委托付款人在见票时或在指定日期无条件支付确定金额给收款人或者持票人的票据。按出票人身份的不同,汇票可以分为银行汇票和商业汇票。商业汇票按照承兑人的不同,分为商业承兑汇票和银行承兑汇票。

电子商业汇票是指出票人依托人民银行电子商业汇票系统,以数据电文形式制作的,委托付款人在指定日期无条件支付确定的金额给收款人或者持票人的票据。电子商业汇票分为电子银行承兑汇票和电子商业承兑汇票。

(2)本票。本票是指出票人签发的、承诺自己在见票时无条件支付确定的金额给收款人或者持票人的票据。在我国,本票仅限于银行本票,即银行出票、银行付款。银行本票可以用于转账,注明"现金"字样的银行本票可以用于支取现金。单位和个人在同一票据交换区域需要支付各种款项,均可以使用银行本票。

(3)支票。支票是指出票人签发的、委托办理支票存款业务的银行在见票时无条件支付确定的金额给收款人或持票人的票据。支票分为现金支票、转账支票和普通支票三种,现金支票只能用于支取现金,转账支票只能用于转账,普通支票可以用于支取现金,也可以用于转账。

(4)汇兑。汇兑是汇款人委托银行将其款项支付给收款人的结算方式。汇兑分为信汇、电汇两种,信汇是以邮寄方式将汇款凭证转给外地收款人指定的汇入行,而电汇是以电报方式将汇款凭证转发给收款人指定的汇入行。信汇、电汇由汇款人选择使用。随着网络化进程的推进,目前主要的汇兑方式是电汇。

本书建议使用银行承兑汇票进行债务支付,因为利用远期付款,以有限的资本购进更多的货物,可以最大限度地减少对营运资金的占用与需求,同时可以加强企业的财务监督,提高财务管理水平,有利于更有效地实施资金筹划和合理化使用。

随着现代化技术的运用,现在更多企业倾向于使用电子银行承兑汇票。电子银行承兑汇票通过采用电子签名和可靠的安全认证机制,能够保证其唯一性、完整性和安全性,降低了票据被克隆、变造、伪造以及丢失、损毁等各种风险;电子银行承兑汇票的出票、保证、承兑、交付、背书、质押、贴现、转贴现、再贴现等一切票据行为均在电子商业汇票系统上进行,可大大提升票据流转效率,降低人力及财务成本,有效提升金融和商务效率。

(二)应收票据

本科目用于核算企业因销售商品、产品、提供劳务等而收到的商业汇票,包括银行承兑汇票和商业承兑汇票。

(三)应收账款

本科目用于核算各单位因结算工程价款、销售商品、提供劳务等,应向委托方或购买方收取的款项。

应收账款是有特定的范围的。首先,应收账款是指因销售活动或提供劳务而形成的债权,不包括应收职工欠款、应收债务人的利息等其他应收款;其次,应收账款是指流动资产性质债权,不包括长期的债权,如购买长期债券等;最后,应收账款是指本公司应收客户的款项,不包括本公司付出的各类存出保证金,如投标保证金和租入包装物等保证金等。

(四)预付款项

本科目用于核算各单位按照合同规定的预付款项,如预付工程款、经营租赁的预付租金、预付的材料费等。

预付账款与应收账款都属于公司的债权,但二者产生的原因不同,应收账款是公司应收的销货款或工程款,通常是用货币清偿的,而预付账款是预付给供货单位的购货款或预付给施工单位的工程价款和材料款,通常是用商品、劳务或完工工程来清偿的。因此,二者应当分别设置科目进行核算。

(五)其他应收款

本科目用于核算各单位除应收票据、应收账款、预付账款、应收股利、应收利息、长期应收款等经营活动以外的其他各种应收、暂付的款项,包括各单位应收的各种押金、质保金、垫付款项、应收补贴款、应收认购新股款等。

(六)存货

存货是指企业在日常活动中持有以备出售的产成品或商品、处在生产过程中的在产品、在生产过程或提供劳务过程中耗用的材料、物料等。

企业持有存货的最终目的是为了出售,包括可供直接销售的产成品、商品、房地产开发产品,需经过进一步加工后出售的原材料、在产品、半成品、委托加工材料,以及在途物资、包装物、周转材料、低值易耗品、房地产开发成本、临时设施、建造合同形成的已完工未结算资产等。

1. 原材料

本科目用于核算各单位库存的各种材料,包括原料及主要材料、辅助材料、外购半成品(外购件)、修理用备件(备品备件)、燃料等的实际成本。

2. 周转材料

本科目用于核算各单位在生产经营过程中能够多次使用、基本保持原来的形态而逐渐转移其价值的周转性材料。

3. 低值易耗品

本科目用于核算各单位低值易耗品的实际成本。低值易耗品是指单项价值在规定限额以下或使用期限不满一年,能多次使用而基本保持其实物形态的劳动资料。

4. 已完工未结算

对于建筑施工企业来说,"工程施工"和"工程结算"是两个特有的会计科目,其核算存在一定的特殊性。在《企业会计准则—建造合同》中,按照相关规定,在执行建造合同的过程中,某一特定资产负债表日,"工程施工"与"工程结算"两个会计科目,借方差额为已完工未结算,反映企业建造合同已完工部分但尚未办理结算的价款总额,在资产负债表"存货"项目下单列项目反映;贷方差额为已结算未完工,反映企业建造合同未完工部分但已办理了结算的价款总额,在资产负债表"预收账款"项目下单列项目反映。

(七)固定资产

本科目用于核算各单位持有的固定资产原价。固定资产是指同时具有下列特征的有形资产。

一是,为生产商品、提供劳务、出租或经营管理而持有。

二是,使用寿命超过一个会计年度,使用寿命是指企业使用固定资产的预计期间,或者该固定资产所能生产产品或提供劳务的数量。

三是,单位价值在一定标准以上的房屋、建筑物、机器、机械、运输工具及其他与生产经营有关的设备、器具、工具等。目前我国使用的单位价值界定标准是2000元以上。

(八)累计折旧

本科目用于核算各单位固定资产的累计折旧。

(九)在建工程

本科目用于核算各单位进行基本建设工程、技改工程、固定资产装修工程及经营租入固定资产改良工程等工程项目所发生的实际支出。

在建工程根据建造方式分为"自营"和"出包"两种方式。自营在建工程指企业自行购买工程用料、自行施工并进行管理的工程;出包在建工程是指企业通过签订合同,由其他工程队或单位承包建造的工程。

(十)无形资产

本科目用于核算各单位持有的无形资产成本,包括专利权、非专利技术、商标权、著作权、土地使用权、取得矿山权益时一次性或分次支付的采矿探矿权价款及为从事期货交易业务取得基本交易席位的席位费等。

二、负债类科目

负债按流动性分类可分为流动负债和非流动负债。流动负债是指预计在一个正常营业周期中清偿,或者主要为交易目的而持有,或者自资产负债表日起1年内(含1年)到期应予以清偿或者企业无权自主地将清偿推迟至资产负债表日后1年以上的负债,主要包括短期借款、应付票据、应付账款、预收账款、应付职工薪酬、应交税费、应付利息、其他应付款等。非流动负债是指流动负债以外的负债,主要包括长期借款、应付债券等。

(一)应付票据

本科目用于核算各单位因购买材料、商品或接受劳务供应等而开出、承兑的商业汇票,包括银行承兑汇票和商业承兑汇票。

(二)应付账款

本科目用于核算各单位因购买材料、商品或接受劳务供应等经营活动而应支付的款项。

(三)预收账款

本科目用于核算各单位按照合同规定向购货单位或接受劳务的单位预收的款项。

建筑施工企业预收账款主要包括预收的工程款、备料款及已结算未完工款等。

应付账款与预收账款都属于公司的债务,但二者产生的原因不同,应付账款是公司已经接受货物或劳务,通常是用货币清偿的,而预收账款是向购买单位或接受劳务的单位在未发出商品或提供劳务时预收的款项,通常是用商品、劳务或完工工程来清偿的。因此,二者应当分别设置科目进行核算。

(四)应付职工薪酬

本科目用于核算企业应付给职工的薪酬和为职工支付的福利、社保以及非合同员工的薪酬。对于离职后福利、辞退福利、长期残疾福利等项目,预计支付时间在资产负债表日后12个月以上的部分,应于报表中列示为长期应付职工薪酬。

(五)应交税费

本科目用于核算各单位按照税法等规定、或按照权责发生制原则配比收入、或利润计算应缴纳的各种税费,包括增值税、消费税、所得税、资源税、印花税、契税、关税、防洪费、石油特别收益金、水利建设基金、车船税、城市维护建设税、房产税、土地使用税、土地增值税、教育费附加、矿产资源补偿费、矿区使用费等税费项目等。各单位代扣代缴的各项税费,也通过该科目进行核算。

(六)其他应付款

本科目用于核算各单位除应付票据、应付账款、预收款项、应付职工薪酬、应付利息、应付股利、应交税费、长期应付款等以外的其他各项应付、暂收的款项。

三、所有者权益类科目

所有者权益类科目主要包括实收资本(或股本)、资本公积、盈余公积、本年利润、利润分配等科目。

(一)实收资本(或股本)

本科目用于核算企业接受投资者投入企业的股本或实收资本。

所有者向企业投入的资本,在一般情况下无需偿还,企业可以长期周转使用。

(二)资本公积

本科目用于核算企业收到投资者的超出其在企业注册资本(或股本)中所占份额的投资,以及除其他综合收益以外的直接计入所有者权益的利得和损失等。资本公积包括资本溢价(或股本溢价)和除其他综合收益以外的直接计入所有者权益的利得和损失等。

(三)盈余公积

本科目用于核算企业按照规定从净利润中提取的盈余公积。盈余公积一般包括法定盈余公积和任意盈余公积。

(四)本年利润

本科目用于核算企业当期实现的净利润(或发生的净亏损)。

(五)利润分配

本科目用于核算企业利润的分配(或亏损的弥补)和历年分配(或弥补)后的余额。

未分配利润是"利润分配"下的明细科目,是企业留待以后年度进行分配的结存利润。未分配利润主要可以用于提取法定盈余公积、任意盈余公积、一般风险准备、支付现金股利或利润、转作股本和弥补亏损。

四、成本类科目

建筑施工企业常用的成本类科目有工程施工、工程结算、制造(间接)费用和采供保管费等。

(一)工程施工

本科目用于核算施工企业实际发生的合同成本和合同毛利。

(二)工程结算

本科目用于核算施工企业根据建造合同约定向业主办理结算的累计金额。

(三)制造(间接)费用

本科目用于核算企业生产车间(部门)为组织和管理生产产品和提供劳务而发生的各项间接费用。

(四)采供保管费

本科目用于核算物资贸易企业和物资管理部门下属物供中心或者物贸经营部门在实施工程所需材料的采购、保管、供应过程中发生的间接成本。

五、损益类科目

损益类科目是为核算"本年利润"服务的,具体包括收入类科目、费用类科目,在期末(月末、季末、年末)这类科目的累计余额需转入"本年利润"账户,结转后这些账户的余额应为零。

(一)主营业务收入

本科目用于核算企业确认的销售商品、提供劳务、建造工程服务等主营业务所产生的收入。主营业务收入根据各行业企业所从事的不同活动而有所区别,如工业企业的主营业务收入指"产品销售收入",建筑业企业的主营业务收入指"工程结算收入"。

(二)其他业务收入

本科目用于核算企业确认的除主营业务活动以外的其他经营活动实现的收入。其他业务收入具有不经常发生、每笔业务金额一般较小、占收入的比重较低等特点。它包括材料物资及包装物销售、无形资产转让、固定资产出租、包装物出租、运输、废旧物资出售收入等。

(三)投资收益

本科目用于核算企业确认的投资收益或投资损失,如长期股权投资所取得的收益或发生的损失等。

(四)营业外收入

本科目用于核算企业发生的营业利润以外的收益,主要包括债务重组利得、与企业日常活动无关的政府补助、盘盈利得、捐赠利得等。

(五)主营业务成本

本科目用于核算各单位确认销售商品、提供劳务等主营业务收入时应结转的成本。

(六)其他业务成本

本科目用于核算各单位确认的除主营业务活动以外的其他经营活动所发生的支出。

(七)税金及附加

本科目用于核算各单位经营活动发生的消费税、城市维护建设税、资源税、教育费附加及房产税、土地使用税、车船税、印花税等相关税费。

(八)销售费用

本科目用于核算企业在销售商品和材料、提供劳务的过程中发生的各种费用,包括保险费、包装费、展览费和广告费、商品维修费、预计产品质量保证损失,商品流通企业在销售商品过程中发生的运输费、装卸费,以及为销售本企业商品而专设的销售机构(含销售网点、售后服务网点等)的职工薪酬、业务费、折旧费等经营费用。

(九)管理费用

本科目用于核算企业行政管理部门为组织和管理企业生产经营所发生的费用,包括企业在筹建期间内发生的开办费、董事会和行政管理部门在企业的经营管理中发生的或者应由企业统一负担的公司经费(包括行政管理部门职工薪酬、物料消耗、低值易耗品摊销、办公费和差旅费等)、工会经费、董事会费(包括董事会成员津贴、会议费和差旅费等)、聘请中介机构费、咨询费(含顾问费)、诉讼费、业务招待费、技术转让费、矿产资源补偿费、研究费用、排污费等。

(十)财务费用

本科目用于核算企业为筹集生产经营所需资金等而发生的费用。

(十一)营业外支出

本科目用于核算企业发生的营业利润以外的支出,主要包括债务重组损失、公益性捐赠支出、非常损失、盘亏损失、非流动资产毁损报废损失等。

(十二)所得税费用

本科目用于核算各单位确认的应从当期利润总额中扣除的所得税费用。

第四节　企业财务报表

一、财务报表的概述

(一)财务报表的概念

财务报表是指企业对外提供的反映企业某一特定日期的财务状况和某一会计期间的经营成果、现金流量等会计信息的文件。它包括会计报表及其附注和其他应当在财务报表中披露的相关信息和资料。

1. 会计报表

会计报表是财务报表的主要组成部分。它是根据会计账簿记录和有关资料，按照规定的报表格式，总括反映一定期间的经济活动和财务收支情况及其结果的一种报告文件。会计报表主要包括资产负债表、利润表、现金流量表等报表。

小企业编制的会计报表可以不包括现金流量表。

2. 附注

附注是指对在资产负债表、利润表、现金流量表等会计报表中列示项目所作的进一步文字描述或明细资料，以及对未能在这些报表中列示项目的说明等。

(二)财务报表的作用

企业按照企业会计准则所编制的财务报表，能够为企业及其现在和潜在的投资者、债权人以及其他财务报表的使用者提供决策的财务信息，促进社会资源的合理配置，为公众的利益服务。其具体的作用包括以下几个方面：

第一，向投资人提供有关企业的盈利能力和股利分配政策等方面的信息，便于他们做出正确的投资决策。

第二，向债权人提供有关企业的资本结构、资产状况和营利能力等方面的信息，便于他们做出正确的信贷决策。

第三，向政府提供有关企业的盈利状况和纳税等方面的信息，为国家的宏观决策提供依据。

第四，向企业管理人员提供有关企业某一特定日期财务状况以及某一特定期间经营业绩和现金流量方面的信息，为今后企业进行生产经营决策和改善经营管理提供依据。

第五，向雇员和工会提供有关企业盈利等方面的信息，便于他们分析判断企业盈利与雇员收入、保险、福利之间是否相适应。

第六,向供应商提供有关企业财务状况等方面的信息,看是否与企业进行合作,是否应对企业延长付款期。

(三)财务报表的种类

1. 按财务报表编报期间的不同分类

财务报表按编报期间的不同分类,可分为中期财务报表和年度财务报表。

年度财务报表简称"年报",通称决算报告,是指企业于每年末编报的财务报表;中期财务报表是指企业于年度中期末、季末和月末编报的会计报表。

2. 按财务报表编报主体的不同分类

财务报表按编报主体的不同分类,可分为个别财务报表和合并财务报表。

个别财务报表是指由母公司或子公司编制的,仅反映母公司或子公司自身财务状况、经营成果和现金流量表的财务报表。

合并财务报表是指反映母公司和其全部子公司形成的企业集团整体财务状况、经营成果和现金流量的财务报表。

二、资产负债表

(一)资产负债表的概念

资产负债表是反映企业某一特定日期财务状况的会计报表。它是根据资产、负债和所有者权益之间的相互关系,按照一定的分类标准和顺序,把企业一定日期的资产、负债和所有者权益各项目予以适当排列,并对日常工作中形成的大量数据进行相应的分类、汇总后编制而成的。

(二)编制资产负债表的作用

第一,通过资产负债表,可以分析企业某一日期资产的总额及其结构,表明企业拥有或控制的经济资源及其分布情况,分析企业的生产经营能力。

第二,通过资产负债表,可以分析企业某一日期负债的总额及其结构,表明企业未来需要用多少资产或劳务清偿债务,分析企业的短期和长期偿债能力。

第三,通过资产负债表,可以反映企业所有者权益的情况,表明投资者在企业资产中所占的份额,了解所有者权益的构成情况。

(三)资产负债表的基本结构

资产负债表结构有账户式和报告式。我国资产负债表按账户式反映,按"资产=负债+所有者权益"的平衡原理,相应将资产负债表分为左方和右方,左方为资产,按流动性分别列示流动资产和非流动资产各项目;右方为负债和所有者权益,按清偿时间分别列示流动负债、非流动负债和所有者权益各项目,资产各项目的合计等于负债和所有者权益各项目的合计。资产负债表提供"年初余额"和"期末余额"两栏,便于报表使用者掌握和分析企业财务状况的变化及发展趋势。报表格式如表5-1所示。

表5-1 资产负债表

编制单位: ××年××月××日 金额单位:元

项目	行次	期末余额	年初余额	项目	行次	期末余额	年初余额
流动资产：	1	—	—	**流动负债：**	73	—	—
货币资金	2			短期借款	74		
△结算备付金	3			△向中央银行借款	75		
△拆出资金	4			△吸收存款及同行存放	76		
以公允价值计量且其变动计入当期损益的金融资产	5			△拆入资金	77		
衍生金融资产	6			以公允价值计量且其变动计入当期损益的金融负债	78		
应收票据	7			衍生金融负债	79		
应收账款	8			应付票据	80		
预付款项	9			应付账款	81		
△应收保费	10			预收款项	82		
△应收分保账款	11			△卖出回购金融资产款	83		
△应收分保准备金	12			△应付手续费及佣金	84		
应收利息	13			应付职工薪酬	85		
应收股利	14			其中:应付工资	86		
其他应收款	15			应付福利费	87		
△买入返售金融资产	16			＃其中:职工奖励及福利基金	88		
存货	17			应交税费	89		
其中:原材料	18			其中:应交税金	90		
库存商品(产成品)	19			应付利息	91		
划分为特有待售的资产	20			应付股利	92		
一年内到期的非流动资产	21			其他应付款	93		
其他流动资产	22			△应付分保账款	94		
流动资产合计	23			△保险合同准备金	95		
非流动资产：	24	—	—	△代理买卖证券	96		
△发放贷款及垫款	25			△代理承销证券款	97		
可供出售金融资产	26			划分为持有待售的负债	98		
持有至到期投资	27			一年内到期的非流动负债	99		
长期应收款	28			其他流动负债	100		

续表

项　目	行次	期末余额	年初余额	项　目	行次	期末余额	年初余额
长期股权投资	29			**流动负债合计**	101		
投资性房地产	30			**非流动负债：**	102	—	—
固定资产原价	31			长期借款	103		
减:累计折旧	32			应付债券	104		
固定资产净值	33			长期应付款	105		
减:固定资产减值准备	34			长期应付职工薪酬	106		
固定资产净额	35			专项应付款	107		
在建工程	36			预计负债	108		
工程物资	37			递延收益	109		
固定资产清理	38			递延所得税负债	110		
生产性生物资产	39			其他非流动负债	111		
油气资产	40			其中:特准储备基金	112		
无形资产	41			**非流动负债合计**	113		
开发支出	42			**负　债　合　计**	114		
商誉	43			**所有者权益(或股东权益)：**	115	—	—
长期待摊费用	44			实收资本(或股本)	116		
递延所得税资产	45			国有资本	117		
其他非流动资产	46			其中:国有法人资本	118		
其中:特准储备物资	47			集体资本	119		
非流动资产合计	48			民营资本	120		
	49			其中:个人资本	121		
	50			外商资本	122		
	51			#减:已归还投资	123		
	52			实收资本(或股本)净额	124		
	53			其他权益工具	125		
	54			其中:优先股	126		
	55			永续债	127		
	56			资本公积	128		
	57			减:库存股	129		
	58			其他综合收益	130		
	59			其中:外币报表折算差额	131		
	60			专项储备	132		
	61			盈余公积	133		

续表

项　目	行次	期末余额	年初余额	项　目	行次	期末余额	年初余额
	62			其中:法定公积金	134		
	63			任意公积金	135		
	64			♯储备基金	136		
	65			♯企业发展基金	137		
	66			♯利润归还投资	138		
	67			△一般风险准备	139		
	68			未分配利润	140		
	69			归属于母公司所有者权益合计	141		
	70			*少数股东权益	142		
	71			所有者权益(或股东权益)合计	143		
资产总计	72			负债和所有者权益(或股东权益)总计	144		

注:表中带*科目为合并会计报表专用;加△楷体项目为金融类企业专用,带♯为外商投资企业专用。

三、利润表

(一)利润表的概念

利润表是反映企业一定期间生产经营成果的会计报表。该表是以"收入－费用＝利润"会计等式为依据、将一定会计期间(如年度、季度、月份)的营业收入与其同一会计期间相关的营业费用进行配比,以计算出企业一定时期的净利润(或净亏损)。

(二)编制利润表的作用

由于利润是企业经营业绩的综合体现,又是进行利润分配的主要依据。因此,利润表是会计报表中的主要报表。编制利润表有以下主要作用:

第一,通过利润表可以了解企业收入、费用等情况,以及企业生产经营的收益和成本耗费情况,分析企业生产经营成果。

第二,通过利润表可以了解企业不同时期的比较数字(本月数、本年累计数、上年数),分析企业今后利润的发展趋势及获利能力。

(三)利润表的结构

利润表是通过一定的表格来反映企业的经营成果。目前比较普遍的利润表结构有多步式利润表和单步式利润表两种。我国一般采用多步式利润表,格式如表5-2所示。

表 5-2 利 润 表

××年××月××日

编制单位：　　　　　　　　　　　　　　　　　　　　　　　　　金额单位：元

项目	行次	期末余额	年初余额	项目	行次	期末余额	年初余额
一、营业总收入	1			非货币性资产交换利得	34		
其中：营业收入	2			政府补助	35		
△利息收入	3			债务重组利得	36		
△已赚保费	4			减：营业外支出	37		
△手续费及佣金收入	5			其中：非流动资产处置损失	38		
二、营业成本	6			非货币性资产交换损失	39		
其中：营业成本	7			债务重组损失	40		
△利息支出	8			四、利润总额（亏损总额以"—"号填列）	41		
△手续费及佣金支出	9			减：所得税费用	42		
△退保金	10			五、净利润（净亏损以"—"号填列）	43		
△赔付支出净额	11			归属于母公司所有者的净利润	44		
△提取保险合同准备金净额	12			＊少数股东损益	45		
△保单红利支出	13			持续经营损益	46		
△分保费用	14			终止经营损益	47		
税金及附加	15			六、其他综合收益的税后净额	48		
销售费用	16			归属于母公司所有者的其他综合收益的税后净额	49		
管理费用	17			（一）以后不能重分类进损益的其他综合收益	50		

续表

项 目	行次	期末余额	年初余额	项 目	行次	期末余额	年初余额
其中:研究与开发费	18			1. 重新计量设定受益计划净负债或净资产的变动	51		
党建工作经费	19			2. 权益法下在被投资单位不能重分类进损益的其他综合收益中享有的份额	52		
财务费用	20			(二)以后将重分类进损益的其他综合收益	53		
其中:利息支出	21			1. 权益法下在被投资单位以后将重分类进损益的其他综合收益中享有的份额	54		
利息收入	22			2. 可供出售金融资产公允价值变动损益	55		
汇兑净损失(净收益以"-"号填列)	23			3. 持有至到期投资重分类为可供出售金融资产损益	56		
资产减值损失	24			4. 现金流量套期损益的有效部分	57		
其他	25			5. 外币财务报表折算差额	58		
加:公允价值变动收益(损失以"-"号填列)	26			*归属于少数股东的其他综合收益的税后净额	59		
投资收益(损失以"-"号填列)	27			七、综合收益总额	60		
其中:对联营企业和合营企业的投资收益	28			归属于母公司所有者的综合收益总额	61		
△汇兑收益(损失以"-"号填列)	29			*归属于少数股东的综合收益总额	62		
其他收益	30			八、每股收益:	63	—	—
三、营业利润(亏损以"-"号填列)	31			基本每股收益	64		
加:营业外收入	32			稀释每股收益	65		
其中:非流动资产处置利得	33				66		

注:表中带*项目为合并会计报表专用;加△楷体项目为金融类企业专用。

多步式利润表的结构主要包括以下几个部分内容：

一是，以营业收入为基础，减去营业成本、税金及附加、销售费用、管理费用、财务费用、资产减值损失、加（或减）公允价值变动收益（公允价值变动损失）、投资收益（投资损失）、其他收益，计算出营业利润。

二是，以营业利润为基础，加上营业外收入，减去营业外支出，计算出利润总额（或亏损总额）。

三是，以利润总额为基础，减去所得税费用，计算出净利润。

四、现金流量表

(一)现金流量表的概念

现金流量表是反映企业在一定会计期间内有关现金和现金等价物的流入和流出的报表。

其中，现金是指企业可以随时用于支付的存款，包括库存现金、银行存款和其他货币资金（如外埠存款、银行汇票存款、银行本票存款等）。现金等价物是指企业持有的期限短、流动性强、易于转换为已知金额的现金，价值变动风险很小的投资，通常包括3个月内到期的债券投资等。

企业一定时期内发生的现金流量分为三类：经营活动现金流量、投资活动现金流量和筹资活动现金流量。

(二)编制现金流量表的作用

编制现金流量表的主要作用是为企业会计报表使用者提供企业一定会计期间内现金和现金等价物流入和流出的信息。

通过编制现金流量表，可以便于报表使用者了解和评价企业获取现金和现金等价物的能力，并据以预测企业未来现金流量。

通过编制现金流量表，能够说明企业一定期间内现金流入和流出的原因，说明企业的偿债能力和支付股利的能力。

现金流量表提供的信息，能够用于分析企业未来获取现金的能力，分析企业投资和理财活动对经营成果和财务状况的影响，有助于对企业的整体财务状况做出客观评价。

(三)现金流量表的结构

我国企业的现金流量表由报表正表和补充资料两部分组成。

正表是现金流量表的主体,企业一定会计期间现金流量的信息主要由正表提供。正表采用报告式,按照现金流量的性质,依次分类反映经营活动现金流量、投资活动现金流量和筹资活动现金流量,最后汇总反映企业现金及现金等价物净增加额。

补充资料包括三部分内容:将净利润调节为经营活动现金流量(即按间接法编制经营活动现金流量);不涉及现金收支的投资和筹资活动;现金及现金等价物净增加情况。

正表的基本格式如表5-3所示。

第五节 财务报表分析

一、财务报表分析的概念及意义

(一)财务报表分析的概念

财务报表分析,简称财务分析,是以企业财务报告及其他相关资料为主要依据,对企业的财务状况和经营成果进行评价和剖析,反映企业在运营过程中的利弊得失和发展趋势,从而为改进企业财务管理工作和优化经济决策提供重要财务信息的过程。

财务报表分析中最重要的资料是财务报告。财务报告至少包括:资产负债表、利润表、现金流量表、股东权益增减变动表、附注。

(二)财务报表分析的意义

财务报表分析是企业财务管理的一个重要组成部分,是现代企业必不可少的重要管理手段,它能够帮助企业管理者进行经营决策和改善经营管理,有利于投资者做出投资决策和债权人制定信用政策,有利于国家财税机关等政府部门加强税收征管工作和进行宏观调控。

二、财务报表分析的内容

财务报表分析信息的需求者主要包括企业所有者、企业债权人、企业经营决策者和政府等,不同主体出于不同的利益考虑,对财务报表分析信息有着不同的要求,其分析的内容如表5-4所示。

表 5-3 现金流量表

×× 年 ×× 月 ×× 日

编制单位： 金额单位：元

项　　目	行次	期末余额	年初余额	项　　目	行次	期末余额	年初余额
一、经营活动产生的现金流量				处置固定资产、无形资产和其他长期资产所收回的现金净额	30		
销售商品、提供劳务收到的现金	1	—	—	处置子公司及其他营业单位收到的现金净额	31		
客户存款和同业存放款项净增加款	2			收到其他与投资活动有关的现金	32		
向中央银行借款净增加额	3			投资活动现金流入小计	33		
向其他金融机构拆入资金净增加额	4			购建固定资产、无形资产和其他长期资产所支付的现金	34		
收到原保险合同保费取得的现金	5			投资支付的现金	35		
收到再保险业务现金净额	6			质押贷款净增加额	36		
保户储金及投资款净增加额	7			取得子公司及其他营业单位以付的现金净额	37		
处置以公允价值计量且其变动计入当期损益的金融资产净增加额	8			支付其他与投资活动有关的现金	38		
收取利息、手续费及佣金的现金	9			投资活动现金流出小计	39		
拆入资金净增加额	10			投资活动产生的现金流量净额	40		
回购业务资金净增加额	11			三、筹资活动产生的现金流量	41	—	—
收到的税费返还	12			吸收投资收到的现金	42		
收到其他与经营活动有关的现金	13			其中：子公司吸收少数股东投资收到的现金	43		
经营活动现金流入小计	14			取得借款所收到的现金	44		
购买商品、接受劳务支付的现金	15			发行债券收到的现金	45		
客户贷款及垫款净增加额	16			收到其他与筹资活动有关的现金	46		
	17						

续表

项目	行次	期末余额	年初余额
△存放中央银行和同业款项净增加额	18		
△支付原保险合同赔付款项的现金	19		
△支付利息、手续费及佣金的现金	20		
△支付保单红利的现金	21		
支付给职工以及为职工支付的现金	22		
支付的各项税费	23		
支付其他与经营活动有关的现金	24		
经营活动现金流出小计	25		
经营活动产生的现金流量净额	26	—	—
二、投资活动产生的现金流量	27		
收回投资收到的现金	28		
取得投资收益收到的现金	29		
筹资活动现金流入小计	47		
偿还债务所支付的现金	48		
分配股利、利润或偿付利息所支付的现金	49		
其中：子公司支付给少数股东的股利、利润	50		
支付其他与筹资活动有关的现金	51		
筹资活动现金流出小计	52		
筹资活动产生的现金流量净额	53		
四、汇率变动对现金及现金等价物的影响	54		
五、现金及现金等价物净增加额	55		
加：期初现金及现金等价物余额	56		
六、期末现金及现金等价物余额	57		
	58		

表 5-4 财务报表分析的内容

报表使用者	分析目的	分析内容
所有者（或股东）	决定是否投资； 考察经营者业绩； 决定股利分配政策	企业资产和盈利能力； 资产盈利水平、破产风险和竞争能力； 筹资情况
债权人	决定是否给企业贷款； 了解债务人短期偿债能力； 了解债务人长期偿债能力	贷款报酬和风险； 流动资金状况； 盈利状况
企业经营管理者	评价过去的经营业绩； 衡量现在的财务状况； 预测未来的发展趋势	财务报表使用者关心的一切问题
政府相关部门	了解企业纳税情况、职工收入和就业状况等	资金占用的使用效率和社会贡献程度

就企业总体来看，财务报表分析内容可归纳为三个方面：偿债能力分析、营运能力分析和盈利能力分析。其中，偿债能力是财务目标实现的稳健性保证，营运能力是财务目标实现的物质基础，盈利能力既是营运能力与偿债能力共同作用的结果，也对增强营运能力与偿债能力起着推动作用。三者相辅相成，构成企业财务报表分析的基本内容。

三、财务报表分析的方法

财务报表分析常用的方法主要包括比较分析法、比率分析法和趋势分析法等基本方法。

(一) 比较分析法

比较分析法也叫"对比分析法"，它是将两个或两个以上的可比数据进行对比，计算出比率或差额，揭示差异并寻找差异原因的一种方法。它是最基本的分析方法，在财务报表分析中应用很广。常见的可供比较的标准有历史标准、行业标准、预算标准、经验标准等。该方法反映同一指标在不同时间或不同空间上的对比。通过比较，确定前后不同时期该项指标的变动情况，以及与同行业平均水平或国内同行业先进水平之间的差距，有助于了解企业经营管理活动的发展趋势和管理工作的质量好坏，赶超先进水平，有利于规划未来。在应用该指标分析时要注意可供比较指标的可比性。

(二) 比率分析法

比率分析法是通过计算各种比率指标来确定经济活动变动程度的一种分析方法。由于该方法能够把某些条件下的不可比指标变成可比指标，所以相对于比较分析法更具有科学性，已成为当前财务报表分析的主要方法。

由于分析目的和角度的不同,比率分析法分为结构比率、效率比率和相关比率三种。

1. 结构比率

结构比率,又称"构成比率",它是财务报表中个别项目数值与全部项目数值的百分比。其计算公式为:

$$结构比率 = (个体数据 \div 总体数据) \times 100\% \qquad (5\text{-}3)$$

该指标反映部分与整体的关系,可以分析总体中某个部分的形成和安排是否合理,还可以通过不同时期结构比率的比较,揭示其变化趋势,以便协调各项财务活动。存货与流动资产的比率、流动资产与全部资产的比率等都属于结构比率。

2. 效率比率

效率比率是某项经济活动中所费与所得的比率,反映投入与产出的关系。该指标的分子代表产出的项目,通常是利润资料;分母则代表投入的数据,通常是资产、所有者权益、收入、成本费用等资料。利用效率指标,可以进行得失比较,考察经营成果,评价经济效益。如通过主营业务利润率、成本利润率、净资产利润率指标的计算分析,可以从不同角度观察比较企业的盈利能力的高低及其增减变化的情况。

3. 相关比率

相关比率是将两个相互有联系的财务指标相比计算的比率指标。利用相关比率,可以分析评价相互关联的业务安排是否合理,能否保障企业经营管理活动的顺畅进行,进一步从不同角度揭示企业财务状况。例如,短期偿债能力指标中的流动比率、速动比率等属于相关比率。

(三)趋势分析法

趋势分析法是指利用财务报告提供的数据资料,将两期或连续数期的相同指标进行定基对比和环比对比,揭示企业财务状况和经营成果变化趋势的一种分析方法。它是比较分析法的延伸。该方法可以反映分析指标在各期间的增减变动方向、数额和幅度,并预测企业未来的发展趋势,从而判断企业经营成果和财务状况。具体运用的主要方式有:不同时期重要财务指标的比较、会计报表的比较和会计报表项目构成的比较三种。

四、常用的财务比率分析

通常地,企业的财务报告可以反映企业财务状况和经营成果等信息,财务报告中有大量的数据,可以根据需要计算出很多有意义的比率,下面重点介绍企业的偿债能力分析、营运能力分析和盈利能力分析三个方面的基本指标。

(一)企业偿债能力分析

偿债能力是指企业偿还到期债务的能力,是反映企业财务状况和经营能力的重要标志。企业偿债能力低,不仅说明企业资金紧张,难以支付日常经营支出,而且说明企业资金周转不灵,难以偿还到期应偿付的债务,甚至面临破产危险。企业的负债包括流动负债和长期负债,所以企业偿债能力分析包括短期偿债能力和长期偿债能力两个方面。

1. 短期偿债能力

短期偿债能力是指企业以流动资产偿还流动负债的能力,它取决于流动资产的变现能力。除货币资金外,变现能力强的流动资产还有有价证券、应收票据及应收账款等。短期偿债能力的好坏,直接影响一个企业的短期存活能力,它是企业健康与否的重要指标。短期偿债能力的分析对透视企业的财务状况有重大的价值和影响,一个盈利不错的企业很可能仅仅因为不能偿还当前债务而陷入危机,甚至可能破产或被兼并,因为此项能力的评估直接影响分析者对企业生存及竞争能力的看法。如果一个企业缺乏短期偿债能力,不但无法获取有力的进货折扣的机会,公司的信用等级降低,融资能力减弱,而且由于无力支付其短期债务,势必会被迫出售长期资产,甚至因无力偿债而导致破产。反映企业变现能力的指标主要有流动比率、速动比率和现金比率。

(1)流动比率。流动比率是企业流动资产与流动负债之比。其计算公式为:

$$流动比率 = 流动资产 \div 流动负债 \tag{5-4}$$

流动比率是衡量短期债务清偿能力最常用的比率,是衡量企业短期风险的指标。流动比率越高,表示其资产流动性越大,短期偿债能力越强。

一般认为流动比率不宜过高也不宜过低,应维持在 2∶1 左右(因而也称之为 2 与 1 比率),表示企业的短期偿债能力比较稳妥,除了满足日常生产经营的流动资金需要外,还有足够的财力支付到期短期债务。如果比例过低,则表示企业的流动资金可能捉襟见肘,难以如期偿还债务。但是,流动比率也不能过高,过高则表示流动资产占用较多,会影响资金的使用效率和企业的获利能力。

(2)速动比率。速动比率又称"酸性试验比率",是企业速动资产与流动负债之比。速动资产是指现金、交易性金融资产及应收账款等各项可迅速变现支付流动负债的资产,实务中往往以流动资产减去变现能力较差且不稳定的存货后的余额来表示。这是因为在流动资产中,存货是流动性最差的一种,其变现不仅要经过销货和收账两道手续,而且存货中还会发生一些损失。因此,在分析中将存货从流动资产中减去,可以更好地反映企业的短期偿债能力。速动比率是对流动比率的补充，其计算公式为：

$$速动比率 = 速动资产 \div 流动负债 = (流动资产 - 存货) \div 流动负债 \tag{5-5}$$

一般情况下，速动比率越高，说明企业的短期偿债能力越好。它也是评价企业短期偿债能力的一个有效工具。一般认为一个公司的速动比率正常值应该为1∶1，低于1的速动比率被认为偿还短期债务能力偏低；而速动比率过高则又说明企业因拥有过多的货币性资产，而可能丧失一些有利的投资和获利机会，增加企业的机会成本。当然这只是一般的看法，因为不同的行业其速动比率的值也会有很大的差异。例如，商业零售业一般很少有应收账款，而其存货在流动资产中所占的比重往往很大，该类企业的速动比率往往低于1。所以在对一个企业进行指标分析时要注意考虑企业所属行业的特点。影响速动比率可信性的重要因素是应收账款的变现能力，账面上的应收账款不一定都能变成现金，实际坏账可能比计提的准备要多，同时季节性的变化也可能使财务报告中的应收款数额不能反映平均水平。

(3)现金比率。现金比率是指一定时期内企业的现金及现金等价物与流动负债的比率。现金是指企业的货币资金，现金等价物是指企业持有的可以在三个月或更短时间内即到期或可以转换为现金的交易性金融资产。现金比率可以反映企业随时偿还债务的能力或对流动负债随时支付的程度。其计算公式为：

$$现金比率 = (现金 + 现金等价物) \div 流动负债 \tag{5-6}$$

一般而言，现金比率越高，说明企业可用于偿还流动负债的现金数额越多，可变现损失的风险就越小，而且变现的时间也越短。

2. 长期偿债能力

长期偿债能力是指企业偿还长期负债的能力。对企业来讲，企业所借入的长期债务可以长期使用，这有利于扩大企业的生产经营和发展，但同时也会加大企业的资金成本和财务风险，所以应该注意对长期偿债能力的分析。企业长期偿债能力的衡量指标主要有资产负债率、产权比率、已获利息倍数等。

(1)资产负债率。资产负债率又称"负债比率"，指企业负债总额与资产总额的比率。它表明企业资产总额中，债权人提供资金所占的比重，以及企业资产对债权人权益的保障程度。其计算公式为：

$$资产负债率 = (负债总额 \div 资产总额) \times 100\% \tag{5-7}$$

一般情况下，资产负债率越小，表明企业长期偿债能力越强。由于资产＝负债＋所有者权益，所以资产总额应该大于负债总额，资产负债率应该小于1。如果资产负债率大于1，说明企业资不抵债；如果企业的资产负债率较低（50%以下),则说明企业有较好的偿债能力和负债经营能力。

不同的主体对该指标的大小有不同的看法。

从债权人的立场看,他们最关心的是贷给企业的款项的安全程度,也就是能否按期收回本金和利息。如果股东提供的资本与企业资本总额相比,只占较小的比例,则企业的风险将主要由债权人负担,这对债权人来讲是不利的。因此,他们希望债务比例越低越好,这样企业偿债有保证,贷款不会有太大的风险。

从股东的角度看,由于企业通过举债筹措的资金与股东提供的资金在经营中发挥同样的作用,所以,股东所关心的是全部资本利润率(即总资产报酬率)是否超过借入款项的利率,即借入资本的代价。如果在企业所得的全部资本利润率超过因借款而支付的利息率时,股东所得到的利润就会增大。如果相反,运用全部资本所得的利润率低于借款利息率,则对股东不利,因为借入资本的多余的利息要用股东所得的利润份额来弥补。因此,从股东的立场来看,在全部资本利润率高于借款利息率时,负债比例越大越好,否则越小越好。

从经营者的立场看,如果举债很大,超出债权人的心理承受程度,则认为是不保险的,企业就借不到钱。如果企业不举债,或负债比例很小,说明企业畏缩不前,对前途信心不足,利用债权人资本进行经营活动的能力很差。借款比率越大(当然不是盲目借款),越显得企业活力充沛。从财务管理的角度来看,企业应当审时度势,全面考虑,在利用资产负债率制定借入资本决策时,必须充分估计预期的利润和增加的风险,在二者之间权衡利害得失,做出正确决策。

(2)产权比率。产权比率是指负债总额对所有者权益总额的比率,又称负债对所有者权益的比率。其计算公式如下:

$$产权比率 = (负债总额 \div 所有者权益总额) \times 100\% \qquad (5-8)$$

产权比率用来表明由债权人提供的和由投资者提供的资金来源的相对关系,反映企业基本财务结构是否稳定。一般来说,所有者提供的资本大于借入资本为好,这一指标越低,表明企业的长期偿债能力越强,债权人权益的保障程度越高,承担的风险越小。该指标同时也表明债权人投入的资本受到所有者权益保障的程度,或者说是企业清算时对债权人利益的保障程度。

(3)已获利息倍数。已获利息倍数又称"利息保障倍数",是指企业在一个会计期间内获得的息税前利润与固定利息费用的倍数关系。其计算公式为:

$$\begin{aligned}已获利息倍数 &= 息税前利润 \div 利息费用 \\ &= (净利润 + 所得税 + 利息费用) \div 利息费用\end{aligned} \qquad (5-9)$$

息税前利润是指利润表中未扣除利息和所得税之前的利润,可以用利润总额+利息费用来计算,但由于利润表中利息费用没有单列,而是放在财务费用中的,所以外部信息使用者只能用利润总额＋财务费用来计算。

已获利息倍数不仅反映了企业获利能力的大小,而且反映了获利能力对偿还到期债务的保障程度,它既是企业负债经营的前提,也是衡量企业长期偿债能力大小的重要标志。由此可以得出这样的启示:若要维持正常的偿债能力,从长期看,利息保障倍数至少应当大于 1,且比值越高,企业长期偿债能力一般也就越强。如果利息保障倍数过小,则企业将面临亏损、偿债的安全性与稳定性下降的风险。具体数据应该根据往年的经验并结合行业特点来判断。

(二)企业营运能力分析

营运能力指标是指用来衡量企业在资产管理方面效率的财务比率,也是反映企业资金周转状况的指标。企业生产经营资金周转的速度越快,表明企业资金利用的效果越好、效率越高,企业管理人员的经营能力越强。营运能力分析主要包括存货周转率、应收账款周转率、流动资产周转率和总资产周转率等指标。

1. 存货周转率

存货周转率是某一特定期间的营业成本与存货平均成本的比率关系,用以衡量企业存货通过销售实现周转的速度,并借以测验存货的管理绩效。其表现为存货周转次数和存货周转天数两个指标。

(1)存货周转次数。存货周转次数,反映年度内存货平均周转的次数,其计算公式为:

$$存货周转次数 = 营业成本 \div 平均存货 \tag{5-10}$$

其中:平均存货=(期初存货＋期末存货)÷2

(2)存货周转天数。存货周转天数是指存货完成一次循环所需的时间,其计算公式为:

$$存货周转天数 = 360 \div 存货周转次数 \tag{5-11}$$

存货周转率是分析企业存货流动情况的一项指标。存货周转次数多、周转天数少,表明存货的使用效率越高,存货囤积的风险相对降低。否则,存货周转缓慢,通常是企业库存管理不良、供产销配合不好、库存积压和资金积压的结果,这样导致企业库存成本上升、利息支出增加、资金流定性减弱,企业应及时加以改变。存货周转率与行业差别有密切的关系,诸如建筑行业、养殖业及木材业等的存货周转率较低,而出口贸易业、百货业及煤气供应业等的存货周转率较高。

2. 应收账款周转率

应收账款周转率是反映应收账款周转速度的比率,其表现为应收账款周转次数和应收账款周转天数两个指标。

(1)应收账款周转次数。应收账款周转次数是指营业收入同平均应收账款余额之间的比例关系,用以测定其特定期间内企业收回赊销款项的速度和效率。其计算公式为:

$$应收账款周转次数 = 营业收入 \div 平均应收账款余额 \quad (5-12)$$

其中:平均应收账款余额=(期初应收账款+期末应收账款)÷2

(2)应收账款周转天数。应收账款周转天数也叫平均收账期或平均应收账款回收期,反映企业收回账款的时间长短。其计算公式为:

$$应收账款周转天数 = 360 \div 应收账款周转次数 \quad (5-13)$$

应收账款周转率是分析企业资产流动情况的一项指标。应收账款周转次数多,周转天数少,表明应收账款周转快,企业信用销售严格。反之,表明应收账款周转慢,企业信用销售宽松。

3. 流动资产周转率

流动资产周转率反映企业流动资产的利用效率,是主营业务收入净额与全部流动资产的平均余额的比率,其计算公式为:

$$流动资产周转率(次) = 主营业务收入净额 \div 流动资产平均余额 \quad (5-14)$$

其中:流动资产平均余额=(流动资产年初数+流动资产年末数)÷2

在一定时期内,流动资产周转率越高,表明以相同的流动资产完成的收入额越多,流动资产利用的效果越好。

4. 总资产周转率

总资产周转率是考察企业资产运营效率的一项重要指标,体现了企业经营期间全部资产从投入到产出的流转速度,反映了企业全部资产的管理质量和利用效率。

$$总资产周转率(次) = 营业收入净额 \div 平均资产总额 \quad (5-15)$$

或者

$$总资产周转率 = 销售收入 \div 总资产$$

$$总资产周转天数 = 360 \div 总资产周转率(次)$$

公式中,营业收入净额是减去销售折扣及折让等后的净额。

$$平均资产总额 = (资产总额年初数 + 资产总额年末数) \div 2 \quad (5-16)$$

通过该指标的对比分析,可以反映企业本年度以及以前年度总资产的运营效率和变化,发现企业与同类企业在资产利用上的差距,促进企业挖掘潜力、积极创收、提高产品市场占有率、提高资产利用效率。一般情况下,该数值越高,表明企业总资产周转速度越快,销售能力越强,资产利用效率越高。

(三)企业盈利能力分析

盈利能力是指企业赚取利润的能力。无论是投资人、债权人还是企业管理人员,都非常重视和关心企业的盈利能力。通过对企业盈利能力的分析,可以了解企业的投资是否都得到合理的回报,评价企业管理的业绩,帮助投资者做出相关决策。反映企业盈利能力的指标很多,主要包括营业利润率、主营业务净利润率、资本收益率、净资产收益率、资产净利润率和资本保值增值率等。

1. 营业利润率

营业利润率是企业营业利润与业务收入(销售收入)的比率,其计算公式为:

$$营业利润率 = (营业利润 \div 业务收入) \times 100\% \quad (5-17)$$

营业利润中不包括企业发生的和正常经营没有直接关系的其他利润,如投资收益。营业利润率越大,说明企业经营活动的盈利能力强,营业利润率增长越快,说明企业经营活动盈利能力增强。

2. 主营业务净利润率

主营业务净利润率是企业净利润与主营业务收入净额的比率,其计算公式为:

$$主营业务净利润率 = (净利润 \div 主营业务收入净额) \times 100\% \quad (5-18)$$

其中:净利润 = 利润总额 - 所得税额

主营业务净利润率是反映企业盈利能力的一项重要指标,这项指标越高说明企业从主营业务收入中获取利润的能力越强。影响该指标的因素较多,主要有商品质量、成本、价格、销售数量、期间费用及税金等。

3. 资本收益率

资本收益率是企业净利润与实收资本(或股本)的比率,其计算公式为:

$$资本收益率 = [净利润 \div 实收资本(或股本)] \times 100\% \quad (5-19)$$

会计期间实收资本有变动时,公式中的实收资本应采用平均数。资本收益率越高,说明企业资本的盈利能力越强,对股份有限公司来说意味着股票升值。

影响这项指标的因素除了包括影响净利润的各项因素以外,还有一项重要因素,即企业负债经营的规模。在不明显增加财务风险的条件下,负债越多,资本收益率越高,负债经营规模的大小会直接影响这项指标的高低。

4. 净资产收益率

净资产收益率用于反映所有者对企业投资部分的盈利能力,也叫所有者权益报酬率或净资产利润率。其计算公式为:

$$净资产收益率 = (净利润 \div 所有者权益平均余额) \times 100\% \quad (5-20)$$

净资产收益率越高,说明企业所有者权益的盈利能力越强。影响该指标的因素除了企业的盈利水平以外,还有企业所有者权益的大小。对所有者来说,该比率越大,投资者投入资本的盈利能力越强。在我国,该指标既是上市公司对外必须披露的信息内容,也是决定上市公司能否配股进行再融资的重要依据。

5. 资产净利润率

资产净利润率也叫"资产收益率",是企业净利润与平均资产总额的比率,用于衡量运用资产创造利润的能力。其计算公式为:

$$资产净利润率 = (净利润 \div 平均资产总额) \times 100\% \qquad (5-21)$$

其中:平均资产总额=(期初资产总额+期末资产总额)÷2

资产净利润率越高,说明企业全部资产的盈利能力越强,说明企业能很好地运用了企业资产来创造利润。该指标与净利润成正比,与资产平均总额成反比。

6. 资本保值增值率

资本保值增值率是指企业本年末所有者权益同年初所有者权益的比率,是评价企业经济效益状况的辅助指标。其计算公式为:

$$资本保值增值率 = (期末所有者权益 \div 期初所有者权益) \times 100\% \qquad (5-22)$$

这一指标是根据资本保全原则设计的,反映企业资本的保全和增值情况,它充分体现了对所有者权益的保护,能够及时、有效地发现所有者权益减少的现象。该指标越高,说明企业资本保全状况约好,所有者权益增长越快,债权人的权益越有保障,企业发展后劲越强。

第六章 税务常识

【学习目标】

通过学习我国税收的基本种类、建筑施工企业主要涉税问题、税收征管、发票与收据和税务检查等常识,熟悉有关税法规定,了解税收征管的主要制度、增值税发票使用与管理,有效防范建设施工企业需要面临的各种涉税风险。

第一节 税收概述

一、税收的概念

税收是政府为了满足社会公共需要,凭借政治权力,强制、无偿地取得财政收入的一种形式。

税收是实现国家职能的物质基础,是国家财政收入的主要来源。国家需要依靠稳定的税收去维系政权机构、国防力量、公检法机关等国家机器的正常运作;并为社会全体成员提供公共产品和公共服务,如建设公共基础设施、发展科教文卫事业、完善社会福利等。

税收是国家权力的重要体现,它税收伴随国家的产生而产生,是国家区别于原始氏族组织的特征之一。国家是征税权的主体,而国家权力是税收的依托。国家对这部分社会财富的占有,不是因为财产权利,而是因为政治权力。

税收总是依赖于一定的法律制度进行,它是一种国家行为,需要借助法律的权威性来保障实施。征税和纳税双方不可避免地存在利益冲突,只有通过法律形式才能使国家的税收活动健康有序地进行。

二、税收的特征

税收具有强制性、无偿性、固定性的特点。"三性"是区别税与非税的重要依据,也是税收权威性的集中体现。

1. 强制性

税收的强制性是指法律对税收实体的约束力。国家征税往往是按照国家意志,不以纳税人意愿为转移。在税法规定的范围内,任何单位和个人都必须依法纳税,否则国家将通过强制力迫使其履行纳税义务。

2. 无偿性

在征税的过程中,国家和纳税人的权利和义务是不对等的,社会财富由纳税人向国家的转移是单方向和无条件的,政府不以支付报酬或劳务作为纳税人纳税的前提。无偿性是针对具体纳税人的,对整体纳税人而言,税收是"取之于民、用之于民"的。

3. 固定性

税收的固定性集中体现了税收法定的原则。国家以法律的形式规定了统一的征税标准,税收征收机关和纳税人应共同遵守,不得随意变更或修改。国家的税制总在一定时期内保持稳定,有利于防止征税权滥用、保护纳税人的合法权利。

三、税收的要素

税收的构成要素又叫"课税要素",其中征税对象、纳税人和税率或征收率是各种单行税种法共有的最基本要素。

1. 征税对象

征税对象是指征税的标的物,即规定对什么征税。征税对象是一种税区别于另一种税的标志,是税法分类的最重要依据。税目是征税对象的具体化,如消费税可以划分为烟、酒、鞭炮、焰火、化妆品等税目。

2. 纳税人

纳税人又称"纳税义务人",是指直接负有纳税义务的单位和个人(包括自然人和法人),即规定由谁纳税。为了防止税款流失,提高征收效率,税法还规定了扣缴义务人,如个人所得税的纳税人是所得人,支付所得的单位或个人为扣缴义务人。

3. 税率

税率是指应纳税额与计税依据之间的比例,主要有以下三种基本形式:

(1)比例税率,是指针对同一征税对象或税目,无论数额大小,只规定一个比例的税率。

(2)累进税率,是指针对同一征税对象或税目,随着数额的增加,征收比例也随之升高,如个人所得税。

(3)定额税率,是指按征税对象的一定计量单位直接规定一个固定的税额。定额税率适用于从量计征的税种,与价格无关。

除了这三个基本要素之外,具体的税法还往往涉及税收优惠、纳税环节、纳税期限、纳税地点、税收责任等要素。

四、税收的种类

税收可以按照一定的标准划归为若干类别:按税负能否转嫁可分为直接税和间接税;按计税依据可分为从价税和从量税;按税收与价格的关系可分为价内税和价外税;按征收实体可分为实物税、货币税和劳役税;按税收管辖和支配分为国税、地税和共享税等。

以征税对象为标准进行分类是国际上最基本的一种税收分类方式。据此,我国税收大致可以划分为如下五大类:针对流转额征收的流转税;针对所得额或收益额征收的所得税;针对特定财产征收的财产税;针对特定行为或特定目的征收的行为和目的税;针对开发利用的资源数量或价值征收的资源税等。

流转税是以商品与劳务的流转额为征税对象的税的统称。流转税是我们国家的主体税种,主要包括增值税、消费税、营业税、关税等。其中,全面推开营改增试点已于2016年5月1日实施,这就意味着我国的营业税从2016年5月1日起停征。

所得税亦称"收益税",是指以各种所得额为课税对象的一类税。所得税也是我国税制结构中的主体税类,包括企业所得税、个人所得税等税种。内外资企业所得税率统一为25%。国家给予了两档优惠税率:一是符合条件的小型微利企业,减按20%的税率征收;二是国家需要重点扶持的高新技术企业,减按15%的税率征收。

财产税是指以纳税人所拥有或支配的财产为课税对象的一类税,包含房产税、契税、城镇土地使用税、土地增值税、车船税等。

特定行为和特定目的税是国家针对纳税人的特定行为或者为了特定目的而征收的一类税。主要包括:印花税、车辆购置税、城市维护建设税等。

资源税是指对在我国境内从事资源开发的单位和个人征收的一类税。我国现行税制中跟资源税有关的税种有土地增值税、耕地占用税和城镇土地使用税。

第二节 建设施工企业主要涉税税种

一、增值税

增值税是对商品生产流通或提供劳务过程中实现的增值额征收的一种税。

(一)征收对象

增值税的征收对象主要包括销售货物、提供加工修理修配劳务和进口货物。

这里所指的货物是指有形动产,销售不动产或转让无形资产属于营业税的征收范围。这里的劳务仅限于加工和修理修配。进口货物的增值税与海关一并征收。

(二)纳税人

在我国境内销售货物或者提供加工、修理修配劳务以及进口货物的单位和个人,均为增值税的纳税义务人。为了便于征收管理,增值税纳税人按其经营规模大小及会计核算健全程度分为一般纳税人和小规模纳税人两类。

(三)税率、征收率或预征率(2019年4月1日最新税政)

增值税的税率适用于一般纳税人,目前有13%、9%、6%、0共四档税率;征收率一共有2档,3%和5%,一般是3%,财政部和国家税务总局另有规定的除外。个人出租住房,按照5%的征收率减按1.5%计算应纳税额。销售自己使用过的固定资产、旧货,按照3%征收率减按2%征收;预征率有3档,2%、3%和5%,销售建筑服务,一般计税项目按2%预征率,简易计税按3%预征率,销售自行开发房地产与不动产分别按3%、5%预征。

(四)应纳税额的计算

一般纳税人在销售货物或提供应税劳务时,应纳税额为当期销项税额抵扣当期进项税额后的余额。其计算公式为:

$$应纳税额 = 销项税额 - 进项税额 = 不含增值税销售额 \times 税率 - 进项税额 \tag{6-1}$$

小规模纳税人在计算应纳税额时不得抵扣进项税额,其计算公式为:

$$应纳税额 = 不含增值税销售额 \times 征收率 \tag{6-2}$$

一般纳税人和小规模纳税人在进口货物时,计税依据是关税完税价格、关税和消费税的总和,亦不得抵扣进项税额。因此:

$$应纳税额 = (关税完税价格 + 关税 + 消费税) \times 税率 \tag{6-3}$$

自2016年5月营改增后,增值税税种扩大了征税范围,建筑业全面实行营改增;2018年5月,增值税应税销售行为或者进口货物,原适用17%和11%税率的,税率分别调整为16%、10%;2019年4月,增值税应税销售行为或者进口货物,原适用16%税率的,税率调整为13%,原适用10%税率的,税率调整为9%。

同时,2019年4月起,根据《关于深化增值税改革有关政策的公告》规定,对于允许在销项税额中抵扣的范围进行扩大,如国内旅客运输服务等,更多关于增值税税收内容请参见营改增篇章。

二、消费税

消费税是对我国境内从事生产、委托加工和进口应税消费品的单位和个人,就其销售额或销售数量征收的一种税。

(一)征收对象

消费税的征收对象为涉及有危害性的特殊消费品;非生活必需品、奢侈品;高能耗及高档消费品;不可再生的资源性消费品;具有一定财政意义的消费品。目前的应税消费品税目有15种:烟、酒、鞭炮烟花、木制一次性筷子、实木地板、贵重首饰、高档手表、化妆品、高尔夫球及球具、游艇、小轿车、摩托车、成品油、电池、涂料等。

(二)纳税人

消费税的纳税人为在我国境内生产、委托加工和进口应税消费品的单位和个人。

(三)税率

对于价格差异大,计量单位难以规范的消费品采取从价定率的比例税率,除黄酒、啤酒、成品油、卷烟、白酒等大多数消费品采用从 3% ~ 45% 不等的比例税率。

对于价格差异不大、计量单位规范的消费品采取从量定额的定额税率,如黄酒的单位税额为 240 元/吨。

对于卷烟和白酒则采用从价比例和从量定额的复合税率。

(四)应纳税额的计算

适用比例税率消费品的消费税计算公式为:
$$应纳税额 = 应税消费品的销售额 \times 比例税率 \tag{6-4}$$
适用定额税率消费品的消费税计算公式为:
$$应纳税额 = 销售数量 \times 单位税额 \tag{6-5}$$
适用复合税率消费品的消费税计算公式为:
$$应纳税额 = 应税消费品的销售额 \times 比例税率 + 销售数量 \times 单位税额 \tag{6-6}$$

三、关税

关税是根据进出口税则对准许进出口的货物和物品征收的税种。广义关税还包括对进口环节代征的增值税和消费税等。

(一)征收对象

关税的征税对象为准许进出境的货物和物品,包括贸易性商品和通过相关渠道入境的个人物品。

(二)纳税人

关税的纳税人包括进口货物的收货人、出口货物的发货人、进出境物品的所有人。

(三)税率

目前我国进出口税的税率主要有:最惠国税率、协定税率、特惠税率和普通税率等。

(四)应纳税额的计算

适用从价计征货物的关税计算公式为:

$$应纳税额 = 完税价格 \times 关税税率 \qquad (6-7)$$

适用从量计征货物的关税计算公式为:

$$应纳税额 = 货物数量 \times 单位税额 \qquad (6-8)$$

四、企业所得税

企业所得税是对各类企业和经济组织的生产经营所得和其他所得征收的一种税。

(一)征收对象

企业所得税的征收对象为企业和其他获得收入组织的生产经营所得和其他所得,包括销售货物所得、提供劳务所得、转让财产所得、股息红利所得、利息所得、租金所得、特许权经营使用费所得、接受捐赠所得和其他所得。

(二)纳税人

企业所得税的纳税人包括我国境内的企业和其他取得收入的组织,除企业外,还包括创收的事业单位、社会团体、商会、基金会、农民专业合作社等,但不包括个人独资企业和合伙企业,因为该两种企业适用个人所得税。

(三)税率

我国现行企业所得税采用25%的比例税率,但非居民企业在中国境内未设立机构、场所但取得来源于中国境内的所得,或者虽设立机构、场所但取得的与所设机构、场所没有实际联系的所得,适用20%的比例税率。此外,符合条件的小型微利企业和国家重点扶持的高新技术企业分别采用20%和15%的税率。

(四)应纳税额的计算

企业所得税的计算公式为:

$$应纳税额 = 应纳税所得额 \times 适用税率 - 减免税额 - 抵免税额 \quad (6-9)$$

五、个人所得税

个人所得税是以个人(自然人)取得的各项应税所得为征税对象所征收的一种税。

(一)征收对象

个人应税所得包括:工资薪金所得;劳务报酬所得;稿酬所得;特许权使用费所得;个体工商户的生产经营所得;对企事业单位的承包经营、承租经营所得;利息、股息、红利所得;财产租赁所得;财产转让所得;偶然所得;经国务院财政部门确定征税的其他所得。个人取得的所得,难以界定应纳税所得项目的,由国务院税务主管部门确定。

(二)纳税人

个人所得税的纳税义务人既包括居民纳税义务人,也包括非居民纳税义务人。居民纳税义务人负有完全纳税的义务,必须就其来源于中国境内、境外的全部所得缴纳个人所得税;而非居民纳税义务人仅就其来源于中国境内的所得,缴纳个人所得税。其中居民纳税人负有无限纳税义务,非居民纳税人仅就来源于中国境内的所得向中国纳税。

(三)税率

根据最新修改的个人所得税法,原工资薪金所得适用的5%~45%的9级超额累进税率调整为3%~45%的7级超额累进税率,并采用累计预扣法计算预扣税款,见下表。

表6-1 个人所得税预扣率表一
(居民个人工资、薪金所得预扣预缴适用)

级数	累计预扣预缴应纳税所得额	预扣率(%)	速算扣除数
1	不超过36000元的部分	3	0
2	超过36000元至144000元的部分	10	2520
3	超过144000元至300000元的部分	20	16920
4	超过300000元至420000元的部分	25	31920
5	超过420000元至660000元的部分	30	52920
6	超过660000元至960000元的部分	35	85920
7	超过960000元的部分	45	181920

劳务报酬所得、稿酬所得、特许权使用费所得,以每次收入额为预扣预缴应纳税所得额,计算应预扣预缴税额。劳务报酬所得适用个人所得税预扣率表二。稿酬所得适用20%的比例预扣率,并按应纳税额减征30%,即实际税率是14%。特许权使用费所得,利息、股息、红利所得,财产租赁所得,财产转让所得,偶然所得,其他所得适用20%的比例税率。

表6-2 个人所得税预扣率表二
(居民个人劳务报酬所得预扣预缴适用)

级数	应纳税所得额	税率(%)	速算扣除数
1	不超过20000元的	20	0
2	超过20000元至50000元的部分	30	2000
3	超过50000元的部分	40	7000

表6-3 个人所得税税率表三
(非居民个人工资、薪金所得,劳务报酬所得,稿酬所得,特许权使用费所得适用)

级数	应纳税所得额	税率(%)	速算扣除数
1	不超过3000元的	3	0
2	超过3000元至12000元的部分	10	210
3	超过12000元至25000元的部分	20	1410
4	超过25000元至35000元的部分	25	2660
5	超过35000元至55000元的部分	30	4410
6	超过55000元至80000元的部分	35	7160
7	超过80000元的部分	45	15160

表6-4　个人所得税预扣率表四
（个体工商户的生产、经营所得和对企事业单位的承包经营、承租经营所得适用）

级　数	全年应纳税所得额	税率(%)	速算扣除数
1	不超过30000元的	5	0
2	超过30000元至90000元的部分	10	1500
3	超过90000元至300000元的部分	20	10500
4	超过300000元至500000元的部分	30	40500
5	超过500000元的部分	35	65500

如果承担经营风险，对经营所得拥有所有权，只向出包方缴纳一定的费用，那么按照承包经营所得项目缴纳，适用个体工商户的生产、经营所得和对企事业单位的承包经营、承租经营所得五级超额累进税率。

如果对承包经营所得不拥有所有权，仅按合同规定取得一定所得，按照工资薪金所得缴纳所得税，适用工资薪金七级超额累进税率。

部分税务局对建安业核定征收个人所得税，按照建安产值一定比例核定征收，这样会产生较大的税费负担，项目部应积极与税务局沟通，争取查账征收，减轻个人税务负担。

个税扣缴申报管理：

(1)扣缴义务人向居民个人支付工资、薪金所得时，应当按照累计预扣法计算预扣税款，并按月办理扣缴申报。

累计预扣法是指扣缴义务人在一个纳税年度内预扣预缴税款时，以纳税人在本单位截至当前月份工资、薪金所得累计收入减除累计免税收入、累计减除费用、累计专项扣除、累计专项附加扣除和累计依法确定的其他扣除后的余额为累计预扣预缴应纳税所得额，适用个人所得税预扣率表一，计算累计应预扣预缴税额，再减除累计减免税额和累计已预扣预缴税额，其余额为本期应预扣预缴税额。余额为负值时，暂不退税。纳税年度终了后余额仍为负值时，由纳税人通过办理综合所得年度汇算清缴，税款多退少补。

具体计算公式如下：

本期应预扣预缴税额＝（累计预扣预缴应纳税所得额×预扣率－速算扣除数）－累计减免税额－累计已预扣预缴税额　　　　　　　　　(6-10)

累计预扣预缴应纳税所得额＝累计收入－累计免税收入－累计减除费用－累计专项扣除－累计专项附加扣除－累计依法确定的其他扣除　　(6-11)

其中：累计减除费用按照5000元/月乘以纳税人当年截至本月在本单位的任职受雇月份数计算。

累计专项扣除按照工资额中扣除由个人承担的三险一金年累数确定,包括:基本养老保险、基本医疗保险、失业保险、住房公积金。

累计专项附加扣除,按照6项专项附加扣除年累数确定,包括:子女教育、继续教育、大病医疗、住房贷款利息、租房租金、赡养老人。

累计依法确定的其他扣除,包括年金、商业健康保险、公益性捐赠等。

(2)扣缴义务人向居民个人支付劳务报酬所得、稿酬所得、特许权使用费所得时,应当按照以下方法按次或者按月预扣预缴税款:

劳务报酬所得、稿酬所得、特许权使用费所得以收入减除费用后的余额为收入额;其中,稿酬所得的收入额减按70%计算。

减除费用:预扣预缴税款时,劳务报酬所得、稿酬所得、特许权使用费所得每次收入不超过4000元的,减除费用按八百元计算;每次收入4000元以上的,减除费用按收入的20%计算。

应纳税所得额:劳务报酬所得、稿酬所得、特许权使用费所得,以每次收入额为预扣预缴应纳税所得额,计算应预扣预缴税额。劳务报酬所得适用个人所得税预扣率表二,稿酬所得、特许权使用费所得适用20%的比例预扣率。

(3)居民个人办理年度综合所得汇算清缴时,应当依法计算劳务报酬所得、稿酬所得、特许权使用费所得的收入额,并入年度综合所得计算应纳税款,税款多退少补。

(4)扣缴义务人向非居民个人支付工资、薪金所得,劳务报酬所得,稿酬所得和特许权使用费所得时,应当按照以下方法按月或者按次代扣代缴税款:

非居民个人的工资、薪金所得,以每月收入额减除费用5000元后的余额为应纳税所得额;劳务报酬所得、稿酬所得、特许权使用费所得,以每次收入额为应纳税所得额,适用个人所得税税率表三(见附件)计算应纳税额。劳务报酬所得、稿酬所得、特许权使用费所得以收入减除20%的费用后的余额为收入额;其中,稿酬所得的收入额减按70%计算。

非居民个人在一个纳税年度内税款扣缴方法保持不变,达到居民个人条件时,应当告知扣缴义务人基础信息变化情况,年度终了后按照居民个人有关规定办理汇算清缴。

(5)劳务报酬所得、稿酬所得、特许权使用费所得,属于一次性收入的,以取得该项收入为一次;属于同一项目连续性收入的,以一个月内取得的收入为一次。

财产租赁所得,以一个月内取得的收入为一次。

利息、股息、红利所得,以支付利息、股息、红利时取得的收入为一次。

偶然所得,以每次取得该项收入为一次。

六、房产税

房产税是以房屋为征收对象,按房产的计税余值或租金收入,向产权所有人或使用人征收的一种税。

(一)征收对象

房产税的征收对象为以房屋形态表现的财产,包括城市、县城、建制镇和工矿区四类地区的房屋。我国主要对用于生产经营的房屋征收房产税,其计税依据为房产的计税余额或房产的租金收入。

(二)纳税人

房产税的纳税人包括应税房屋的产权人、房屋经营管理单位、承典人、房屋代管人或使用人。

(三)税率

从价计征时的税率为1.2%,从租计征时的税率为12%。对个人出租住房可减按4%征收。

(四)应纳税额的计算

从价计征的计算公式为:

$$应纳税额 = 应税房产原值 \times (1 - 扣除比例) \times 适用税率 \qquad (6-12)$$

从租计征的计算公式为:

$$应纳税额 = 租金收入 \times 适用税率 \qquad (6-13)$$

七、契税

契税是在财产转移过程中根据当事签订的合同契约向产权承受人征收的一种税。

(一)征收对象

契税的征收对象为在境内进行的土地、房屋权属转移,包括:国有土地使用权出让、土地使用权的转让、房屋买卖、房屋赠与、房屋交换等。出售买卖行为一般以成交价格为计税依据;赠与行为以核定的市场价格为计税依据;交换则以差价为计税依据。

(二)纳税人

契税的纳税人为在我国境内转移土地、房屋权属的承受单位和个人。

(三)税率

契税的税率为3%～5%,由省级人民政府在此幅度内按照本地区实际情况确定。

(四)应纳税额的计算

契税的计算公式为:

$$应纳税额 = 计税依据 \times 适用税率 \tag{6-14}$$

八、车船税

车船税是对拥有车船的单位和个人所征收的一种税。(我国《车船税法》已于2011年颁布并将于2012年开始实施)

(一)征收对象

车船税的征收对象为车船税法所附《车船税税目税额表》规定的车辆、船舶。车船费的计税依据有如下几种:辆、整备质量、净吨位、艇身长度等。

(二)纳税人

车船税的纳税人为应税车辆、船舶的所有人或者管理人。

(三)税率

车船税实行有额度的定额税率,车船税法对对各类车辆分别规定一个年税额幅度,车辆的具体适用税额由省、自治区、直辖市人民政府确定;船舶的具体适用税额由国务院确定。

(四)应纳税额的计算

契税的计算公式为:

$$应纳税额 = 货物数量(辆数、整备质量吨数、净吨位吨数、艇身长米数) \times 单位税额 \tag{6-15}$$

九、印花税

印花税是对纳税人在经济活动中书立、领受应税凭证的行为征收的一种税。

(一)征收对象

印花税的征收对象为应税凭证,主要包括:经济合同、产权转移书据、营业账簿、权利许可证照、财政部确定征收的其他凭证。印花税只对税目税率表中列举的凭证和经财政部确定征税的其他凭证征税,以下常见合同或具有合同性质的凭证无需缴纳印花税:会计、审计合同;工程监理合同;三方合同中的担保人、鉴定人等非合同当事人不需要缴纳印花税;商业票据贴现;企业集团内部使用的凭证;实际结算金额超过合同金额不需补贴花;培训合同(除技术培训合同);法律咨询合同;单位和员工签订的劳务用工合同及招聘合同。

(二)纳税人

印花税的纳税人为以上应税凭证的当事人,包括立合同人、立据人、立账簿人、领受人、使用人。

(三)税率

合同、财产转移书据和记载资金的账簿适用比例税率;权利许可证照及其他账簿按件贴花 5 元。

(四)应纳税额的计算

适用比例税率的计算公式为:
$$应纳税额 = 应税凭证计税金额 \times 适用税率 \tag{6-16}$$
适用定额税率的计算公式为:
$$应纳税额 = 应凭证件件数 \times 单位税额 \tag{6-17}$$

《印花税暂行条例》规定:"在合同的签订时、书据的立据时、账簿的启用时和证照的领受时贴花。如果合同在国外签订的,应在国内使用时贴花。"

购销合同的计税依据为合同上载明的"购销金额"。

如印花税应纳税合同或者具有合同性质的凭证,只记载不含税金额,以不含税金额作为印花税的计税依据;如印花税应纳税合同或者具有合同性质的凭证,既记载不含税金额又记载增值税金额,且分别记载的,以不含税金额作为印花税的计税依据;如印花税应纳税合同或者具有合同性质的凭证,所载金额中包含增值税金额,但未分别记载的,以合同所载金额(即含税金额)作为印花税的计税依据。

施工单位在申报交纳印花税时,应熟悉当地税务机关对印花税的具体相关规定,避免错交、漏交印花税产生的税务风险。如安徽省税务机关对印花税规定,购销合同印花税的核定依据为不含增值税销售额,具体标准为商品、物资批发按照不低于销售额60%的比例核定。

十、车辆购置税

车辆购置税是对购置应税车辆的单位和个人,以其购置车辆的计税价格为计税依据一次性征收的一种税。

(一)征收对象

车辆购置税的征收对象为在中国境内购置应税车辆的行为,包括购买、进口、自产、受赠、获奖或者以其他方式取得并自用应税车辆的行为。应税车辆的范围包括:汽车、摩托车、电车、挂车、农用运输车。该税的计税依据为计税价格,有三种情况:若是购买自用的应税车辆,计税价格为支付给销售商的全部价款和价外费用,但不包括增值税税款;若是进口自用的应税车辆,计税价格为关税完税价格、关税和消费税的总和;若是自产、受赠、获奖或其他方式取得并自用的应税车辆的价格由税务机关参照相关规定核定。

(二)纳税人

车辆购置税的纳税人为购置应税车辆的单位和个人。

(三)税率

车辆购置税采用10%的固定比例税率。

(四)应纳税额的计算

车辆购置税的计算公式为:
$$应纳税额 = 计税价格 \times 适用税率 \tag{6-18}$$
每辆汽车只需要缴纳一次购置税,如果以前缴纳过,就不需要重复缴纳;如果以前没有缴纳,就需要按照规定进行缴纳。

十一、城市维护建设税

城市维护建设税是国家对缴纳增值税、消费税的单位和个人就其实际缴纳的税额为计税依据而征收的一种税。

(一)征收对象

城市维护建设税以附加税的形式出现,其计税依据为纳税人实际缴纳的增值税、消费税。

(二)纳税人

城市维护建设税的纳税人为负有缴纳增值税、消费税义务的单位和个人。外商投资企业、外国企业和外国人不缴纳城市维护建设税。

(三)税率

城市维护建设税采用地区差别比例税率。纳税人所在地为市区的,税率为7%;纳税人所在地为县城、建制镇的,税率为5%;纳税人所在地为以上地区之外的,税率为1%。

(四)应纳税额的计算

城市维护建设税的应纳税额的计算公式:

$$应纳税额 = 计税依据 \times 适用税率 \tag{6-19}$$

十二、资源税

我国现行的资源税仅是对在我国境内开产矿产品或者生产盐的单位和个人,就其所开采或生产的数量或金额所征收的一种税。

(一)征收对象

资源税的征收对象主要指矿产品和盐。矿产品包括原油、天然气、煤炭、其他非金属矿原矿、黑色金属矿原矿和有色金属矿原矿。盐包括固体盐和液体盐。

(二)纳税人

资源税的纳税人为在我国境内开产或生产应税资源产品的单位或个人。

(三)税率

资源税采用幅度定额税率,按应税资源产品的课税单位来直接规定固定的税额幅度,实行从量定额征收。

(四)应纳税额的计算

资源税的计算公式为:

$$应纳税额 = 课税数量 \times 单位税额 \tag{6-20}$$

凡开采销售本办法规定范围内的应税矿产品的单位和个人,在销售其矿产品时，应当向当地主管税务机关申请开具"资源税管理证明"，作为销售矿产品已申报纳税免予扣缴税款的依据。

根据 2019 年国家税务总局令第 46 号规定：购货方（扣缴义务人）在收购矿产品时，应主动向销售方（纳税人）索要"资源税管理证明"，扣缴义务人据此不代扣资源税。

按照相关要求，税务机关不再开具或索要资源税管理证明，并通过以下措施强化监管：

进一步加强开采地源泉控管，对已纳入开采地正常税务管理或者在销售矿产品时开具增值税发票的纳税人，实行纳税人自主申报，不采用代扣代缴的征管方式。

对于部分零散税源，确有必要的，可采用委托代征等替代管理方式。

加强与矿产资源管理等部门的信息共享，加强资源税源头控管和风险防控。

十三、城镇土地使用税

城镇土地使用税是国家在城镇或工矿区内对使用土地的单位和个人征收的一种税。

(一)征收对象

城镇土地使用税的征收对象为城市、县城、建制镇和工矿区内的国家所有和集体所有土地，其计税依据为实际占用面积。

(二)纳税人

城镇土地使用税的纳税人为使用上述土地的单位和个人。

(三)税率

城镇土地使用税采用幅度定额税率，以每平方米为计税单位，按土地所在区域确定幅度差别税额。

(四)应纳税额的计算

城镇土地使用税的计算公式为：

$$应纳税额 = 实际占用计税土地面积(平方米) \times 单位税额 \quad (6-21)$$

十四、耕地占用税

耕地占用税是对占用耕地建房或者从事其他非农业建设的单位和个人征收

的一种税。

(一)征收对象

耕地占用税的征收对象为国家所有和集体所有的耕地,包括种植粮食作物、经济作物的土地;菜地;园地;新开荒地、休闲地、轮歇地、鱼塘、草田轮作地等。其计税依据为实际占用耕地面积。

(二)纳税人

耕地占用税的纳税人为占用耕地建房或者从事非农业建设的单位和个人。

(三)税率

耕地占用税采用幅度定额税率,根据当地人均耕地的稀缺水平,规定单位面积的税额幅度。

(四)应纳税额的计算

耕地占用税的计算公式为:

$$应纳税额 = 实际占用计税土地面积(平方米) \times 单位税额 \qquad (6-22)$$

《中华人民共和国耕地占用税暂行条例》第三十一条规定,经批准占用耕地的,耕地占用税纳税义务发生时间为纳税人收到土地管理部门办理占用农用地手续通知的当天。未经批准占用耕地的,耕地占用税纳税义务发生时间为纳税人实际占用耕地的当天。临时占用耕地的,应根据土地管理部门发放的批准文书,及时缴纳耕地占用税,主要包括施工临时便道、驻地、拌合站、钢筋加工场等以租赁形式临时占用。临时占用耕地是指纳税人因建设项目施工、地质勘查等需要,在一般不超过2年内临时使用耕地并且没有修建永久性建筑物的行为。

规定减税的铁路线路的具体范围限于铁路路基、桥梁、涵洞、隧道及其按照规定两侧留地,专用铁路和铁路专用线占用耕地的,按照当地适用税额缴纳耕地占用税。规定减税的公路线路的具体范围限于经批准建设的国道、省道、县道、乡道和属于农村公路的村道的主体工程以及两侧边沟或者截水沟,专用公路和城区内机动车道占用耕地的,按照当地适用税额缴纳耕地占用税。

十五、土地增值税

土地增值税是对有偿转让国有土地使用权及地上建筑物和其他附着物产权,并取得增值性收入的单位和个人征收的一种税。

(一)征收对象

土地增值税的征收对象为有偿转让国有土地使用权及地上建筑物和其他附着物产权所取得的增值额,即纳税人转让房地产取得的收入减除规定的扣除项目金额后的余额。

(二)纳税人

土地增值税的纳税人为有偿转让国有土地使用权及地上建筑物和其他附着物产权并取得收入的单位和个人。

(三)税率

土地增值税实行4级超额累进税率,详见表6-5。

表6-5

级数	应纳税所得额 (增值额超过扣除项目金额的比率R)	税率(%)	速算扣除系数(%)
1	R≤50%的部分	30	0
2	50%＜R≤100%的部分	40	5
3	100%＜R≤200%的部分	50	15
4	＞200%的部分	60	35

(四)应纳税额的计算

土地增值税的计算公式为：

应纳税额 = 土地增值额×适用税率 − 扣除项目金额×速算扣除系数

(6-23)

第三节 税收征收管理制度

一、税务管理制度

税务管理是税收征收管理制度的基础环节,主要包括税务登记管理、账簿凭证管理和纳税申报管理等内容。

(一)税务登记制度

税务登记是税务机关根据税法规定对从事生产经营活动的纳税人以及其他

纳税人进行登记的一项税务管理制度。税务登记标志着征纳双方法律关系的确立。税务登记主要包括设立登记、变更登记和注销登记等。

1. 设立登记

纳税人应当自领取营业执照之日或自有关部门批准之日起30日内，向税务机关申报办理税务登记。

2. 变更登记

税务登记内容发生变化的，应自工商行政管理机关办理变更登记之日或自有关部门批准或者宣布变更之日起30日内，向税务机关申报办理变更登记。

3. 注销登记

被吊销营业执照的或被有关部门批准或者宣告终止的，应自发生效力之日起15日内向税务机关申报办理注销税务登记。

从事生产、经营的纳税人，在向工商行政管理机关申请办理注销登记之前，应向税务机关申报办理注销税务登记。

(二)账簿、凭证管理制度

账簿、凭证是纳税人进行财务会计核算的基本资料，也是税务机关计征税款以及确认纳税人是否履行纳税义务的凭据。

1. 账簿、凭证的设置

纳税人和扣缴义务人应按照有关法律、行政法规和国务院财政、税务主管部门的规定设置账簿，根据合法、有效凭证记账，进行核算。无建账能力的纳税人可以聘请经批准从事会计代理记账业务的专业机构或者经税务机关认可的财会人员代为建账和办理账务。

2. 财会制度的建立

从事生产、经营的纳税人的财务、会计制度或者财务、会计处理办法和会计核算软件，应于领取税务登记证件15日内报送税务机关备案。财会制度和方法不得与国务院或者国务院财政、税务主管部门有关税收的规定相抵触。

3. 税控装置的安装

国家为防止税款流失，要求纳税人安装使用税控装置，并不得损毁或者擅自改动税控装置。违者将由税务机关责令改正，处以2000以下罚款；情节严重的，处以2000元以上、1万元以下的罚款。

4. 账证资料的保管

从事生产、经营的纳税人、扣缴义务人必须按照国务院财政、税务主管部门规定的保管期限保管账簿、记账凭证、完税凭证及其他有关资料。账证的保管期限一般为30年，保管期限满后的会计资料须经税务机关批准后进行处理。

5. 发票的管理

发票是财务收支的法定凭证,税务机关是发票的主管机关,负责发票印制、领购、开具、取得、保管、缴销的管理和监督。

增值税专用发票由国家税务总局统一印制;其他发票分别由省、市、自治区、直辖市税务局指定企业印制。

依法办理税务登记的单位和个人,在领取税务登记证件后,可以向主管税务机关申请领购发票。

单位、个人在购销商品、提供或者接受经营服务以及从事其他经营活动中,应当按照规定开具、使用、取得发票。

用票单位和个人应建立发票使用登记制度,不得擅自损毁或丢失发票。发票丢失应于当日书面报告税务机关并公开声明作废。已开具的发票存根联和发票登记簿应当保存5年。

(三)纳税申报制度

纳税申报是指纳税人、扣缴义务人在发生法定纳税义务后,以书面形式向主管税务机关提交有关纳税事项及应缴税款的法律行为。

1. 纳税申报的期限

纳税人和扣缴义务人都必须按照法定的期限办理纳税申报。税法已明确规定纳税申报期限的,按税法规定的期限申报;税法未明确规定纳税申报期限的,按主管国家税务机关根据具体情况确定的期限申报。

2. 纳税申报的内容

纳税人在办理纳税申报时,应当如实填写纳税申报表,并根据不同的情况相应报送其他有关证件、资料。申报表的主要内容包括:税种、税目,应纳税项目或者应代扣代缴、代收代缴税款项目,计税依据,扣除项目及标准,适用税率或者单位税额等。

3. 纳税申报的方式

纳税人、扣缴义务人可以以表、IC卡和微机录入卡等方式直接到主管税务机关办理纳税申报,亦可以采取邮寄、数据电文方式办理纳税申报。

二、税款征收制度

税款征收是税务机关根据相关法规和纳税人的财务状况,将纳税人的应纳税款通过不同方式征收入库的行为。税款征收是税收征收管理制度的中心环节。

(一)税款征收的方式

1. 查账征收

查账征收适用于财务会计制度较健全的纳税人,是指税务机关按照纳税人提供的账表所反映的经营情况,依照适用税率征收应纳税款的方式。

2. 核定征收

核定征收适用于不能完整、准确提供纳税资料的纳税人,是指税务机关采用查定征收、查验征收和定期定额等方式向纳税人征收税款的方式。

3. 代理征收

代理征收包括代扣代缴征收和代收代缴征收。代扣代缴是指扣缴义务人在向纳税人支付款项时,从所支付的款项中依法直接扣缴纳税人的应纳税款,然后代其向税务机关解缴的行为。代扣代缴在工资、薪金、劳务报酬个人所得税征收中普遍应用。代收代缴是指扣缴义务人在在向纳税人收取款项时,同时收取纳税人的应纳税款,然后代其向税务机关解缴的行为。

4. 委托代征

委托代征是税务机关委托的有关单位以税务机关的名义代征零星分散和不易控管的税款的征收方式。异地缴纳的税款亦可适用委托代征。

(二)税款征收的主要制度

1. 缴纳税款期限制度

在纳税期限届满之前,税务机关不得提前征税;在纳税期限届满之后,纳税人和扣缴义务人不得拖欠税款。纳税人需要延期缴纳税款的,应在缴纳期限届满前向主管税务机关提出申请。税务机关应当自收到申请延期报告之日起20日内作出批准或不批准的决定。延期纳税最长不得超过3个月。

2. 税额核定和税收调整制度

对于账簿设置存在问题、逾期不申报、计税依据明显偏低又无正当理由以及未取得营业执照从事经营的,税务机关有权核定其应纳税额。

企业在中国境内设立的从事生产、经营的机构、场所与其关联企业之间的业务往来,不按照独立企业之间的业务往来收取或者支付价款、费用的,税务机关有权对其应纳税的收入和所得额进行合理调整。

3. 税收保全和税收强制执行制度

税收保全是指税务机关为防范税款流失而对纳税人采取冻结存款、扣押财产等行政行为的一种控制管理措施。税收强制执行是指纳税人、扣缴义务人和纳税担保人在规定的期限内未履行法定义务,税务机关采取法定的强制手段强迫其履行纳税义务的行为,主要包括从存款中扣缴税款和拍卖抵税等方式。

4. 税款退还、补缴和追征制度

纳税人超过应纳税额的税款,税务机关发现后应当立即退还。因税务机关的责任,致使纳税人、扣交缴义务人未缴或者少缴税款的,税务机关在3年内可以要求其补缴税款,不得加收滞纳金。因纳税人、扣交缴义务人计算错误等失误,未缴或者少缴税款的,税务机关在3年内可追征税款、滞纳金;有特殊情况的,追征期可延长到5年。

与税款征收的相关的规定还有税收担保、减免税、税款入库、出境清税等制度。

三、税务检查制度

税务检查是指税务机关根据税收法律法规和财务会计制度,对纳税人、扣缴义务人履行纳税义务、扣缴义务情况及相关税务事项进行审查、核实、监督的活动。税务检查是贯彻落实税收法律法规的重要手段,也是税收征收管理制度的保障环节。

(一)税务检查的内容

税务检查的内容包括:核实征税要素;检查纳税人执行国家税收法律、法规的情况;检查纳税人对财经纪律和财务会计制度的遵守和执行情况;检查纳税人的生产经营管理和经济核算情况等。

(二)税务机关在税务检查中的权力和义务

税务机关在行使税务检查的过程中,享有以下权限:账证检查权、场地检查权、责成提供资料权、询问权、交通邮政单证检查权、存款账户查询权和取证权等;同时须履行示证检查、保密、依法查账和限期退还、持证查询等义务。

(三)纳税人、扣缴义务人在税务检查中的义务和权利

税收检查中的纳税人、扣缴义务人的主要义务有:接受税务机关依法进行的检查;如实反映情况;提供相关资料。其权利主要体现在其对未出示税务检查证和税务检查通知书的税务人员有权拒绝检查。

(四)有关单位和个人在税务检查中的协助义务

税务机关进行检查时,可以向有关单位和个人调查当事人的纳税、代扣代缴、代收代缴等方面的情况。接受调查的单位和个人应积极配合,并有义务提供有关材料及证明资料。

第四节 违反税法的法律责任

税收法律责任是违法主体因违反税法义务、实施涉税违法行为而应承担的法律后果。在实践中,税收行政责任和税收刑事责任是国家追究税收违法行为法律责任的主要方式。

一、税收行政责任

税收行政责任是指税收法律关系主体由于违反税法或不履行税法义务而应当承担的行政法律后果。

(一)行政处罚——财产罚

1. 罚款

罚款是对纳税人、扣缴义务人不按税法规定办理纳税申报、纳税登记、提供税收有关资料、偷税、欠税、骗税、抗税或违法经营行为,给予一定比例或数额的处罚款。该方式运用最为广泛。

对于违反税务管理的行为,根据情节不同可处于2000元以下、2000~10000元、10000~50000元不等罚款。在尚未构成犯罪的前提下,对于欠税行为,可并处欠缴税款0.5~5倍的罚款;对于偷税行为,可并处不缴或少缴税款0.5~5倍的罚款;对于骗税行为,可并处骗取税款1~5倍的罚款;对于抗税行为,可并处拒缴税款1~5倍的罚款。

2. 滞纳金

滞纳金是对逾期不缴纳税款的纳税人,按其滞纳税款的一定比例(5‰),按日加征的一种处罚款。

3. 扣押财产抵缴税款

如有需要,经县以上税务局局长批准,可对不依法履行纳税义务的纳税人实施财产和货物的扣留和抵押,限期缴纳。逾期仍不缴的,可以将其变价抵缴税款、滞纳金和罚款。

4. 银行扣缴

税务机关对纳税人欠缴税款屡催无效时,可填开扣款通知书,经由银行从纳税人的存款中扣缴。

(二)行政处罚——行为罚

1. 吊销营业执照

对逾期不办理税务登记或逾期催缴无效的纳税人,税务机关可提请工商行政管理部门吊销其营业执照。

2. 吊销税务登记

对逾期催缴无效的纳税人,税务机关取消其税务登记证,收回由税务机关发给的票证,限期缴纳税款。

(三)行政处罚——人身罚

对违反发票管理法规尚未构成犯罪的,可由公安机关处 15 日以下的拘留。

(四)行政处分

对尚不构成犯罪的渎职税务人员,可依法给予行政处分。

二、税收刑事责任

税收刑事责任是指税收法律关系主体就违反税法及刑法的犯罪行为而应当承担的刑事法律后果。涉税犯罪主要有两大类:一是直接妨害税款征收的犯罪;二是妨害发票管理的犯罪。

(一)直接妨害税款征收的犯罪及其处罚

1. 逃避缴纳税款罪

纳税人采取欺骗、隐瞒手段进行虚假纳税申报或者不申报,逃避缴纳税款数额较大并且占应纳税额10%以上的,处3年以下有期徒刑或者拘役,并处罚金;数额巨大并且占应纳税额30%以上的,处3年以上7年以下有期徒刑,可并处罚金。

2. 逃避欠缴税款罪

纳税人欠缴应纳税款,采取转移或隐匿财产的手段,致使税务机关无法追缴欠款数额在1万~10万元的,处3年以下有期徒刑或拘役,并处或单处欠缴税款的1~5倍罚金;数额在10万元以上的,处3~7年有期徒刑,并处欠缴税款1~5倍的罚金。

3. 骗取出口退税罪

骗取出口退税数额较大的,处5年以下有期徒刑或者拘役,并处骗取税款1倍以上5倍以下罚金;骗取国家出口退税数额巨大或者有其他严重情节的,处5年以上10年以下有期徒刑,并处1倍以上5倍以下罚金;数额特别巨大或者有其他特别严重的情节的,处10年以上有期徒刑或者无期徒刑,并处骗取税款1倍以上5倍以下罚金或者没收财产。

4. 抗税罪

负有纳税、扣缴义务的自然人,以暴力、威胁方法,拒不缴纳税款的,处3年以下有期徒刑或者拘役,并处 1~5 倍的罚金;情节严重的,处 3~7 年有期徒刑,并处拒缴税款 1~5 倍的罚金。

(二)妨害发票管理的犯罪及其处罚

1. 妨害发票管理犯罪的类型

我国刑法把发票分为三类:一是增值税专用发票;二是用于骗取出口退税、抵扣税款的其他发票(以下简称"其他专用发票");三是除去前两者的其他发票(以下简称"其他发票")。

据此,妨害发票管理的犯罪主要有:

①虚开专用发票罪(包括增值税专用发票和其他专用发票);

②伪造或者出售伪造增值税专用发票罪;

③非法出售增值税专用发票罪;

④非法购买增值税专用发票或者购买伪造增值税专用发票罪;

⑤非法制造或出售非法制造其他专用发票罪;

⑥非法制造或出售非法制造其他发票罪;

⑦非法出售其他专用发票罪;

⑧非法出售其他发票罪;

⑨虚开其他发票罪;

⑩持有明知伪造的发票罪;等。

其中⑨、⑩为 2011 年《刑法修正案(八)》所新增的条款。

2. 妨害发票管理犯罪的量刑

犯①的,处 3 年以下有期徒刑或拘役,并处罚金;数额较大或有其他严重情节的,处 3~10 年有期徒刑,并处罚金;数额巨大或有其他特别严重情的,处 10 年以上有期徒刑或者无期徒刑,并处罚金或没收财产。虚开专用发票罪最高可处死刑。

犯②、③的,处 3 年以下有期徒刑、拘役或管制,并处罚金;数量较大或有其他严重情节的,处 3~10 年有期徒刑,并处罚金;数量巨大或有其他特别严重情的,处 10 年以上有期徒刑或者无期徒刑,并处罚金或没收财产。

犯⑤、⑦的,处 3 年以下有期徒刑、拘役或管制,并处罚金;涉案数量巨大的,处 3~7 年有期徒刑,并处罚金;数量特别巨大的,处 7 年以上有期徒刑,并处罚金或没收财产。

犯⑥、⑧的,处 2 年以下有期徒刑、拘役或管制,并处罚金;情节严重的,处 2~7 年有期徒刑,并处罚金。

犯④的,处 5 年以下有期徒刑或拘役,并处罚金。

犯⑨、⑩的,情节严重或数量较大的,处 2 年以下有期徒刑、拘役或者管制,并处罚金;情节特别严重或数量巨大的,处 2~7 年有期徒刑,并处罚金。

第七章 营改增

【学习目标】

了解我国"营改增"的意义和进程,理解并熟悉"营改增"后增值税与营业税之间的区别;领会"营改增"对建筑企业的政策影响,熟悉并领会施工企业相关"营改增"新政;理解并熟悉项目承接与结算管理,施工成本及经费管理;掌握物资集中采购管理。

第一节 营改增概述

营业税改增值税,简称"营改增",是指以前缴纳营业税的应税项目改成缴纳增值税。营改增的最大特点是减少重复征税,更好地促使了社会良性循环,大大地降低了企业税赋负担,其主要是通过有效投资带动供给,以供给带动需求。对企业来说,有了更多的市场需求便能提高企业的盈利能力,可以进一步推动企业的转型发展以及升级。

一、营改增进程

2010年1月,增值税立法被列入《国务院2010年立法工作计划》的重点立法项目,同年3月,财务部、国家税务总局、国务院法制办成立了增值税立法工作组。与此同时,第十一届全国人大第四次会议通过的《国民经济和社会发展第十二个五年计划纲要》明确提出:"扩大增值税征收范围,相应调减营业税等税收。"

2011年11月,财务部、国家税务总局联合颁布《营业税改征增值税试点方案》(财税〔2011〕110号),同时印发了一个办法和两个规定。2012年1月1日,营业税改征增值税在上海地区对交通运输业和部分现代服务业率先试点。同年8月到12月有,试点地区的范围先后扩大至北京、天津、安徽、浙江、江苏等10个省市。

2013年5月,财务部、国家税务总局联合印发《关于在全国开展交通运输业和部分现代服务业营业税改征增值税试点税收政策的通知》(财税〔2013〕37号),通知明确,自2013年8月1日起,交通运输业和部分现代服务业在全国范围内展开"营改增"试点,这标志着"营改增"由地区试点阶段正式迈入全国试点阶段。

2016年3月23日,财务部、国家税务总局联合印发《关于全面推开营业税改征增值税试点的通知》(财税〔2016〕36号),通知明确,自2016年5月1日起,在全国范围内全面推开营业税改征增值税试点,建筑业、房地产业、金融业、生活服务业等全部营业税纳税人,纳入试点范围,由缴纳营业税改为缴纳增值税。

2018年4月4日,财政部、国家税务总局联合印发《关于调整增值税税率的通知》(财税〔2018〕32号)。通知明确,从2018年5月1日起,原适用17%和11%税率的增值税业务适用税率分别调整为16%和10%。

2019年3月20日,财政部、税务总局、海关总署联合印发《关于深化增值税改革有关政策的公告》(财政部 税务总局 海关总署公告2019年第39号),通知明确,从2019年4月1日起,原适用16%和10%税率的增值税业务适用税率分别调整为13%和9%。

二、增值税与营业税之间的区别

营业税是对在中国境内提供应税劳务、转让无形资产或销售不动产的单位和个人,就其所取得的营业额征收的一种税。

增值税是对在中国境内销售货物或者提供加工、修理修配劳务、提供应税服务以及进口货物的单位和个人,就其实现的增值额征收的一种税。

营业税与增值税的区别主要体现在计税原理、计税基础、应纳税额计算规则、适用税率、发票开具、征收管理等多项内容上,具体内容详见表7-1:

表 7-1

项目	营业税	增值税
纳税人	不作区分	按照经营规模的大小和会计核算健全与否等标准,分为一般纳税人和小规模纳税人
计税原理及特点	每增加一次流转,全额缴纳一次营业税,存在重复纳税;实行价内税	对商业生产、流通、劳务服务中多个环节新增价值征税,基本消除重复纳税,有利于服务业内部专业化管理;实行价外税
计税基础不同	存在全额计税及差额计税两种模式,但大多数情况为全额计税,即以营业额为计税基础	计税的销售额=含税销售额/(1+增值税税率)
应纳税额计算	应纳税额=营业额*税率	应纳税额=销项税额-进项税额=销售额*税率-可抵扣成本*税率 或应纳税额=不含税销售额*征收率
税率	一般较低(3%,5%)等	较高(17%,13%,11%,6%)。2018年5月1日起,原17%和11%税率分别调整为16%和10%。从2019年4月1日起,原适用16%和10%税率的增值税业务适用税率分别调整为13%和9%。

续表

项目	营业税	增值税
进项税	不涉及	"以票控税",取得增值税专用发票,并在规定时间内(360天)认证后,可以抵扣
发票开具	不区分普通发票和专用发票	增值税发票分为增值税专用发票和普通发票,其中,增值税专用发票必须通过"金税工程"防伪税控系统开具
征管特点	简单、易行	增值税计征复杂、征管严格、法律责任重大。虚开增值税专用发票、非法出售增值税专用发票、非法购买增值税专用发票、购买伪造的增值税专用发票等行为需承担刑事责任
征管机关	国家税务总局××省税务局	
纳税劳务发生地	建筑劳务发生地	建筑劳务发生地预缴、机构所在申报纳税

第二节 "营改增"对施工企业的主要影响

一、"营改增"对建筑企业的政策影响

"营改增"制度实施后,对建筑企业的影响是多方面的。政策的实施有利于促进企业经营管理水平的提高,促进企业创新完善经营管理模式,激发企业经营活力,避免企业重复征税。但是,"营改增"也会对企业的组织架构、业务模式、经营管理、财税管理、资金管理等多方面带来挑战。

(一)对组织架构的影响

建筑企业的工程项目遍布全国各地,通常情况下,建筑企业会在项目所在地设立项目部,作为其派出机构负责工程项目的具体施工组织及管理。根据投标需求,建筑企业会在项目所在地设立法人单位或非法人机构,以争取地方的工程项目。因此,建筑企业集团一般均拥有数量众多的子、分公司及项目机构,管理上呈现多个层级。增值税的征管方式要求企业组织结构扁平化,目前建筑企业多级管理的组织架构在增值税下存在较大风险。增值税具有"征管严格、以票控税、链条抵扣"的特点,每个增值税环节均需严格按照进销相抵的规定征收增值税。一般情况下,管理链条越长,流转环节越多,潜在的税务风险就越大。建筑企业集团应结合自身特点,充分考虑和满足市场经营开发和项目经营管理的前提下,改变企业集团多级法人、内部层层分包的组织架构及管理模式,在压缩管理层级、缩短管理链条,降低税务管控风险的同时,促进专用化分工,深化内部专业化运营管理,增强专业化能力。

(二)对业务模式的影响

建筑业实行资质准入管理,普遍存在资质共享问题,目前建筑企业集团内的资质共享模式主要有自管模式、代管模式、平级共享模式。在"营改增"之后,资质共享的工程项目按现行增值税有关政策规定,有可能会导致增值税进销不匹配,企业不能正常进行抵扣,从而多交增值税,或潜藏巨大的税务风险。资质共享带来的主要问题有:合同签订的主体与实际施工主体不一致,增值税销项税体现在中标单位,进项税则体现在实际施工单位,两个不同的纳税主体,无法进行匹配,无法抵扣进项税;中标单位与实际施工单位之间无合同关系,无法建立增值税抵扣链条;内部总分包之间不开具发票,各参建单位按分包方进行工程施工和核算,但项目部并未作为分包方向指挥部开具发票,无法抵扣分包成本。针对资质共享带来的"增值税进销项不匹配,无法抵扣进项税"的问题,企业可以逐步减少资质共享情况,调整和优化资质共享项目的业务流程方案,如采用总分包模式、集中管理模式、联合体模式、"子变分"模式。

方案一:总分包模式。中标单位与实际施工单位签订工程分包合同,并由实际施工单位向中标单位开具发票,建立增值税的抵扣链条,实现进项税完整抵扣;

方案二:集中管理模式。由中标单位对工程项目进行集中管理,集中核算工程项目的收入及成本费用,使增值税销项和进项均体现在中标单位,实现增值税进销项相匹配,同时建立对参建单位的考核机制;

方案三:联合体模式。中标单位与实际施工单位组成联合体与业主签订工程承包合同,由联合体各方分别向业主开具发票,实现增值税进销项相匹配;

方案四:"子变分"模式。中标单位可考虑通过调整组织架构,将资质较低的实际施工单位变为分公司,总、分公司之间签订内部分包合同,由分公司向总公司开具发票。对于不能变为分公司的下属子公司,建筑企业可配套新设分公司,采取"一套人马,两块牌子"的方式。

针对目前资质共享的三种模式,在增值税下可选择的管理模式方案如表 7-2:

表 7-2

共享模式	共享模式简述	典型项目举例	可选方案
自管模式	中标单位与下属单位之间的资质共享,中标单位参与工程项目的管理	二级单位中标、三级单位参建的项目,如铁路项目、地铁项目	总分包模式 集中管理模式 联合体模式 "子变分"模式
代管模式	中标单位与下属单位之间的资质共享,中标单位不参与工程项目的管理	二级单位以股份公司资质中标的项目; 三级单位以二级单位资质中标的项目	总分包模式 集中管理模式 联合体模式 "子变分"模式

续表

共享模式	共享模式简述	典型项目举例	可选方案
平级共享模式	中标单位与平级单位之间的资质共享,中标单位不参与工程项目的管理	二级单位以其他二级单位资质中标的项目; 三级单位以其他三级单位资质中标的项目	总分包模式 联合体模式

建筑企业应综合考虑工程项目的规模、特点及参与实际施工建设的下属单位的实际情况,针对每类工程项目或不同下属单位分别选择合适的管理模式。如果业主接受"联合体模式",则首先考虑"联合体模式";如业主不接受"联合体模式",则短期内以"总分包模式"为主、"集中管理模式"为辅;同时应积极面对市场,统筹考虑对组织架构业务模式的调整,逐步向"集中管理模式"过渡,并最终到"集中管理模式"为主的管理模式。

(三)对企业经营管理的影响

"营改增"后,企业的经营管理模式将随着相关政策进行调整,需要规范企业各项管理行为、适应"营改增"后的管理要求,对投资项目管理、工程项目管理、"老项目"管理、合同范本及管理制度的修订等产生一定影响。针对投资项目,需理顺不同项目管理模式下各业务主体之间的合同关系、资金关系及发票关系,建立完善的增值税抵扣链条,解决经营业务、资金、发票"三流不一致"的问题。工程项目管理,从增值税销项管理来看,如何做好工程项目承接与结算管理至关重要,从增值税进项税角度,应加强对材料采购管理、机械设备管理、分包管理、其他成本费用的管理,使得各项成本费用支出,做到"应抵尽抵"。另外,在政策过渡期"老项目"如何管理,相关政策做出了有关规定,对"老项目"合同的备案管理、计税方法的选择、营业税费清算、"老项目"资质管理等多方面提出了要求。

(四)对企业盈利及税负的影响

建筑业11%的增值税率(2018年5月1日起,已调整为10%,从2019年4月1日起,再次调整为9%)是按理想的税收环境下测算得出的。但实际上,建筑业受外部环境影响,地区差异大,且存在小规模纳税人、简易征收以及节能减排免税等优惠政策和甲供材料等实际问题,导致施工企业抵扣链条并不完整,诸多成本费用很难取得增值税进项税额,如果应对不当,很容易造成企业税负增加,利润减少。举例说明:

假设某建筑企业2019年完成营业收入为1110万元,营业成本999万元(营业收入和成本均含增值税),成本中原材料约占55%、人工成本约占30%、机械使用费5%、其他费用10%。(假设人工成本和其他费用无法取得增值税专用发票)

"营改增"前:

应缴纳营业税为 33.3 万元(1110×3%)。

"营改增"后:

销项税额为 91.65 万元 [1110÷(1+9%)×9%];

进项税额为 68.96 万元 [999×(55%+5%)÷(1+13%)×13%];

应缴纳增值税为 23 万元(91.65−68.96),税负有所下降。(施工过程中,通过提前进行税收筹划,人工成本和其他费用也可以取得部分增值税专用发票)

以上是理论上的算法,但实际上由于建筑行业的特殊性,部分成本进项取得较为复杂、难度较大,如地材,由于料源方式较多,部分材料无法足额取得 13% 的进项税额,造成实际税负增加。

"营改增"政策实施以后,建筑企业税负的具体变化需要综合考虑多方面的影响因素来分析税负的实际变动。第一,需要考虑建筑企业劳务成本的抵扣率,由于建筑企业属于劳动密集型产业,如果劳务成本难以取得增值税进项发票,无法进行抵扣,则容易造成企业税负成本的增加。第二,需要考虑各种原材料抵扣率的影响,特别是各种零散、杂物以及小设备等辅助性材料,能不能具有相应的增值税专用发票,很大程度上也会影响到企业的税负。现阶段的实际情况是,很多建筑企业都难以取得足额的增值税专用发票用于抵扣进项税,造成企业税负成本较高。

(五)对财务管理的影响

"营改增"对企业最大的影响就是财务管理影响。首先,对企业会计核算产生影响,由于营业税是价内税,账务处理相对比较简单和直观,现金流动直接作为收入入账,相应的成本核算也不需涉及税金问题。但"营改增"后,相关的收入、成本、税金核算呈现出较大的变化,企业财务管理必须做出相应的调整。在会计核算业务处理过程中,增值税需要按照当期不含税收入与对应增值税率计算,扣除可以抵扣的进项税额,差值则为应当缴纳的增值税额。在建筑企业的采购层面,各种项目建设所用的原材料、机具设备、成品构件等能否取得增值税专用发票,是会计核算业务处理的关键;在建筑企业的收入确认方面,原来的以合同金额作为全额收入进行营业税计算的方式,改变为对合同金额进行价税分离的会计处理后,核算建筑企业的收入金额以及销项金额。其次,对发票管理产生影响,"营改增"实施后,税务部门会加强对增值税专用发票的管理和稽查,尤其是可以进行抵扣的进项发票。为了保证增值税发票管理和使用的规范性,我国《刑法》对增值税专用发票管理做出了明确的规定,虚开增值税发票和出售增值税发票等都需要承担法律责任。建筑企业与传统生产制造企业存在较大的差别,其涉及的材料和设备非常庞杂,材料供应部门也多样化,继而会形成数量巨大的增值税发票,从而给建筑企业发票管理工作带来较大的难度。最后,对资金管理产生影响,由于建筑安装企业的行业特性,拖欠工程款是十分普遍的现象,一方面企业要缴纳增值税,另一方面工程款的拖欠导致建筑企业的资金紧张。另外,建筑企业通过与供应商签订买卖合同的方式保证工程的正常运作,但是由于企业资金短缺造成款项支付时间拖延,企业无法及时取得增值税进项发票进行抵扣,从而造成企业现金流紧张,影响企业正常运营。

二、施工企业相关"营改增"新政

(一)《关于全面推开营业税改征增值税试点的通知》财税〔2016〕36号

2016年3月23日,财政部和国家税务总局以财税〔2016〕36号文件(以下简称36号文)发布营业税改征增值税的各项具体实施办法。该文件明确了建筑业、房地产业、金融业、生活服务业纳入增值税范围后的具体细则,并对现行关于交通运输业、现代服务业和邮电通信业的增值税规定作出了修订。36号文中的相关规定自2016年5月1日起自执行,至此,增值税将全面替代营业税,覆盖原来适用营业税的所有行业。在36号文中,对建筑业明确了税率和征收率、纳税地点、"跨地"经营税务申报、预收款纳税义务时间、清包工和甲供工程的税务处理及过渡政策等主要政策和实施办法。

1. 税率

建筑业一般纳税人适用税率为11%,但一般纳税人以清包工方式提供的建筑服务,一般纳税人为甲供工程提供的建筑服务,以及一般纳税人为建筑工程老项目提供的建筑服务,可以选择适用简易计税方法计税。小规模纳税人适用征收率为3%。

2. 纳税地点

"营改增"后,属于固定业户的建筑企业提供建筑服务,应当向机构所在地或居住地主管税务机关申报纳税。总机构和分支机构不在同一县(市)的,应分别向各自所在地主管税务机关申报纳税;经财政部和国家税务总局或者其授权的财政和税务机关批准,可以由总机构汇总向总机构所在地的主管税务机关申报纳税。

3. "跨地"经营

对于跨县(市、区)提供建筑服务,一般纳税人选择一般计税方法的,纳税人应以取得的全部价款和价外费用扣除支付的分包款后的余额,按照2%的预征率在建筑服务发生地预缴税款后,向机构所在地主管税务机关进行纳税申报;一般纳税人选择简易计税方法和小规模纳税人,应以取得的全部价款和价外费用扣除支付的分包款后的余额为销售额,按照3%的征收率在建筑服务发生地预缴后,向机构所在地主管税务机关进行纳税申报。

4. 预收款纳税义务时间

对于建筑业和房地产预收款纳税义务的时间,同原营业税规定是一致的,均为收到预收款的当天。对于建筑企业而言,在工程开始阶段,会收到部分工程预收款,而建筑材料等进项税的取得却未必及时,这样就会因抵扣不足而产生需要先缴纳增值税税款的情况。所以,建筑企业应统筹安排建筑材料的采购时间,保证增值税税负的平稳。

5. 清包工

以清包工方式提供建筑服务,是指施工方不采购建筑工程所需的材料或只采购辅助材料,并收取人工费、管理费或者其他费用的建筑服务。36号文对于清包工方式的计税问题,明确规定可以选择简易计税办法,即按照3%的征收率计税,如果不选用简易计税,则按照11%的税率计算缴纳增值税。对于清包工来说,由于仅有少许的辅料能取得进项税,选择简易计税方式,其税负比较低。当然,这对工程报价也存在影响,选择简易计税方式还是一般计税办法,与甲方能够抵扣多少进项密切相关,因此在价格谈判时,甲乙双方基于自身的诉求,必然会有分歧,所以还要具体问题具体分析,找出最适合的缴税方式。

6. 甲供工程

甲供工程是指全部或部分设备、材料、动力由工程发包方自行采购的建筑工程。一般纳税人为甲供工程提供的建筑服务,可以选择适用简易计税方法计税。36号文未对甲供的比例问题未进行明确,比如甲供材的比例为20%或80%,两种情况对于建筑业的税负影响是巨大的。通常在甲供材料较少时,应选择一般计税方法,这样既保证与甲方工程报价的优势,又可以保持较为合理的税负。此外,当建筑企业取得进项不充足或为取得进项付出的管理成本较大时,完全可以凭借该项规定选择简易计税方法,因为只要有部分材料属于甲供,哪怕只有1%,也符合上述条件,建筑企业就可以完全不用担心"营改增"后税负是否会上升问题。主要是,原3%缴纳营业税是价内税,现3%缴纳增值税是价外税,故增值税税负小于原营业税税负。

7. 过渡政策

一般纳税人为建筑工程老项目提供的建筑服务,可以选择适用简易计税方法计税。建筑工程老项目是指《建筑工程施工许可证》注明的合同开工日期在2016年4月30日前的建筑工程项目;或未取得《建筑工程施工许可证》的,建筑工程承包合同注明的开工日期在2016年4月30日前的建筑工程项目。需注意,36号文对简易计税方法的选择中,采用了"可以"字样,即一般纳税人在上述条件下,既可以选择一般计税方法也可以选择简易计税方法。

(二)关于发布《纳税人跨县(市、区)提供建筑服务增值税征收管理暂行办法》的公告国家税务总局公告2016年17号

36号文发布后,2016年3月31日,国家税总发布2016年17号——关于发布《纳税人跨县(市、区)提供建筑服务增值税征收管理暂行办法》的公告。公告中指出纳税人跨县(市、区)提供建筑服务,应按财税〔2016〕36号文规定的纳税义务发生时间和计税方法,向建筑服务发生地主管国税机关预缴税款,向机构所在地主管国税机关申报纳税;明确了预缴税款的相关规定,以及纳税人跨县(市、区)提供建筑服务预缴税款的计算公式、扣除支付的分包款的合法有效凭证、预缴税款时应提交的资料、自行建立预缴税款台账等问题;明确了小规模纳税人跨县(市、区)提供建筑服务,不能自行开具增值税发票的,可向建筑服务发生地主管国税机关按照其取得的全部价款和价外费用申请代开增值税发票。

纳税人跨县(市、区)提供建筑服务,计算应预缴税款公式:

一般计税方法计税的计算公式为:

$$应预缴税款=(全部价款和价外费用-支付的分包款)\div(1+11\%)\times 2\% \tag{7-1}$$

简易计税方法计税的计算公式为:

$$应预缴税款=(全部价款和价外费用-支付的分包款)\div(1+3\%)\times 3\% \tag{7-2}$$

纳税人按照上述规定从取得的全部价款和价外费用中扣除支付的分包款,应当取得符合法律、行政法规和国家税务总局规定的合法有效凭证,否则不得扣除。上述凭证是指:从分包方取得的2016年4月30日前开具的建筑业营业税发票;从分包方取得的2016年5月1日后开具的,备注栏注明建筑服务发生地所在县(市、区)、项目名称的增值税发票;国家税务总局规定的其他凭证。

(三)《国家税务总局关于全面推开营业税改征增值税试点有关税收征收管理事项的公告》国家税务总局公告2016年23号

公告第四条第三款规定,建筑服务业开具增值税发票按如下办理:提供建筑服务,纳税人自行开具或者税务机关代开增值税发票时,应在发票的备注栏注明建筑服务发生地县(市、区)名称及项目名称。

(四)《国家税务总局关于进一步明确营改增有关征管问题的公告》国家税务总局公告2017年11号

公告第一条规定,纳税人销售活动板房、机器设备、钢结构件等自产货物的同时提供建筑、安装服务,不属于《营业税改征增值税试点实施办法》(财税〔2016〕36号文件印发)第四十条规定的混合销售,应分别核算货物和建筑服务的销售额,分别适用不同的税率或者征收率。该条规明确了,自 2017 年 5 月 1 日起,销售活动板房、机器设备、钢结构件等自产货物的同时提供建筑、安装服务,按兼营销售处理,不再按照混合销售处理。

公告第二条规定,建筑企业与发包方签订建筑合同后,以内部授权或者三方协议等方式,授权集团内其他纳税人(以下称"第三方")为发包方提供建筑服务,并由第三方直接与发包方结算工程款的,由第三方缴纳增值税并向发包方开具增值税发票,与发包方签订建筑合同的建筑企业不缴纳增值税。发包方可凭实际提供建筑服务的纳税人开具的增值税专用发票抵扣进项税额。该条规明确了,建筑企业中标,授权集团内其他纳税人提供服务的增值税发票开具结算问题,集团内获得授权的提供服务的企业,可以直接将发票开给发包方,无需再将发票开给签订合同的建筑企业。

公告第三条规定,纳税人在同一地级行政区范围内跨县(市、区)提供建筑服务,不适用《纳税人跨县(市、区)提供建筑服务增值税征收管理暂行办法》(国家税务总局公告 2016 年第 17 号印发)。17 号公告中规定了"纳税人在同一直辖市、计划单列市范围内跨县(市、区)提供建筑服务的,由直辖市、计划单列市国家税务局决定是否适用本办法",而 2017 年 11 号公告明确了,纳税人在同一地级行政区范围内跨县(市、区)提供建筑服务,不适用 17 号公告,无需再办理外经证,预缴增值税。比如济南市 A 区的企业在济南市 B 区施工,无需办理外经证,预缴增值税,可以直接向主管税务机关进行申报。

(五)《关于建筑服务等营改增试点政策的通知》财税〔2016〕58 号

2017 年 7 月 11 日,财政部、国家税务总局联合发布财税〔2017〕58 号文件,对部分工程计税方法及预收账款的增值税纳税义务时间等作了进一步补充通知。

通知第一条规定:建筑工程总承包单位为房屋建筑的地基与基础、主体结构提供工程服务,建设单位自行采购全部或部分钢材、混凝土、砌体材料、预制构件的,适用简易计税方法计税。本条规定实质是甲供工程选择简易计税的一种,但是这里需注意两点:一是与一般甲供的区分,其总包方的范围缩小,这里的总包方是为房屋建筑的地基与基础、主体结构提供工程服务;还有采购材料不同,这里甲供中的甲方采购的材料限定为全部或部分钢材、混凝土、砌体材料、预制构件,而一般甲供中的材料是指部分设备、材料、动力,很明显这里的甲供与一般甲供相比,范围缩小了。二是适用方式不同,一般甲供中建筑服务提供方是可以选择简易计税,这里是直接适用简易计税,没有了选择权。

通知第二条规定:《营业税改征增值税试点实施办法》(财税〔2016〕36号印发)第四十五条第(二)项修改为"纳税人提供租赁服务采取预收款方式的,其纳税义务发生时间为收到预收款的当天"。这次修改,取消了原"提供建筑服务采取预收款方式的,其纳税义务发生时间为收到预收款的当天"条款,也就是说建筑企业收到业主或发包方预收账款时,没有发生增值税纳税义务,不向业主或发包方开具增值税发票。

通知第三条规定:收到预收款后,建筑服务企业仍执行"预缴"增值税:"纳税人提供建筑服务取得预收款,应在收到预收款时,以取得的预收款扣除支付的分包款后的余额,按照本条第三款规定的预征率预缴增值税。按照现行规定应在建筑服务发生地预缴增值税的项目,纳税人收到预收款时在建筑服务发生地预缴增值税;按照现行规定无需在建筑服务发生地预缴增值税的项目,纳税人收到预收款时在机构所在地预缴增值税"。

具体实务操作中,纳税人提供建筑服务取得预收款,如未给业主(建设单位)开具发票的,纳税义务未发生,但是要按规定的预征率预缴增值税。政策要求,无论是否跨县(市、区)提供建筑服务都需要预缴:跨县(市、区)的,收到预收款时在建筑服务发生地预缴增值税;不属于跨县(市、区)的,收到预收款时在机构所在地预缴增值税。另外,纳税人提供建筑服务取得预收款,已经给业主(建设单位)按适用税率/征收率开具发票,纳税义务已经发生,就应该全额缴纳增值税,如属于跨县(市、区)提供建筑服务需要按规定的预征率预缴增值税,如不属于跨县(市、区)提供建筑服务不需要预缴增值税,也就不适用文件中的第二条、第三条规定。

表7-3

情形	纳税义务是否发生	跨县(市、区)	不跨县(市、区)
取得预收款未开票	未发生	需要预缴	需要预缴
取得预收款开票	已发生全额缴纳增值税	需要预缴	不需要预缴

(六)《关于调整增值税税率的通知》财税〔2018〕32号和《关于统一增值税小规模纳税人标准的通知》财税〔2018〕33号

2018年4月4日,财政部、国家税务总局联合下发22、23号通知,明确自2018年5月1日起,纳税人发生增值税应税销售行为或者进口货物,原适用17%和11%税率的,税率分别调整为16%、10%;增值税小规模纳税人标准为年应征增值税销售额500万元及以下;已登记为增值税一般纳税人的单位和个人,在2018年12月31日前,可转登记为小规模纳税人,其未抵扣的进项税额作转出处理。从2019年4月1日起,原适用16%和10%税率的增值税业务适用税率再次分别调整为13%和9%。

新政颁布后,国家税务总局4月23日下发了关于《国家税务总局关于统一小

规模纳税人标准等若干增值税问题的公告》的解读,涉及一般纳税人的主要规定是,关于税率调整后一般纳税人的开票处理问题:

《公告》第九条明确,增值税税率调整后,一般纳税人在税率调整前已按原税率开具发票的业务,如发生销售折让、中止、退回或开票有误的,按原适用税率开具红字发票。

一般纳税人在增值税税率调整前未开具增值税发票的,增值税应税销售行为应当按照原适用税率补开

增值税发票税控开票软件税率栏次默认显示调整后税率,一般纳税人发生上述行为可以手工选择原适用税率开具增值税发票。

二、"营改增"——项目承接与结算管理

工程项目承接和工程项目结算,是建筑企业面向业主展开的主要工作,同时也是涉及企业增值税销项管理的核心内容。工程项目承接工作是建筑企业主营业务的起点,对中标后的生产经营具有十分重要的影响,重点应关注的是工程造价及业主信息采集、梳理工作。工程项目结算工作是建筑企业主营业务的结点,对所承接业务经济效益的最终实现具有十分重要的影响,规范公司增值税下的工程结算管理,可以减小因结算不及时造成的资金压力和纳税风险。

(一)工程造价

在营业税下,工程造价一般由直接成本、间接费用、利润和税金构成。其中,直接成本和间接费用均为包含增值税的成本费用,税金则是指国家税法规定的应计入建筑安装工程费用的营业税、城市维护建设税及教育费附加,税金采用综合税率进行计算取费。"营改增"后,增值税属于价外税,建筑企业在营改增后的收入和成本变为不包含税金的收入和成本。同时增值税的计算方法不再是简单的营业额与税率相乘,而是销项税抵扣进项税后计算应交增值税。由于税金计算方法的变化,建筑企业的工程报价体系必将进行相应调整。

2016年2月,住房城乡建设部办公厅《关于做好建筑业营改增建设工程计价依据调整准备工作的通知》(建办标〔2016〕4号)文件发布,文件中规定:工程造价可按以下公式计算:工程造价=税前工程造价×(1+11%)。其中,11%为建筑业增值税税率,税前工程造价为人工费、材料费、施工机具使用费、企业管理费、利润和规费之和,各费用项目均以不包含增值税可抵扣进项税额的价格计算,相应计价依据上述方法调整。因此,建筑企业需要对企业现行投标报价体系进行调整,即将投标报价做"价税分离"。

例如,假设某工程原材料消耗如下:人工费30万(假设无法取得抵扣进项),

钢筋100万,混凝土50万,水2万,机械费18万。计算营业税和增值税这2种计税模式下,整个工程造价的数据。其中,企业管理费以直接费为基数乘以5%计算,其费用的35%包含进项税额,进项业务增值税平均税率15%;规费以人工费为基数乘以16.7%计算;利润以直接费为基数乘以4.5%计算;税金在营业税下以税前造价计算,计算税率＝营业税税率/(1－营业税税率)＝3%/(1－3%)＝3.09%;增值税下以不含进项税额的税前造价计算,计算税率＝增值税税率＝11%。(注:2018年5月1日及2019年4月1日,财政部、国家税务总局分别对适用税率进行调整,此处按2016年36号文适用税率举例)

表7-4

项目	营业税直接费含进项税	增值税直接费不含进项税
直接费	223	220
人工费	30	30
钢筋	117(100+17)	100
混凝土	53(50+3)	50
水(无票)	2(2+0)	2
机械费	21(18+3)	18
企业管理费	223×5%＝11	11－11×35%/1.15×15%＝10.5
规费	30×16.7%＝5	5
利润	223×4.5%＝10	10
税前造价	223+11+5+10＝249	200+10.5+5+10＝225.5
税金	249×3.09%＝7.7	225.5×11%＝24.8
工程造价	249+7.7＝256.7	225.5+24.8＝250.3

从此案例来看,营改增后的工程造价有小幅下降,原因主要是项目进项税额较大所致,其一是材料费与施工机械使用费之和占营业税下工程造价比重较大,其二是项目主要进项业务增值税平均税率高于建筑业增值税11%。而实际操作过程中,对于进项税额有的可抵扣,有的不可抵扣,有的抵扣多,有的抵扣少,因此在实务过程中,应综合考虑项目所在地施工条件、工程量大小、工程难易程度、人工、材料、机械消耗用量和单价、临时工程数量、现场管理费用等因素,判断增值税下成本费用的抵扣比例及对工程造价的影响。

2018年4月9日,住建部下发了《关于调整建设工程计价依据增值税税率的通知》(建办标〔2018〕20号):按照《财政部税务总局关于调整增值税税率的通知》(财税〔2018〕32号)要求,现将《住房城乡建设部办公厅关于做好建筑业营改增建设工程计价依据调整准备工作的通知》(建办标〔2016〕4号)规定的工程造价计价依据中增值税税率由11%调整为10%。从2019年4月1日起,原适用16%和

10%税率的增值税业务适用税率再次分别调整为13%和9%。

(二)合同管理

合同管理是企业完善内部管理体系中的重要一环,合同条款的具体内容将直接影响企业的税负承担及税款交纳。营改增后,合同管理中需要关注一下几个要点问题:

第一,合同签订时应当审查对方的纳税资格,并在合同中完善当事人名称和相关信息。"营改增"之后,原来的服务提供方从营业税纳税人,变为增值税一般纳税人。因此,签订合同时要考虑服务提供方是一般纳税人还是小规模纳税人,提供的结算发票是增值税专用发票还是普通发票,增值税率是多少,能否能够满足抵扣条件,再分析、评定报价的合理性,从而有利于节约成本、降低税负,达到合理控税、降本增效的目的。建筑企业要对现有业主的身份信息、纳税种类、经济类型等信息进行详细梳理,建立健全业主信息档案,做好业主信息变更的更新维护工作,有利于及时做出相应的价格调整方案及谈判策略,也可以提高开具增值税发票的工作效率与抵扣效果。

第二,合同双方名称的规范性要求要高于原来的营业税纳税体系。在原有的营业税体系下,虽然也有发票开具的规范性要求,但相对而言,增值税体系下对服务提供方开具发票将更为严格,尤其是公司名称、纳税人识别号、地址、电话、开户行、账号信息等基础信息。

第三,合同中应当明确价格、增值税额。在合同价款中注明是否包含增值税,如包含增值税,合同中应对合同价款进行价税分离,分别列示不含税价款和增值税税额。

第四,合同中应当明确发票提供、付款方式等条款的约定。因为增值税专用发票涉及抵扣环节,无法取得增值税专用发票或者增值税发票不合规,都将给受票方造成法律风险和经济损失,所以应当考虑将取得增值税发票作为一项合同义务列入合同的相关条款,同时考虑将增值税发票的取得和开具与收付款义务相关联。一般纳税人企业在营改增后可考虑在合同中增加"取得真实、合法、有效的增值税专用发票后方可支付款项"的付款条款,规避提前支付款项后,发现发票认证有误、出现虚假发票等情况的发生。

第五,合同中应关注履约期限、地点和方式等其他细节。"营改增"之后,增值税服务的范围大幅增加,很多企业的业务可能出现跨境服务。根据营改增的税收优惠政策规定,境内单位在境外提供建筑服务暂免征收增值税,此时可以在合同中对履约地点、期限、方式等进行合理地选择,以便税务机关审查时能够准确认定是否符合免税政策。

(一)计税方法的选择

根据财税〔2016〕36号文规定,一般纳税人为清包工、甲供工程及老项目提供建筑服务的可以选择适用简易计税方法。一般计税方法下,建筑企业适用税率为11%(2019年4月1日起调整为9%),可以抵扣进项税,在抵扣充足的情况下,应纳税额可能较简易计税方法下更低。简易计税方法下,建筑企业按征收率3%直接计算应纳税额,且不能抵扣进项税。业主为增值税一般纳税人的,存在大量抵扣进项税的需求,如企业选择简易计税方法,将只能给业主开具3%增值税专用发票,与一般计税方法下9%增值税专用发票相比,业主抵扣的进项税降低。因此,在业主有抵扣需求的情况下,业主更倾向于采用一般计税方法,使其取得更多进项税额抵扣。

建筑企业对于新项目计税方法的选择,可通过建立模型的方法进行测算,实务中根据测算后的结果选择项目的计税方法。

下面两种计税方法下利润相等作为计算平衡点,推导过程见表7-5:

表7-5 利润平衡点公式推导表

项目	一般计税方法	简易计税方法
含税收入	$A\times(1+9\%)$	$A\times(1+3\%)$
不含税收入	A	A
不含税成本	B	B+X
其中:支付的分包款(含税)	Y	Y
进项税额	X	—
应纳税额	$W_1=A\times 9\%-X$	$W_2=[A\times(1+3\%)-Y]\div(1+3\%)\times 3\%$
附加税	$W_1\times 12\%$	$W_2\times 12\%$
利润	$A-B-W_1\times 12\%$	$A-(B+X)-W_2\times 12\%$
利润平衡点公式	$A-B-W_1\times 12\%=A-(B+X)-W_2\times 12\%$	
利润平衡点	$X=0.642857\%A+0.312067\%Y$	

当进项税额 $X>0.642857\%A+0.312067\%Y$ 时,选择一般计税方法;当进项税额 $X<0.642857\%A+0.312067\%Y$ 时,选择简易计税方法。

(四)工程结算

营改增后,建筑施工企业在工程结算环节的管理重点主要在于对项目工程计价时间与税会差异的影响。

1. 结算时间

增值税纳税业务发生时间是提供应税服务并取得发票的当天;若先开具发

票,为开具发票的当天;收取款项日期是按书面合同确定的付款日期,合同未标明付款日期,应税服务完工日期作为收取款项日期。若建筑企业没有收取工程款也没有开具增值税专用发票,但根据承包合同的规定已经到规定的付款期,增值税纳税义务已发生,建筑企业在这个时点应缴纳增值税,此时,建筑企业还没有和业主办理工程结算手续,但需按时缴纳增值税,建筑施工企业需先垫资缴纳税款。因此,如果结算滞后于纳税义务发生时间,将会对企业的现金流产生压力。一方面,总承包方与业主之间存在滞验、超验、欠验的情况,导致实际收到工程结算款项滞后,而建筑企业按照合同约定的付款时间计算销项税及应纳税款,将在并未收到工程款的情况下缴纳税款,从而产生一定的资金压力。另一方面,由于工程计价款的滞后取得将间接导致建筑企业向材料、设备供应商延迟付款,同样不能及时取得进项税抵扣凭证,扣税凭证的取得不及时将直接影响增值税的正常抵扣,导致建筑企业提前纳税,延后抵扣,将在一定程度上加大建筑企业前期的资金压力。因此,建筑企业应加强对业主、分包商、供应商的结算管理,及时进行结算。比如,与业主协商提高预付款的比例,并要求业主在确认验工计价后一定时间内及时支付工程款。在工程承包合同中,应增加工程款延迟支付的制约性条款,明确业主滞后支付工程款的违约责任,同时采取适当的措施加大对业主的收款力度。

2. 税会差异的影响

根据现行"营改增"对纳税义务发生时间的规定,建筑工程项目按建造合同准则核算,"营改增"后建筑企业的纳税义务发生时间通常为合同约定的验工计价的时点,计税依据应为按照验工计价确认的工程结算额,而工程项目的收入、成本是按照完工百分比确认的,与工程结算额存在差异。

因此,建筑企业应严格按照增值税纳税义务发生时间确认销项税额。实行"营改增"后,建造合同收入将按照价税分离的原则予以确认,增值税销项税额的确认应根据增值税纳税义务发生时间,依据收款、结算、开具发票以及合同相关条款进行,而不再依据建造合同确认收入进行计提。

根据增值税规定,合同中的付款时间、发票开具时间等的约定对销项税额的确认有着极为重要的影响,销售建筑服务确认增值税纳税义务发生时间应按照收讫销售款项时间、合同约定付款时间(工程结算)和开具发票时间孰先为原则。当合同未明确约定付款时间或工程结算时要求全额开具发票时,销项税额的确认按照工程结算金额确认。

但各地的征管要求可能有所不同,建筑业企业应密切关注增值税纳税申报相关的征管要求,增加工程结算相关的统计报表及支持性文件,确保计税依据充分、准确,避免税会差异,同时积极与纳税申报地的主管税务机关沟通,争取税务机关的认可,避免纳税征管风险。

(五)甲供工程承接

甲供工程是指全部或部分设备、材料、动力由工程发包方自行采购的建筑工程。理解这个界定,要把握以下几个要点:第一,不分新老项目,合同或者招标文件只要有甲供条款,工程承包方均可选用简易计税方法。第二,甲供比例没有限制,即无论发包方甲供比例高低,均属于甲供工程。第三,甲供的对象既包括设备、材料,也包括动力,常见的动力为电力。第四,工程发包方既包括通常为房地产企业的建设方,也包括通常为施工企业的总包方。

甲供工程的类型分为差额模式和总额模式。在差额模式下,发包方在合同中约定材料、设备、动力由发包方采购,结算时承包方经营额不包括材料、设备、动力价款,即承包方的承包范围和产值收入均不含甲供部分。在总额模式下,

发包方在合同中约定,相应材料、设备、动力属于承包方承包范围,但由发包方负责采购,供应商将发票开给发包方,然后将相应材料交由承包方使用,结算时承包方经营额包括此部分材料、设备、动力价款,即承包方的承包范围和产值收入均包含甲供部分。

在营业税下,对施工企业承建的建筑工程,不管合同价款如何签订,会计上如何核算,除省级地税机关公布的设备名单外,甲方所供的材料均应全额计入乙方营业额,缴纳营业税,开具营业税发票。而在增值税体系下,不同方式的甲供工程要求不同。差额甲供模式下,甲供材不作为建筑业税基,施工企业的销售额不包括甲供部分,仅就合同承包范围计交增值税,开具增值税发票。而在总额甲供模式下,施工企业的销售额应包括甲供部分,在此模式下,甲供材料相当于甲方以材料抵顶所欠施工企业工程款,甲乙双方的甲供业务均可细分为两笔:一是甲方销售材料,应当按适用税率计交增值税,并向乙方开具增值税发票,乙方采购材料,取得增值税发票;二是甲方支付乙方工程款,乙方收取工程款,乙方应就此部分按适用税率或征收率计交增值税,并向甲方开具增值税发票。

表 7-6

	举例	营业税	增值税
差额模式	建设单位 A 与施工企业 B 在总承包合同中约定,总承包合同价款为 8000 万元,价款中不包括工程所需 4000 万元钢材,所需钢材由 A 采购后交 B 用于本工程,钢材对应的工程款计量、支付及最终结算均与 B 无关。	施工企业 B 应就 8000 万元缴纳营业税,并向 A 开具 8000 万元的营业税发票。	施工企业 B 就 8000 万元部分缴纳增值税,向 A 开具 8000 万元的增值税发票。

续表

	举例	营业税	增值税
总额模式	建设单位A与施工企业B在总承包合同中约定，总承包合同价款为12000万元，其中钢材价款4000万元，钢材供应商发票直接开具给A，A采购钢材后交B用于本工程，用以抵顶A欠B工程款，其余8000万元由A以货币资金形式支付给B。	施工企业B应就12000万元缴纳营业税。	施工企业B应就12000万元向A开具增值税发票，其中的4000万元钢材款，A应按照13%计交增值税，同时向B企业开票。

与营业税体系不同，增值税把甲供分为两种模式，对应于不同的税基，总额模式下的销售额为总额，差额模式下的销售额为差额。需要指出的是，这两种甲供模式，施工企业均可选用简易计税方法。对于差额甲供模式，施工企业甲供部分没有对应的进项税额，建议选用简易计税方法，并向机构所在地税务机关报备。

对于总额甲供模式，施工企业应与甲方及时充分沟通，在甲方承诺提供增值税专用发票的前提下，可以选用一般计税方法；否则，应选用简易计税方法。在施工企业选用简易计税方法的情况下，相当于放弃了抵扣进项税额的权利。因此，在工程项目承接时，如有甲供工程，应注意考虑甲供工程模式，针对不同模式采取不同的谈判方案，采取有利的计税方式。

四、"营改增"——施工成本及经费管理

成本费用管理，是指企业生产经营过程中对各项成本费用进行预算、核算、分析、决策和控制的一系列管理行为，通过采取有效的管理措施降低企业成本费用支出是现代企业提高经济效益的主要途径。建筑企业的成本费用管理工作在营改增后将面临诸多影响，本节将对各项成本费用的管理工作及相关进项税的抵扣管理提出指导和要求。

(一) 招标定价管理

营改增后，增值税为价外税，供应商能否开具增值税专用发票，进项税能否抵扣将直接影响成本的核算，即成本是以含税价计入还是以不含税价计入。此外，以应交增值税作为计税依据的城建税及教育费附加仍然为价内税，进项税能否抵扣直接影响计入损益的城建税及教育费附加的金额。在增值税下，成本管理的定价原则为：在保证质量且能够取得合法有效票据的前提下，以"综合采购成本最低，利润最大化"为总体原则。综合采购成本＝不含税成本－(销项税额－进项税额)×城建及教育费附加税率，实务中，可直接采用综合采购成本＝不含税成本－进项税×城建及教育费附加税率简化计算，其中不含税成本＝不含税价格＋不可抵扣的增值税。

举例:假设三个投标人 A、B、C,A 可提供增值税专用发票,税率为 13%,含税价为 113 万元,不含税价为 100 万元;B 也可提供增值税专用发票,但税率为 3%,含税价为 103 万元,不含税价也为 100 万元;C 无法提供增值税专用发票,税率为 13%,含税价为 113 万元,附加税费为 12%,综合成本计算评价如表 7-7 所示:

表 7-7 个人所得税预扣率表一

投标人	发票类型	税率	含税价	采购成本	附加税影响	综合成本
A	增值税专用发票	13%	113	100	1.56	98.44
B	增值税专用发票	3%	103	100	0.36	99.64
C	增值税普通发票	13%	113	113	0	113

由上表可知,在不含税成本相同的情况下,供应商适用税率越高,建筑企业可抵扣的进项税越多,则综合采购成本越低。

(二)供应商管理

根据招标定价原则,为使企业的"综合采购成本"最低,在选择各类供应商时,建筑企业可直接要求供应商采取价税分离报价,然后根据增值税专用发票提供情况,以供应商的不含税报价作为比价基础,进行供应商的选择。

物资供应商选择要点:对于同一类型的供应商,如果可提供的发票类型和适用税率均相同,则应比较经营规模、商业信誉等因素,选择经营规模较大,信誉好的供应商;对于不同类型供应商的选择,可根据下表各类供应商的采购价格及平衡点及选择原则进行选择,详见表 7-8:

表 7-8

供应商(提供发票、进项税抵扣率)		价格平衡点	供应商选择原则
供应商 A(提供增值税专用发票,抵扣率 13%)	供应商 B(提供专票,抵扣率 3%)	98.8%	供应商 B 的不含税价格/供应商 A 的不含税价格<98.8%时,选择供应商 B,反之,选择 A.
供应商 A(提供增值税专用发票,抵扣率 13%)	供应商 C(提供增值税普通发票,抵扣率 0%)	98.44%	供应商 C 的采购成本/供应商 A 的不含税价格<98.44%时,选择供应商 C,反之,选择 A.
供应商 B(提供增值税专用发票,抵扣率 3%)	供应商 C(提供增值税普通发票,抵扣率 0%)	99.64%	供应商 C 的采购成本/供应商 B 的不含税价格<99.64%时,选择供应商 C,反之,选择 B.

分包商选择要点:首先应判断分包商的纳税性质,是一般纳税人还是小规模纳税;其次,由于一般纳税人分包商的适用税率为 9%,与一般纳税人采购供应商 13%的税率有差别,选择一般纳税人分包商和小规模纳税人分包商的平衡点不同,平衡点计算如表 7-9 所示:

表 7-9

供应商(提供发票、进项税抵扣率)		价格平衡点	供应商选择原则
分包商 A(提供增值税专用发票,抵扣率9%)	分包商 B(提供专票,抵扣率3%)	99.28%	分包商 B 的不含税价格/分包商 A 的不含税价格<99.28%时,选择分包商 B,反之,选择 A.
分包商 A(提供增值税专用发票,抵扣率9%)	分包商 C(提供增值税普通发票,抵扣率0%)	98.92%	分包商 C 的采购成本/供应商 A 的不含税价格<98.92%时,选择分包商 C,反之,选择 A.
分包商 B(提供增值税专用发票,抵扣率3%)	分包商 C(提供增值税普通发票,抵扣率0%)	99.64%	分包商 C 的采购成本/分包商 B 的不含税价格<99.64%时,选择分包商 C,反之,选择 B.

租赁供应商选择要点:根据财税〔2016〕140 号文规定,纳税人将建筑施工设备出租给他人使用并配有操作人员的,按照"建筑服务"缴纳增值税。所以,如果建筑企业采用"建筑施工设备+操作人员"的租赁方式,则出租方属于提供建筑服务适用税率。若不配备操作人员的,则出租方应按有形动产租赁适用 13% 的税率,针对不同税率,可按不同情况下平衡点选择供应商。

(三)物资采购管理

1. 砂石料采购

砂石料具有量大、地域性强等特点。砂石料供应商有单位也有个人,"营改增"前,建筑企业可取得增值税普通发票或税务机关代开的通用机打发票,但有些偏远地区,采购砂石无法取得发票。"营改增"后,根据规定,一般纳税人销售自产的建筑用和生产建筑材料所用砂、土、石料,可选择按照简易办法依照征收率计算缴纳增值税,即销售砂石的企业如果是一般纳税人且选择简易计征,可开具 3% 的专用发票。如果砂石料供应商为小规模纳税人,可到税务机关代开 3% 的专用发票。对于不能开具发票的企业,不仅无进项税额可以抵扣,同时采购成本也不能在企业所得税前扣除,从而加大建筑企业增值税和企业所得税的税收负担。

因此,建筑企业应选择可以提供合规发票的供应商,并在合同条款中明确,供应商需提供增值税发票的条款。

2. 混凝土采购

"营改增"后,供应商提供发票情况的不同以及享受的税收优惠政策种类不同,外购商品混凝土对建筑企业进项税的影响也不一样。选择适用增值税简易计税方法的商品混凝土企业只能提供征收率为 3% 的增值税专用发票,建筑企业可抵扣的进项税较少;享受资源综合利用税收优惠政策的混凝土企业,可以提供 3% 或 13% 的增值税专用发票,建筑企业可以抵扣进项税。

针对外购商品混凝土的进项税抵扣问题,建筑企业应从以下几个方面加强对外购商品混凝土的管理。

对于选择 3% 简易计税方法的企业，可以考虑将商品混凝土原材料部分金额较大的部分甲供，以获取较高的进项税额抵扣，如水泥、添加剂等。

对于享受资源综合利用即征即退税收优惠的商品混凝土企业，因其适用即征即退 70% 或 50% 的增值税优惠政策，实际税负远低于适用税率或征收率，且此类企业对外开具的增值税专用发票可按退税前的全额税款开具，即取票单位建筑企业可按全额取票抵扣进项税，而开票单位混凝土企业享受优惠政策，无须实际缴纳全额税款，因此，建筑企业可在了解混凝土供应商享受优惠情况的基础上，与混凝土企业谈判适当降低商品混凝土的价格，分享税收优惠带来的红利。

3. 其他涉税处理

运输费用相关处理：由于运输费使用 9% 的增值税率，与采购适用的税率 13% 不同。因此，在采购物资和设备时，供应商提供发票有两种方式，即"一票制"和"两票制"，一票制是销售方销售设备或物资开具的增值税专用发票中既包括采购价格也包括运费。"两票制"是销售方销售设备或物资就采购价格和运输费用分别进行结算，并分别开具增值税专用发票和运输业专用发票。"一票制"和"两票制"相比，运费部分适用的税率不同。具体选择时，要对比两种方案下各自的综合采购成本，选择综合成本最低的供应商。

(三) 分包管理

1. 专业分包管理

营改增后，分包商是一般纳税人还是小规模纳税人，将影响分包成本的进项税抵扣。如果分包商不开具增值税专用发票给总包方，分包成本无进项税额抵扣，从而增加总包方的税负，另外未取得发票部分对应的成本不能税前扣除，将增加分包成本乘以 25% 的企业所得税。此外，分包范围内如包含材料，因材料进项税抵扣率为 13%，高于分包抵扣率 9%，总包应考虑此类分包价格的确定。

针对专业分包商管理，首先要修订专业分包合同条款。建筑企业规范与分包商的结算管理要求，坚持"先开票、后付款"原则。在《工程施工合同》中明确分包商应提供发票的类型、适用税率以及发票提供时间等，如：分包商必须在验工计价确认后的一定时期内开具税率为 9% 的增值税专用发票；总包方取得发票后，再向其拨付工程款项。

其次，应合理对专业分包进行拆分。专业分包包含材料、机械设备，如果专业分包的主要材料由总包方提供，总包方可以增加进项税、降低附加税而增加利润，但加大了总包对材料用量的管控难度。

因此，是否对专业分包中的材料进行拆分，材料是否由总包自行采购，需要根据实际情况进行比较和权衡。对于一些大型设备可以考虑由总包方自行采购,可以加大总包方进项税抵扣,并且管理难度相对较小。

案例说明:

(1)分包方采购材料款不含税成本为1000万元,取得13%增值税专票,与总包方签订合同不含税金额2000万元,开具9%增值税专用发票,附加税费为12%。

总包方综合成本:$2000-2000 \times 9\% \times 12\% = 1978.4$(万元)

(2)接上例,总包方采购材料设备不含税成本1000万元(与分包方采购的不含税成本相同),取得13%增值税专票;与分包方签订专业分包合同不含税金额1000万元,开具9%增值税专用发票;附加税费为12%。

总包方综合成本:$(1000-1000 \times 13\% \times 12\%) + (1000-1000 \times 9\% \times 12\%) = 1973.6$(万元)

两种方案对利润的影响差额为4.8万元(1978.4万元−1973.6万元)。因此,总包方是否自行采购材料设备,可综合考虑管理难度并通过测算与权衡后再行选择。

最后,如果专业分包无法拆分,如分包商具有很强的专业性、技术含量很高,总包方不能采用控制主要材料的形式进行分包,建议总包方考虑将材料抵扣税率13%与分包成本抵扣率9%的差额对利润的影响,在分包定价中考虑,适度降低专业分包成本,增加企业利润。

2. 劳务分包管理

"营改增"后,劳务分包商属于提供建筑服务的纳税人,是一般纳税人还是小规模纳税人,将直接影响总包方的分包成本。

"营改增"后,按净价签订劳务分包合同,如果分包商不开具发票给总包方,总包方的分包成本无进项税额抵扣且不能实现差额计税,增加总包方增值税税负。并且,因劳务分包成本没有发票,分包成本不得在总包方的企业所得税前扣除存在一定风险。如果要求分包商开具发票给总包方,分包方可能要求总包方对其缴纳的增值税进行补偿,此种方式与营业税方式下相比,对总包方利润没有影响,只是由原来的税费负担变为分包成本的增加。

建筑业"营改增"后,建议总包方修改合同条款,将分包价格条款改为含税价格,列明分包价款和增值税,增加要求劳务分包商提供增值税发票条款。另外,劳务分包商必须开具增值税专用发票给总包方,但劳务分包方因提供发票而多增加的税收成本,会要求总包方为其承担。建议总包方制定劳务分包谈判策略,在总包方选择一般计税时,控制不含税价格,在总包方选择简易计税时,控制含税价格。

如果总包方选择一般计税方法,可通过以下原则充分抵扣进项税:加强与分包商的结算管理,坚持"先开票、后付款"的原则,在分包合同条款中予以明确,确保及时取得增值税专用发票,及时抵扣进项税,减少资金占用。对于不能提供增值税专用发票的劳务分包商,总包方应与其协调,尽量采取纯劳务分包模式,由总包方自行采购劳务分包工程所需的材料、小型机具及设备租赁服务等,并取得增值税专用发票,增加总包方的进项税抵扣。

最后、根据财税〔2016〕36号文附件2第一条第七款规定:一般纳税人以清包工方式提供的建筑服务,可以选择适用简易计税方法计税。以清包工方式提供建筑服务,是指施工方不采购建筑工程所需的材料或只采购辅助材料,并收取人工费、管理费或者其他费用的建筑服务。即劳务分包在满足上述要求时,可以选择采用简易征收方式计税。对于符合上述条件的劳务分包,总包方需考虑分包选择简易计税方法和选择一般计税方法对于总包进项税抵扣及相关附加税的影响。可要求劳务分包方分不同计税方法进行明细报价,总包方分别测算对应的影响,综合考虑并与劳务分包方谈判确定劳务分包方的计税方法。

(四)机械设备管理

1. 设备外部租赁

建筑企业施工过程中使用的专用设备,大都采用租赁的形式,租赁方式有两种,一种是只租赁设备,另一种是"设备+操作人员"租赁方式。

根据政策规定,若租赁方式为不配备操作人员的,出租方是一般纳税人,建筑企业的租赁费支出,可以取得13%税率的增值税专用发票,并据此抵扣进项税;出租方为小规模纳税人,建筑企业租赁费支出可取得3%征收率的增值税专用发票,并据此抵扣进项税。出租方为自然人的,由于其无法到税务机关代开增值税专用发票,租赁费支出可抵扣的进项税额为0。因此,建筑企业选择什么样的出租方租用设备,将影响进项税额的抵扣。

若租赁方式为"设备+操作人员"的,此种方式根据财税〔2016〕140号文规定为提供建筑服务,出租方为一般纳税人的,建筑企业的租赁费支出可取得9%税率增值税专用发票,并据此抵扣进项税额;出租方为小规模纳税人的,建筑企业租赁费支出可取得3%征收率的增值税专用发票,并据此抵扣进项税。

建筑企业"营改增"后租赁费支出进项税额的抵扣,取决于租赁方式及出租方纳税人身份类型。因此,项目部租入设备,在选择出租方时,应遵循采购定价和选择供应商的总体原则,即"综合采购成本最低,利润最大化"原则,逐步淘汰不能提供发票的出租方。另外,如果采用"设备+操作人员"的租赁方式,一般计税项目可取得建筑服务增值税专用发票,按9%抵扣进项税额;简易计税项目可进项差额抵税,且还可减少项目部在建筑服务发生地预缴税款的计算基数,从而减少预缴税款。但采用"设备＋操作人员"的租赁方式,首先应对原《租赁合同》进行修订,在合同中明确约定,出租方出租设备配备操作人员。其次,采用"设备＋操作人员"的租赁方式的,出租方应按照提供建筑服务的要求在工程项目所在地备案、预交申报;且出租方开具发票时应按照建筑服务开具发票的要求开具,在发票的备注栏注明建筑服务发生地名称及项目名称。

2. 内部租赁

根据财税〔2016〕36号文规定,提供有形动产租赁服务的单位和个人为增值税纳税人。建筑业"营改增"后,集团内跨纳税主体的设备调拨,如果延续只收使用费,不开具发票也不确认收入的管理方式,存在少缴纳增值税的纳税风险,同时因采购设备的进项税在资产调出方,支付使用费用方,无进项税额抵扣,使进项税与销项税无法匹配,影响建筑企业的增值税税负。

建筑业"营改增"后,采用内部调拨方式使用设备,使用设备方无法取得进项税票,不能抵扣进项税额,因此,提出以下四个解决方案:

方案一,将设备调拨变更为租赁(不配备操作人员)。

建筑业"营改增"后,对于集团内母子公司或总分公司之间跨纳税主体的不配备操作人员的设备调拨,应按租赁业务处理。由租赁双方签订租赁合同,母公司或总公司收取租赁费同时向子公司或分公司开具增值税专用发票,子公司或分公司凭增值税专用发票抵扣进项税额。该方案既可以使建筑企业内部增值税的进项税与销项税匹配,又可规避母公司、总公司收取租赁收入但未缴纳增值税的纳税风险。

母公司或总公司向子公司或分公司开具增值税专用发票,需缴纳销项税,子公司或分公司凭增值税专用发票可抵扣进项税,因此,从建筑企业内部整体考虑,增值税税负为0,设备调拨转变为设备租赁后,不增加企业整体增值税负担。

在采用上述方案时,应注意对经营范围进行核查,以保证能够顺利领购、开具相应的增值税专用发票。将设备内部调拨转变为内部租赁后,租赁双方是关联企业,租金应按着独立交易原则定价,否则,存在被税务机关核定租赁价格交纳增值税和所得税风险。

方案二,将设备调拨变更为租赁(配备操作人员)。

建筑业"营改增"后,对于集团内母子公司或总分公司之间跨纳税主体的设备调拨,调出方配备操作人员的,应按提供建筑服务处理。由租赁双方签订租赁合同,母公司或总公司收取租赁费同时向子公司或分公司按建筑服务开票要求开具增值税发票,子公司或分公司适用一般计税工程项目的,取得母公司或分公司开具的9%税率的增值税专用发票可抵扣进项税额。该方案在调入方将设备用于一般计税项目的与方案一比较,除方案一的优点均具备外,还具有减少项目服务发生地预缴税款的优点。

对于子公司或分公司将调入的设备用于简易计税项目时,在母公司或总公司调出的设备属于"营改增"之前购入的,母公司或总公司可选择简易征收纳税,子公司或分公司收到母公司或总公司按建筑服务开具要求开具的增值税发票后,可按照差额纳税方式减少应纳税额,从整体来看,增值税税负为0。若采用此种方式,母公司或总公司调出的设备属于"营改增"之后购入的,则母公司或总公司需要按照一般计税方式适用9%税率纳税,此时子公司或分公司用于简易计税的,则差额纳税减少的应纳税额不足以弥补母公司或总公司按照9%税率缴纳的税款,按照9%税率缴纳的税款,则此种方案不适用。

方案三,转售机械设备方式。

建筑业"营改增"后,当设备购买方(母公司或总公司)购入设备后,不采用内部调拨方式给设备实际管理单位(子公司或分公司),而采用销售的方式,设备实际管理单位再调拨给管理的项目部使用。

具体操作流程:由设备购买方与供应商签订采购合同,设备价款由设备购买方支付给供应商,供应商将增值税专用发票开具给设备购买方;设备购买方公司再与设备实际管理单位签订销售合同,设备价款由设备实际管理单位支付给设备购买方,设备购买方开具增值税专用发票给设备实际管理单位,设备实际管理单位再将设备调拨给项目部使用。

操作注意事项:

(1)在采用上述方案时,应注意对本单位经营范围进行核查,以保证顺利领购、开具增值税专用发票。

(2)内部关联交定价应公允,注意关联交易定价带来的税收风险。

(3)建筑业"营改增"后,如母公司或总公司销售的设备是"营改增"前购入的设备(以下称"旧设备"),按现行税收政策规定,销售旧设备按照3%征收率减按2%缴纳增值税,不得开具增值税专用发票;但按照简易计税办法依照3%征收率缴纳增值税,则可开具增值税专用发票。因此,母公司或总公司销售旧设备应考虑按3%缴纳的增值税,并向子公司或分公司开具增值税专用发票,子公司或分公司可实现3%进项税抵扣,不增加集团整体税收负担。

方案四,调出方审批、调入方购买方式。

本方案主要适用于上下级单位之间基于集中管理需要而由上级单位统一采购设备,再调拨给下级单位使用的情形。该内部调拨方式实际为集中采购的一种方式,即"统谈、统签、统付"方式,对此,建筑企业在增值税下应避免采用此方式,直接在采购环节改变采购主体,采用"统谈、分签、分付"方式,由实际需求单位直接采购。

具体操作流程:经原设备购买方审批后,由设备实际管理单位与供应商签订合同,采购设备价款也由设备实际管理单位支付给供应商,供应商将采购发票开具给设备实际管理单位,设备实际管理单位再将设备调拨给所属项目部使用。

(六)其他经费管理

可抵扣的管理费支出主要包括:劳务费、职工教育经费、修理费、租赁费、保险费、检验费、资产管理费、燃油费、低值易耗品、业务资料费、电信费、邮电通信费、差旅费、广告费、办公费、水电费、会议费、咨询费、律师费、审计费、董事会费、环境治理费、技术研发费、质量管理认证费、商标管理费、其他管理费等。

不可抵扣的管理费支出主要包括:人工费用(除劳务费、职工教育经费)、折旧费、低值易耗品摊销、无形资产摊销、业务招待费、公司注册验证费、金融利息支出、交通费、差旅费(除住宿费)、出国人员经费、协会学会会费、驻外机构费用、税费支出等。

对于可以抵扣的管理费用支出进行梳理,并提出管理建议:

1. 修理费

修理费可以取得一般纳税人13%税率的增值税专用发票或小规模纳税人3%税率的增值税专用发票。不动产修缮费用属于建筑服务,可以取得9%税率或3%征收率的增值税专用发票。

2. 租赁费

租赁一般纳税人房屋、建筑物可取得9%税率或5%征收率的专用发票;租赁小规模纳税人或其他个人房屋建筑物(非住房)可取得5%征收率的专用发票;租赁其他个人住房可取得1.5%征收率的专用发票。

根据营改增规定,一般纳税人出租其2016年4月30日取得的不动产时,可以选择简易征收,适用5%征收率。但可与出租方协商,建议其选择一般计税方法,租金上调部分可以抵扣,不会增加承租方负担,同时承租方可抵扣进项税额增加,附加税减少,增加企业利润。

个人出租住房可开具1.5%的增值税专用发票,租赁个人住房用于员工宿舍的,属于用于员工福利,不可抵扣进项税额。

个人出租非住房适用5%的征收率,应当开具5%征收率的专用发票。

3. 保险费

财产保险的保险费适用税率6%。财产保险费可以取得6%税率的增值税专用发票或小规模纳税人代开的3%征收率的增值税专用发票。

4. 检验费

检验服务属于咨询鉴证服务中的认证服务，适用税率6%。企业在发生此类费用时，可以取得6%税率的增值税专用发票或小规模纳税人代开的3%征收率的增值税专用发票。

5. 资产管理费

物业管理费、辅助车辆管理费、计算机系统管理费均适用6%的税率。企业在发生此类费用，可以取得6%税率的增值税专用发票或小规模纳税人代开的3%征收率的增值税专用发票。

6. 燃油费

单位管理用车（不包括专门用于集体福利或个人消费的车辆）所消耗的汽油费、柴油费属于可抵扣进项税的范围，但去加油站零星加油不能取得增值税专用发票。使用燃油单位可与燃油销售方进行沟通和洽谈，办理加油卡进行预充值消费，充值卡消费后，可取得13%税率的增值税专用发票。

7. 电信费

基础电信业务适用9%税率，增值电信业务适用6%税率。如果是为员工报销的通信费属于个人消费，不可抵扣进项税。

8. 邮电通信费——邮费

邮政服务，是指中国邮政集团公司及其所属邮政企业提供邮件寄递、邮政汇兑和机要通信等邮政基本服务的业务活动。包括邮政普通服务、邮政特殊服务和其他邮政服务。邮政服务使用9%税率，但中国邮政集团公司及其所属邮政企提供的邮政普遍服务和邮政特殊服务，免征增值税。

9. 差旅费

根据规定，购进的旅客运输服务、贷款服务、餐饮服务、居民日常服务和娱乐服务不得从销项税额中抵扣。因此，差旅费不得抵扣增值税，但不得抵扣项目并未包含"住宿服务"，符合条件的住宿费可以作为进项抵扣，住宿费适用6%税率。

"营改增"后，不符合抵扣条件的住宿费主要是：无法取得开具本单位全称增值税专用发票的住宿费；交际应酬所发生的住宿费，比如接待外地客户发生的住宿费；福利性质的住宿费，比如组织员工外出旅游发生的住宿费；个人的住宿消费；选择适用简易计税方法、免征增值税项目所发生的住宿费。

10. 广告费

广告商为一般纳税人可以取得6%税率的增值税专用发票，如广告商为小规模纳税人可以取得3%征收率的增值税专用发票（税务局代开）。

11. 办公费

办公费涉及办公用品的采购项目可以取得13%税率的增值税专用发票或小

规模纳税人代开的3%征收率的增值税专用发票。

12. 水电费

电费可以取得13%税率的增值税专业发票,从自来水公司购买其自产自来水,可以取得3%征收率的增值税专用发票。

由于建筑企业以往发生的水电费支出大多不能取得增值税专用发票,导致水电费的进项税无法抵扣,使企业税负增加。针对此情况,建筑企业应采取以下管理措施对水电费进行有效管理,取得增值税专用发票,充分抵扣进项税。

(1)以转供水电的方式取得专用发票。建筑企业应与水表、电表登记单位(出租方、物业公司或电务公司等)进行协商,由水表、电表登记单位以转供水电的方式,向建筑企业开具相应的增值税专用发票。

(2)以独立水表电表的方式取得可抵扣凭证。如果水表电表登记单位不接受转供水电方式,建筑企业应与水表电表登记单位进行协商,将其管理或使用区域内的水电表进行独立,从而可从供水供电公司直接取得增值税专用发票。

对于工程项目施工现场的水电费,应在进行临时用电建设和改造之前与电务公司进行协商,直接将水电表登记为用电的建筑企业,避免后期变更用户名称的繁琐手续。

13. 交通费

增值税一般纳税人取得符合规定通行费电子发票的,按发票注明税额进行抵扣。2019年4月1日起,购进国内旅客运输服务其进项税额允许从销项税额中抵扣。未取得增值税专用发票的但需取得注明旅客身份信息的票据,暂按照以下规定确定进项税额:

表 7-10

国内旅客运输服务发票	增值税电子普通发票	发票上注明的税额	2019年4月1日起
	航空运输电子客票行程单	计算抵扣:(票价+燃油附加费)/(1+9%)×9%	2019年4月1日起
	铁路客票	计算抵扣:票面金额/(1+9%)×9%	2019年4月1日起
	公路、水路及其他客票	计算抵扣:票面金额/(1+3%)×3%	2019年4月1日起

14. 会议费

会议费根据具体项目可以取得13%、9%、6%税率的增值税专用发票或小规模纳税人找税务局代开的3%征收率的增值税专用发票。

会议费支出内容一般包括场地租赁、车辆租赁、餐饮、娱乐等,需要根据是否允许抵扣判断应取得增值税发票的类型,其中,场地租赁费9%税率、车辆租赁费13%或9%税率、住宿费6%税率等项目,允许抵扣进项税,可分项取得增值税专用发票,也可合并开具增值税专用发票,但分项列示;餐饮费和娱乐费6%税率,不允许抵扣进项税,应单独开具普通发票。

如果统一外包给会议服务单位或拥有会展服务经营范围的酒店举办会议,则应取得税率6%的会议费增值税专用发票。

但应注意,无论自行举办还是外包举办,如果统一取得的增值税专用发票中包含餐饮、娱乐,原则上不允许抵扣进项税;如果各项费用在增值税专用发票中单独列示,可以认证抵扣后,将餐费、娱乐所对应进项税做转出处理。

15. 咨询费、律师费、审计费

咨询费、律师费、审计费都可以取得6%的增值税专用发票或小规模纳税人代开的3%征收率的增值税专用发票。

16. 技术研发费

技术研发费可以取得6%的增值税专用发票或小规模纳税人代开的3%征收率的增值税专用发票。如果提供技术研发的供应商适用免税条件并选择免税,则无法取得增值税专用发票。

17. 质量管理认证费、商标管理费

质量管理认证费、商标管理费都可以取得6%的增值税专用发票或小规模纳税人代开的3%征收率的增值税专用发票。如果是政府机构收取的管理费,则无法取得增值税专用发票。

18. 劳务费

劳务费,主要因接受劳务派遣服务而发生的费用,可以取得6%税率(全额)或5%征收率(差额)的增值税专用发票或小规模纳税人代开的3%的增值税专用发票。

建筑企业可与劳务派遣公司协商,合理确定劳务派遣公司的计税方法,以降低劳务费用成本。

19. 财务费用——银行手续费

财务费用的手续费支出可以取得6%税率的增值税专用发票。但贷款服务及向贷款方支付的与该笔贷款直接相关的投融资顾问费、手续费、咨询费等费用,其进项税额不得从销项税额中抵扣。

20. 安保费

聘请安全保卫人员费用属于6%税率的应税项目,为安全保卫购置的摄像头、消防器材等费用,监控室日常维护开支费用属于13%税率的应税项目。因此,此类费用实际发生时应注意区分,避免多抵或少抵进项税。

21. 绿化费

为了美化办公环境,自行购买或租用绿色植物,适用税率是13%。

五、"营改增"——老项目管理

建筑企业所承接的工程项目建设周期一般均较长,从签订合同到工程完工、尾款结清通常会持续多年。因此,在建筑业营改增正式实施的时点必须存在大量营改增之前签订合同但尚未完工的项目或虽已完工但尚未办理竣工决算或尚未结清款项的工程项目(以下简称"老项目")。按照财税(2016)36号文件以及有关公告规定,针对老项目在营改增后如何纳税的问题,政策给出两种选择:第一种,按照一般计税方法缴纳增值税;第二种,按照简易计税方法缴纳增值税。

(一)老项目认定

根据财税(2016)36号文件以及国家税务总局公告2016年第17号文规定,建筑工程老项目是指《建筑工程施工许可证》注明的合同开工日期在2016年4月30日前的建筑工程项目;《建筑工程施工许可证》未注明合同开工日期或者未取得《建筑工程施工许可证》的,建筑工程承包合同注明的开工日期在2016年4月30日前的建筑工程项目。

(二)老项目计税方法选择

被认定为老项目的建筑工程项目可以选择采用简易计税方法或一般计税方法,简易计税方法的征收率为3%,一般计税方法的税率为9%。简易计税方法的应纳税额,是指按照销售额和增值税征收率计算的增值税额,不得抵扣进项税额。一般计税方法的应纳税额,是指当期销项税额抵扣当期进项税额后的余额。建筑工程项目如选择简易计税方法,其取得的增值税专用发票不得抵扣;如选择一般计税方法,其取得的合法的增值税专用发票可以抵扣。

(三)新老项目并存期间的进项税划分

建筑业营改增后,新项目(除清包工方式和甲供工程外)均按照一般计税方法缴纳增值税。如果老项目选择简易计税方法,用于老项目的相关成本费用的进项税不能抵扣,而用于新项目的相关成本费用的进项税可以抵扣,在新老项目并存期间将存在进项税的管理和划分问题。如果对进项税管理不善或划分不清,可能导致可抵扣的进项税不能实现全面抵扣,使企业增加不必要的税收成本;或将不能抵扣的进项税进行了抵扣,使企业产生税务风险。

针对上述影响,建筑企业应加强对进项税的管理,合理划分新老项目的进项税,争取最大程序度抵扣进项税,同时避免税务风险。

根据资产类型及用途,各项成本费用的进项税的抵扣原则如下:

1. 专门用于存量项目的成本费用

对于专门用老项目的各项材料、设备及其他成本费用支出,其进项税不得进行抵扣,已抵扣进项税的,应做进项税转出。

2. 新老项目共用的设备、技术等相关的成本费用

根据增值税和营改增政策规定,专用于简易计税方法计税项目的固定资产、专利技术、非专利技术、商誉、商标、著作权、有形动产租赁,其进项税额不得从销项税额中抵扣。

对于建筑企业购买的固定资产(如购买的各类施工设备)、专利技术、非专利技术、商誉、商标、著作权、有形动产租赁(如租入的各类施工设备),如果既用于存量项目又用于新项目的,则相关的进项税额可以全额进行抵扣。

3. 为新老项目发生的其他共同成本费用

除上述新老项目共用的固定资产、无形资产、有形动产租赁相关的进项税可全额抵扣外,建筑企业为新老项目发生的其他共同成本费用,如间接费用和期间费用的中办公用品、劳保用品、低值易耗品、公车加油费、会议费、电费等,其进项税额不能全额进行抵扣。

对此建筑企业应对这类成本费用进行准确划分,只有用于新项目的成本费用方可抵扣其进项税,如果无法对其进项税进行准确划分,则应按照增值税和营改增政策规定,按存量项目收入合计占收入总额的比例计算不得抵扣的进项税额,并做进项税转出。

不得抵扣的进项税额=当期无法划分的全部进项税额×(当期简易计税方法计税项目销售额+免征增值税项目销售额)÷当期全部销售额

(四)老项目纳税管理

在营业税下,跨县(市、区)的老项目在项目所在地全额缴纳营业税,不需要向机构所在地进行纳税申报。而营改增后,老项目需要在项目所在地预缴增值税,并向机构所在地主管税务机关进行纳税申报。其中,选择简易计税方法计税的,应以取得的全部价款和价外费用扣除支付的分包款后的余额为销售额,按照3%征收率计算应纳税额,在建筑服务发生地预缴税款后,向机构所在地主管税务机关进行纳税申报。选择一般计税方法计税的,应以取得的全部价款和价外费用为销售额计算应纳税额,以销售额扣除支付的分包款后的余额,按照2%的预征率在建筑服务发生地预缴税款后,向机构所在主管税务机关进行纳税申报。

无论老项目选择简易计税还是一般计税方法,建筑企业都需要先在项目所在地预缴税款,再向机构所在地主管税务机关进行纳税申报。由于建筑企业工程项目往往数量众多且遍布各地,给企业增值税纳税管理提出了很高的要求,且存在很大的税务风险。

建筑企业应对跨县(市、区)工程项目建立预缴税款台账,区分不同县(市、区)和项目逐笔登记全部收入、支付的分包款、已扣除的分包款、扣除分包款的发票号码、已预缴税款及预缴税款的完税凭证号码等相关内容,留存备查。

六、物资的集中采购

大型建筑企业集团普遍实行物资、设备集中采购管理,以提升集团内部管控能力,为集团带来规模效益,降低企业经营成本。目前物资设备集中采购主要分为以下几种模式。

模式一,"统谈、分签、分付"模式:集中采购单位统一与供应商谈判;供应商与各采购需求单位分别签订合同,分别发货或提供服务,分别开具发票;各采购需求单位分别向供应商支付款项。

模式二,内部购销模式:集中采购单位统一向供应商进行采购,内部与各采购需求单位签订销售合同,并开具发票;各采购需求单位分别向集中采购单位支付货款。需要注意的是:内部购销模式涉及关联交易,集中采购单位与各采购需求单位之间的定价需遵循独立交易原则,确保公允。此外,内部设备购销如果涉及车辆等设备的牌照及权属变更登记手续较为复杂的情况下,建议采取"统谈、分签、分付"模式,简化业务流程。

模式三,委托付款模式,即"统谈、共签、委付"模式:采购需求单位与集中采购单位、供应商共同签订"三方协议"。其中:采购需求单位和供应商分别为物资设备购销合同主体、物资集中采购单位为居间服务主体。合同中明确由采购需求单位委托物资集中采购单位居间代理履行采购结算、付款等合同相关事宜。具体集采业务流程包括:一是各采购需求单位向物资集采单位提报采购需求计划,委托物资集采单位集中向合同供应商统一组织采购,并按合同约定与供应商办理结算。二是供应商向采购需求单位开具发票,集中采购单位负责及时将增值税发票原件移交给采购需求单位。三是各采购需求单位定期将采购资金拨付物资集中采购单位,委托物资集中采购单位统一对供应商办理付款。

参考文献

[1] 陈美萍,谭进. 工程造价控制与管理[M]. 上海:上海交通大学出版社,2015.

[2] 2009年全国造价工程师执业资格考试培训教材编审组. 工程造价计价与控制[M]. 北京:中国计划出版社,2009.

[3] 张宁宁,侯聪霞. 建筑工程经济[M]. 2版. 北京:北京大学出版社,2013.

[4] 杨庆丰,侯聪霞. 建筑工程经济[M]. 北京:北京大学出版社,2009.

[5] 康峰. 建筑工程经济[M]. 2版. 北京:中国电力出版社,2014.

[6] 全国一级建造师执业资格考试用书编写委员会. 建设工程经济[M]. 北京:中国建筑工业出版社,2017.

[7] 许峰. 施工项目成本控制与索赔有关问题的分析[J]. 科园月刊,2008,(3):125—127

[8] 王斌霞. 工程造价计价与控制原理[M]. 郑州:黄河水利出版社,2004.

[9] 程鸿群. 工程造价管理[M]. 武汉:武汉大学出版社,2004.

[10] 徐蓉. 工程造价管理[M]. 上海:同济大学出版社,2005.

[11] 成荣妹. 建设工程招标投标与合同管理[M]. 北京:中国建材工业出版社,2005.

[12] 何红锋. 建设工程合同管理[M]. 北京:机械工业出版社,2006.

[13] 佘立中. 建设工程合同管理[M]. 广州:华南理工大学出版社,2005.

[14] 杨建宏,顾吟,韩书芝. 建设工程合同管理[J]. 集团经济研究,2006,(9):117—118

[15] 李昌友. 土木工程经济与管理[M]. 北京:中国铁道出版社,2001.

[16] 尹韶青,高瑞霞,赵宏杰. 工程财务管理[M]. 广州:华南理工大学出版社,2013.

[17] 张宝银. 工程施工成本控制问题探析[J]. 铁路采购与物流,2011,(7):28—29

[18] 周建国. 建设工程项目管理管理[M]. 中国海洋大学出版社,2006.

[19] 蔡阳春. 论工程项目中的成本预算管理[J]. 现代商贸工业,2009,(9):164—165

[20] 申利霞. 施工企业责任成本预算研究[J]. 河北企业,2014,(6):8—9

[21] 尹喜恩,陈大鹏. 试析项目施工成本的控制[J]. 科技与生活,2012,(23):152—153

［22］孙彩云.浅谈建筑工程项目成本的过程控制［J］.建筑工程技术与设计，2017,(21):176

［23］张立新.建筑电气工程施工管理手册［M］.北京：中国电力出版社，2005.

［24］刘治映余燕君.建筑工程项目管理［M］.北京：中国水利水电出版社，2007.

［25］刘伊生.建筑企业管理［M］.北京：北京交通大学出版社，2007.

［26］郑恩明.浅谈路桥工程施工企业的经济活动分析［J］.北方交通，2010,(7)：76—78

［27］刘武立.铁路工程项目如何有效开展经济活动分析［J］.铁路工程造价管理 2010,(2):48—50

［28］苗胜军.土木工程项目管理［M］.北京：清华大学出版社，2015.

［29］尹素花.建筑工程项目管理［M］.北京：北京理工大学出版社，2017.

［30］邱国林，刘颖春.工程项目成本管理［M］.北京：中国电力出版社，2011.

［31］全国税务师职业资格考试教材编写组.税法（1）［M］.北京：中国税务出版社，2018.

［32］全国税务师职业资格考试教材编写组.税法（2）［M］.北京：中国税务出版社，2018.

［33］中国注册会计师协会.税法［M］.北京：中国财政经济出版社，2017.

［34］葛家澍，耿金岭.企业财务会计［M］.4版.北京：高等教育出版社.2010.